Schulmusik plus

Ralf Schnitzer

Singen ist klasse

ED 20256
ISBN 978-3-7957-0166-6

Lehrerband

www.schott-music.com

SCHOTT

Mainz · London · Berlin · Madrid · New York · Paris · Prague · Tokyo · Toronto

Internetadresse: www.schott-music.com

2. Auflage | 2011 10 09 08

Alle Drucke dieser Auflage sind unverändert und können im Unterricht nebeneinander benutzt werden. Die letzte Zahl bezeichnet das Jahr des Drucks.

Redaktion: German Kienzler, München
Herstellung/Notensatz: Marlis Mauersberger, Leipzig

Printed in Germany • BSS 52599
Bestellnummer: ED 20256
ISBN 978-3-7957-0166-6

Umschlaggestaltung: einzigwahres / Anika Marquardsen
Fotos: Carsten Gerlitz

Lassen sich 13- und 14-Jährige heute überhaupt noch zum Singen im Klassenunterricht motivieren? Vor meinem ersten Unterrichtsbesuch in den Singklassen bei Ralf Schnitzer war ich voller Skepsis. Dann sah ich, wie Schülerinnen und Schüler 45 Minuten lang ebenso hoch motiviert wie konzentriert dem Bogen folgten, den ihr Musiklehrer von Stimmbildungsübungen bis zur Arbeit am Programm des bevorstehenden Klassenkonzerts schlug.

Danach wusste ich: Ja, das geht – und keineswegs nur irgendwie, sondern mit einer klanglichen und musikalischen Qualität, die weit hinter sich lässt, was man üblicherweise von Schulchören kennt. Seither war ich oft zu Besuch in den Eppelheimer Singklassen und fand den ersten, überraschend-überwältigenden Eindruck immer wieder bestätigt.

Grundlage dafür ist eine konsequente, stets auf die hohe musikalische Qualität des Ergebnisses gerichtete Stimmbildung und Probenarbeit im Klassenverband. So werden Schritt für Schritt die musikalische Erfahrungsfähigkeit, die musikalische Handlungsfähigkeit und das Können sowie schließlich die Kenntnis von und das Wissen über Musik erweitert. Das unterscheidet einen solchen Unterricht vom blinden Praktizismus musischen Tuns: Er setzt auf musikalische Qualität, kognitive Durchdringung und die musikalische Identität jeder einzelnen Schülerin und jedes einzelnen Schülers.

Eine systematische Schulung des Hörens gehört genauso selbstverständlich dazu wie die Aneignung der Musiklehre. Die Auswahl der gesungenen Stücke – von der Gregorianik bis zur Moderne, vom afrikanischen Chorlied bis zum Popsong – ermöglicht eine „zu ersingende Stilkunde", wie sie Michael Alt einst als Ideal vorgeschwebt haben mag.

Die Ergebnisse eines solchen Unterrichts werden sichtbar in den zahlreichen Konzerten und Konzertmitwirkungen, in denen sich die Klassen und Chöre dieser Schule höchst erfolgreich präsentieren. Das hat Einfluss über den Musikunterricht hinaus: Die Singklassen zeichnen sich durch das soziale Miteinander ihrer Schülerinnen und Schüler und durch ihre hohe Leistungsbereitschaft aus. Und im Umfeld der Schule sind inzwischen mehrere Chöre entstanden, in denen sich Schüler und ehemalige Schüler dauerhaft engagieren.

Mehr und mehr setzt sich die Überzeugung durch, dass Musikunterricht zuallererst die Lust und die Fähigkeit, sich musikalisch auszudrücken, und die Freude an der Entfaltung der eigenen Leistung aufbauen soll. Im Musikunterricht an den Schulen spielen verschiedene aufbauend gestaltete Konzepte heute eine zunehmend wichtige Rolle. Die Singklassen des Dietrich-Bonhoeffer-Gymnasiums in Eppelheim sind eindrucksvolle, exemplarische Beispiele für das an der Schule musikalisch Mögliche, wenn der Unterricht konsequent aufbauend gestaltet wird.

„Singen ist klasse!" – Ich wünsche dieser Konzeption des Musikunterrichts viele Nachahmer und eine weite Verbreitung!

Mannheim, im Dezember 2007 Werner Jank

Ein persönliches Wort vorab

„Singklasse" ist zu einem Begriff in der musikpädagogischen Landschaft geworden, der eine neue Wirklichkeit von Musik in der allgemeinbildenden Schule umreißt. Er steht für einen neuen Unterrichtsansatz, für ein neues Verstehen des Faches Musik, aber auch für das beeindruckende Engagement vieler Schüler[1], die diesen neuen Ansatz angenommen haben und entschieden mittragen. Die Unterrichtspraxis bestätigt die Erkenntnisse, mit denen sich die Lernpsychologen und Neurobiologen in die aktuelle Bildungsdiskussion einbringen: Musizieren ist für den jungen Menschen eine Schlüsselerfahrung mit einem enormen erzieherischen Potenzial; Musizieren ist gar ein Grundbedürfnis. Und hierfür hat die Natur jedem von uns das zu ihm passende Instrument mitgegeben: die Stimme. Dieses Musikinstrument will gelernt werden, will eingesetzt und geübt werden. Sobald dies geschieht, wird die Stimme zum idealen Medium auf der Entdeckungsreise in den weiten Kosmos der Musik.

„Singklasse" startete als Experiment zu einer Zeit, als vielerorts Stimme und Singen im Klassenunterricht nicht existent oder allenfalls eine Randerscheinung war. Und damit einher ging oftmals ein schlechtes Standing des Faches Musik sowohl bei Schülern als auch in der Öffentlichkeit. Musik zu unterrichten wurde für so manchen Musiklehrer zum Problem. Auch ich fand als junger Musiklehrer im baden-württembergischen Eppelheim eine solche Situation vor. Erschwerend kamen meine Erfahrungen hinzu, die ich als Schüler und Referendar mit Musikunterricht machen musste: Unterricht, der zur Groteske wurde; überforderte Lehrer, denen die Tränen kamen oder deren Rage der Belustigung diente. Mir wurde klar, dass es eines neuen Konzeptes bedarf – aber welches?

Ich spürte, dass meine Leidenschaft für die Musik und mein Selbstverständnis als Musiker wie eine Hypothek auf meiner Tätigkeit als Musiklehrer lastete, denn die Musik in der Schule sperrte sich gegen den Musiker in mir. Und niemand vermochte es, mir den Brückenschlag von solch einem Selbstverständnis zur Schulmusik hin aufzuzeigen. Besonders heikel war das Thema „Singen" im Unterricht: Einige wenige sangen verhalten mit, andere mimten, wieder andere verlegten sich auf Ersatzbeschäftigungen. Singen war nicht mehr als eine Gelegenheitstätigkeit, war Liedersingen hinter Tischen und aufgestellten Büchern.

Aber es entging mir nicht, dass es in jeder Klasse einige wenige gab, die mit einer solchen Situation gleichfalls unzufrieden waren. Diese Minderheit forderte mich zuerst heraus. Wenn es wenigstens gelänge, deren Interesse und Motivation gegen die Haltung der Mehrheit zu stützen, erlangte musikpädagogische Arbeit einen Sinn. Aber auch das Verhalten der anderen, der Mehrheit, stellte mir die Frage nach den Ursachen für misslungenen Musikunterricht. Waren wirklich die Schüler daran schuld – zumeist intelligente, offene junge Leute?

Ein völlig anderes Bild bot sich mir in amerikanischen High Schools, die ich in jener Zeit besuchte: Junge Leute, unseren Schülern zum Verwechseln ähnlich, formierten Vokalgruppen und musizierten mit einer so selbstverständlichen Professionalität und Ausdruckskraft, dass mir die prekäre Situation im eigenen Schulsystem nur umso schmerzhafter bewusst wurde. Singen, gemeinsames Musizieren konnte offensichtlich doch junge Leute begeistern! Der Unterschied lag in der Art und Weise des Zuganges, in der Konsequenz des Übens und Arbeitens, in der Stringenz des pädagogischen Programmes. „Choral Classes" überließen Stimme und Singen nicht der Beliebigkeit des Einzelnen, sondern banden diejenigen an sich, die diese musikalische Ausdrucksform als die ihrige erkannten. Innerhalb der Gruppen spielte sich

[1] Alle auf Menschen bezogenen Substantive werden in diesem Buch geschlechtsneutral verwendet.

das ab, was jeder Musiker kennt: üben, proben, arbeiten, präsentieren. Im Zentrum stand das Musik machen und nicht das Reden über Musik.

Das war er, der Brückenschlag, nach dem ich suchte. Es blieb aber die sorgenvolle Frage, ob und wie eine solche Musizier- und Unterrichtskultur in die eigene Schule hineinzutragen wäre. Dass dies schließlich gelang, davon zeugen die „Singklassen“ und ihre Ergebnisse. Ich bin dankbar dafür, diesen Weg gefunden zu haben, weil er meiner musikpädagogischen Arbeit in der Schule einen neuen Sinn erschlossen hat. Und nicht nur mir. Mittlerweile weiß ich von vielen Kolleginnen und Kollegen, die ähnliche Erfahrungen gemacht haben.

Viele haben mitgeholfen, dass dieses Unterrichtskonzept zu einer der schlüssigsten Möglichkeiten unseres Musikunterrichts geworden ist. Zuallererst waren es die Schüler selbst mit ihren unmittelbaren Feedbacks, vokal und verbal: Vordem problematische Schüler wurden zu motivierten Unterstützern; und die ohnehin schon motivierte Minderheit fand endlich aus der Defensive heraus. Dies machte nach und nach Schule. Ein aufgeschlossenes Kollegenteam und eine ebensolche Schulleitung waren unerlässlich, um das Experiment „Singklassen“ zu stützen und mitzutragen, sobald es über die Grenzen des Klassenunterrichts herauswuchs. Ebenso bedurfte es einer Schulaufsicht, die eine solche radikale Neuorientierung wohlwollend gewähren ließ und mit zunehmendem Erfolg gar aktiv unterstützte. Allen Verantwortlichen bin ich für diese großartige Chance sehr dankbar und mit mir alle diejenigen, deren Musikunterricht neuen Sinn, neue Erfüllung und neue Motivation entfaltete.

Dankbar bin ich aber auch für entscheidende Impulse und die Ermutigung, die ich in den Anfängen von Edwin E. Gordon erhielt – nicht nur in Kursen und Veranstaltungen, sondern auch in ausgiebigen Gesprächen.

Was aus diesem Experiment inzwischen geworden ist, zeigt die Praxis und möchte auch dieses Buch zeigen. Das Modell „Singklasse“ entwickelt sich bis heute mit ungebrochener Dynamik weiter, und so versteht sich auch das vorliegende Buch als Teil dieser Entwicklung. Es will aufzeigen, was „Singklassen“ sind, wie sie arbeiten und zu welchen Ergebnissen sie bislang gelangt sind. Es versucht zu begründen, warum „Singklassen“ ankommen, spricht heikle Problemfelder an, führt konkret in die Praxis ein, möchte aber niemals als ein „So-macht-man-es!“ missverstanden werden. Es wird zum Nachdenken und zur Diskussion anregen, vielleicht hie und da auch zum Widerspruch; es wird aber auch Impulse zur Nach- und Umgestaltung geben. In jedem Falle will es ermutigen, sich dem faszinierenden Ausdrucksmedium „Singen“ zu nähern und es als tragende Säule des Musikunterrichts zu erproben.

Und schließlich hat das Buch den Anspruch, authentisch und glaubwürdig zu sein. Deshalb haben wir Ausschnitte aus dem Unterricht verschiedener Klassenstufen als Videos auf einer DVD beigefügt: In fünf kurzen Sequenzen sind Stundenverläufe der Klassen 5, 6, 7, 8 und 10 zusammengefasst. Sie sollen dem Leser einen situativen, ungeschönten Einblick in die konkrete Arbeitsweise und -atmosphäre der „Singklassen“ gewähren. Dass die gesamte filmische Arbeit in den Händen der Video-AG unserer Schule lag, wird den Anspruch der Glaubwürdigkeit noch mehr unterstreichen. Allen Beteiligten danke ich an dieser Stelle herzlich für ihre Arbeit.

Auf der DVD finden sich außerdem zwei Textdateien im pdf-Format, die ausführen, was im Buch nur aufgelistet werden kann: erstens eine kommentierte Aufstellung von Stücken verschiedener Besetzungen, Epochen und Stile, die wir über Jahre im Unterricht erprobt haben (der Dateiname „Stück-Werk“ stellt den Bezug zum gleichlautenden Kapitel her); zweitens eine Beschreibung von Singe-, Bewegungs- und Übeszenen, die sich in der Praxis besonders gut als Brückenschlag zwischen Stimmbildung und Klassenunterricht bewährten (auch hier bezieht sich der Dateiname „Singesituationen“ auf das gleichlautende Kapitel).

Das gesamte Übungsmaterial dieses Buches entstammt meinem mehrjährigen Unterricht in Singklassen. Für den praktischen Einsatz haben wir es in einem Schülerheft (Bestellnummer ED 20367) zusammengefasst, das sowohl im Unterricht als auch selbstständig zur Vor- und Nachbereitung verwendet werden kann. Darin finden sich auch einige Notentexte zu Stücken, die unter „Stück-Werk“ aufgelistet und kommentiert sind.

Ralf Schnitzer

I. Was ist eine Singklasse?

Worin unterscheidet sich das Singen in der Singklasse vom Singen im herkömmlichen Musikunterricht? Machen da wirklich alle mit? Was ist mit denen, die nicht singen können? Wird da auch noch etwas anderes gemacht außer Singen? Diese Reihe nachvollziehbarer Fragen ließe sich noch fortsetzen. Hinter allen stehen die Erfahrungen und Vorstellungen eines Musikunterrichts, den der Fragende selbst erlebt hat und kennt. Und die scheinen nicht so recht zum dem zu passen, was der Begriff „Singklasse" vermuten lässt.

Ausgehend vom Blick auf den Schüler versuchen die nachfolgenden Kapitel in die Konzeption der Singklasse einzuführen, sie zu begründen und detailliert darzustellen, was im Unterricht geschieht. Hier nun soll eine kurze Skizze eine erste Vorstellung von einer Singklasse geben.

Singklassen-Unterricht beginnt in der Einstiegsklasse, mit der ersten Stunde. Und er ist beileibe nicht nur für das Gymnasium konzipiert – ganz im Gegenteil, wie die Erfahrungen zeigen. Ab der ersten Stunde wird gesungen, ab der ersten Stunde ist die Musiziersituation der Standard. Und ab der ersten Stunde sind an diese Situation Anforderungen gestellt, wie sie für vokales Musizieren überhaupt gelten – beginnend schon damit, dass jeder einzelne ausreichend Bewegungsfreiraum und einen guten Hörkontakt zum Nachbarn hat.

In unserem Unterricht hat sich der offene Halbkreis bewährt: alle Schüler stehen mit der gleichen Nähe zum zentralen Klavier bzw. zum – zumeist – von dort aus agierenden Lehrer. Methodisch dominiert zunächst das Prinzip des Vormachens und Nachahmens. Aus den sehr unterschiedlichen Singfähigkeiten in der Gruppe entsteht zunächst eine „Tonmasse", die es sodann zu formen gilt. Und schon nach etwa einem halben Jahr zeigt sich eine der beeindruckendsten Erfahrungen: Kein Schüler singt mehr unrein; die Tonmasse wird mehr und mehr zu einem hellen, präsenten und einheitlichen Klang.

Die ersten Übungen sind einfache tonale Figuren, die mit wachsendem Selbstvertrauen die Schüler auch einzeln artikulieren. Und schon in dieser frühen Phase erlebt jeder, wie nicht nur er und seine Mitschüler sicherer werden, sondern auch, wie der Klang eines jeden und im Ganzen reicher, farbiger, größer wird. Selbstbewusster, klarer Klang legt zunehmend klare Spuren im Hörgedächtnis an und so kommt über das Singen ein Lernkreislauf in Gang, der rasch auch zu erstaunlichen Hörleistungen im tonalen Raum führt. Die Schüler entdecken ihr musikalisches Denkvermögen, ihre Musikalität.

Die Wahrnehmung der eigenen, wachsenden Fähigkeiten bewirkt regelmäßig eine nachhaltig hohe Motivation; Musik wird nicht selten zum „Lieblingsfach". Viele Kinder beginnen, sich über den Unterricht hinaus singend zu engagieren und kommen unversehens zu enormen musikalischen Leistungen und Schlüsselerfahrungen, etwa im Kinderchor von Mahlers „8. Sinfonie" oder Bachs „Matthäuspassion". Die Freude, dabei zu sein, mitzumachen, die entdeckten musikalischen Fähigkeiten entfalten und einbringen zu können, aber auch der nachhaltige musikalische Eindruck und nicht zuletzt viele positive Feedbacks aus dem Publikum – all dies sind früh bereits Auswirkungen der Singklassenarbeit. Eine Singklasse vermag Grenzen in den Fähigkeiten, den Wahrnehmungen und im Selbstbewusstsein zu sprengen. Grenzen werden aber auch gesprengt, wenn sich über den Dreiviertelstundentakt und Musiksaalmauern hinaus der Unterricht auf der Theater- oder Konzertbühne fortsetzt.

„Schreiben wir eigentlich auch mal etwas auf?", fragte ein Schüler nach den ersten Wochen. Noch ehe ich antworten konnte, gab ein Mitschüler zur Antwort: „Eigentlich schreiben wir doch ständig, nur nicht ins Heft, sondern ins Gedächtnis."

Er hatte recht: Geschrieben wird wenig, am Anfang gar nichts. Umso mehr aber werden tonale Figuren ins Hörgedächtnis eingeschrieben; sie werden zum musikalischen Wortschatz und bilden die Grundlage für anspruchsvolle Kadenz- und Sequenzformeln. Musiktheorie lernt sich so spielend, nein, singend. Und mit dem „tonalen Alphabet" im Kopf lernen die Schüler recht schnell auch das Notenlesen und -schreiben. Singklasse ist weit mehr als „nur" Singen, Singklasse ist das Tor zur Sprache Musik. Ist aber diese Sprache erst einmal verfügbar, ein Grundwortschatz angelegt, die Freude am Sprechen entstanden und die elementare „Grammatik" verstanden, so ist es ein Leichtes, in die Literatur und Geschichte dieser Sprache einzudringen – gänzlich jenseits neomusischer Beschränktheit.

Ein solches Konzept bricht freilich an vielen Stellen aus der Sichtweise tradierter Didaktik aus. Machen vor Reden, so könnte scharf formuliert das didaktische Prinzip lauten. Dabei geht es aber nicht um Orientierung am Handeln, um irgendwelchen Aktionismus, auch nicht um den praktischen Einstieg als Vehikel für „eigentliche" Lerninhalte. Handeln in unserem Sinne ist kontinuierliche Auseinandersetzung mit einer Sache, und zwar nach den Spielregeln, die die Sache selbst vorgibt. Stimme und Singen freilich sind so ursprünglich und eng mit der Persönlichkeit des Schülers verknüpft, dass die Auseinandersetzung mit dieser Sache stets auch die Auseinandersetzung des Schülers mit sich selbst ist.

Eine dieser Spielregeln, vielleicht die grundlegendste, ist das Üben. Was für den Musiker selbstverständlich ist, das müssen die Schüler erst lernen: die anstrengende, gelegentlich frustrierende, in hohem Maße aber auch sinnerfüllte Tätigkeit klugen Übens. Wenn im Musikunterricht Üben zum selbstverständlichen Handeln wird, tritt an die Stelle einer Vielfalt an Themen und Möglichkeiten die Konzentration auf das Eine. Und plötzlich kommt Lernen auf der musikalischen Ebene in Gang: Die Schüler beginnen, aufeinander zu hören und zu reagieren, Klänge zu beurteilen, Bögen zu gestalten. Sie entwickeln Vorstellungs- und Durchhaltekraft über größere Zusammenhänge hinweg, erfahren die Emotionalität musikalischen Sprechens, kurz: Sie erleben, was Musizieren bedeutet und entfalten sich darin.

Ein solches Lernen verändert die Schulwirklichkeit: Disziplinarmaßnahmen werden überflüssig, die Schüler kommen gerne in den Unterricht und bedauern es bisweilen, wenn eine Musikstunde ausfällt. Ihrer Initiative ist es zu verdanken, dass der Singklassenunterricht auf allen Klassenstufen zweistündig erteilt wird – Zusatzproben und Auftritte nicht mitgerechnet. Man ist stolz, wenn ein Auftritt besonders gelang; im Unterricht wird applaudiert, wenn einem Mitschüler der erste saubere Dreiklang gelingt oder ein anderer bis f^3 kommt. Gelegentlich hospitieren ältere Singklassenschüler im Unterricht der jüngeren, hören zu und diskutieren hernach untereinander, ob sie damals auch so gut waren.

Und wenn es einmal Probleme gibt, wird darüber gesprochen, werden die Ursachen aufgespürt und benannt. Schließlich kann man mit einem Kloß im Hals nicht singen, ebenso wenig, wenn Probleme die Schüler überfordern. Singen in der Klasse gelingt nur miteinander, niemals gegeneinander. Mit der Zeit entwickelt sich in der Singklasse ein enormes Vertrauenspotential zueinander – die ideale Basis zum Singen und zum Lernen. Schüler in der Singklasse lernen nachhaltig und enorm effizient.

Singklasse ist ein stringentes Lernprogramm für die einzelne Stunde wie auch für ganze Sequenzen. Jeder ist in jeder Stunde nahezu ununterbrochen gefordert: Singen in der Gruppe und einzeln, hören, vergleichen, verändern, beobachten, bewegen, fühlen. Immer ist es das Resultat, das den nächsten Schritt, die nächste Übung auslöst oder Korrekturen einfordert. Solange der Schüler erlebt, dass er vorankommt, dass sich seine Fähigkeiten und die des Klassenganzen weiterentwickeln, solange er sicher spürt, dass Unterricht ernst macht mit der kontinuierlichen Förderung seines musikalischen Potentials, wird er neugierig motiviert weitergehen auf der Entdeckungsreise in die immer reichere Erlebniswelt Musik.

Singklasse ist wie kaum ein anderer Unterricht dichtestes, an die Lernsache gebundenes Interagieren. Phasen des „Leerlaufs" gibt es nahezu nicht. Wie in jeder guten Probe werden die Impulse unablässig hin und her gespielt: Was die Gruppe oder der Einzelne leistet, gibt dem Lehrer den nächsten Handlungsimpuls zur Korrektur, zur Weiterentwicklung, zur Gestaltung – und dies immer entlang der Grenze des für die Gruppe Möglichen. In diesem Sinne ist Singklasse in hohem Maß kreativ, wenn wir „creare" im ursprünglichen Sinne von „schaffen, erschaffen" begreifen wollen und Kreativität nicht allein auf die Gestaltungsidee reduzieren.

Aus dem dichten Interaktionsgefüge wächst über die Stundengrenzen hinaus, was in der aktuellen didaktischen Diskussion als „aufbauender Musikunterricht" bezeichnet wird. Die Baustelle ist die Musikalität des Schülers, das Handwerkszeug seine Stimme, die Baumaterialien sind Patterns, Übungen, Stücke. So wie jede verantwortungsvolle Architektur sich ihrer Kultur und Geschichte bewusst ist und sich aus ihr heraus entfaltet, so erschließt auch das Singklassen-Lernprogramm die musikalische Kultur.

Nicht jeder muss singen wollen. Niemand aber soll seine Entscheidung treffen müssen, ohne es zuvor ausprobiert zu haben. Alles andere bliebe Selbstbegrenzung, Vorurteil. Deshalb singen alle Schüler in allen Einstiegsklassen. Erst ab dem folgenden Schuljahr können sie sich jährlich für oder gegen die Singklasse entscheiden. Damit unterscheidet sich das Singen in der Singklasse vom Singen im konventionellen Unterricht noch bevor der Unterricht begonnen hat: Singklasse-Schüler wissen vorab, was sie im Unterricht tun werden, die Entscheidung fürs Singen ist im Vorfeld gefallen und unterliegt nicht der situativen Gestimmtheit im Unterricht. Die gemeinsame Motivation stärkt die Gruppe und hilft dem zurückhaltenden Schüler ebenso wie dem Quereinsteiger sich zu öffnen. Singen macht Spaß, ist etwas „Normales" ganz ohne Peinlichkeit, und die klanglichen Ergebnisse sind durchaus respektabel.

Über mehrere Jahre zeigt sich, dass sich mehr Schüler *für* die Singklasse entscheiden als dagegen; und wer einmal dabei ist, der bleibt auch dabei. Und obwohl die Singklassen fast immer die üblichen Klassengrößen überschreiten, arbeiten alle Schüler gut mit – auch diejenigen, die in anderen Fächern den Unterricht stören. Offensichtlich wird Singklasse anders erlebt als Schule sonst. Bis über die Mittelstufe hinaus verweigert sich niemand beim Vorsingen. Gelegentlich fordern gar Schüler diese oder jene unsichere Stelle nochmals ein und empfinden Vorsingen als Chance zur stimmbildnerischen Beratung und Korrektur, vor allem in der Phase des Stimmwechsels.

Noch einmal zurück zum Einstieg. Vieles von dem, was Singklassen auszeichnet, gilt gleichermaßen auch für Instrumentalklassen. Dabei haben Singklassen Vorteile in der unterrichtspraktischen Handhabung: Die Stimme kostet nichts, braucht keine teuren Wartungen, man kann sie nicht zu Hause vergessen und das zeitraubende Aus- und Einpacken entfällt ebenso wie das Stimmen. Neben solchen Äußerlichkeiten aber gibt es einen grundlegenden Unterschied: Keine Saitenstimmung oder Rohrlänge, kein Griff oder Fingersatz, keine Spielanweisung bestimmt, was zum Klingen kommt als allein das Hörgedächtnis. Das Hörgedächtnis erst, die musikalische Vorstellung, macht aus mechanischem Tongefüge musikalische Gestalt, aus Reproduktion lebendigen Ausdruck, aus dem Zufall Improvisation. Singen ist der Schlüssel.

II. Im Blickpunkt: Der Schüler

Wer Musikunterricht über die Stimme inszeniert, berührt die Ganzheit einer jungen Persönlichkeit. Dieser Umstand bedeutet eine ungeheure Verantwortung im Umgang mit den jungen Menschen, bedeutet Chancen für einen weiter und tiefer greifenden Bildungseinfluss als sonst in der Schule üblich. Er birgt aber auch Gefahren in sich: Gefahren der Verletzung, der Indiskretion, der Überforderung – und zwar für beide Seiten. Singklassenunterricht beschränkt sich eben nicht auf Kognitives, sondern bezieht gleichwertig das Handeln – und zwar mit der ganzen Körperlichkeit – und insbesondere das Empfinden mit ein. Letzteres bedingt schon die Musik selbst mit ihrem Ausdruck und ihrer Wirkung, aber auch die Energetik des ganzkörperlichen Engagements – dem Sport durchaus ähnlich. Unterricht mit einem solch hohen Anteil an Emotionalität schafft einen besonders sensiblen Bezug zwischen Lehrer und Schülern und erfordert deshalb andere Strukturen, ein anderes pädagogisches Handeln.

Je besser wir unsere Schüler kennen – so meine ich –, desto besser wird ein solcher Unterricht gelingen. Sie sind unsere Adressaten, für sie und ihretwegen findet Unterricht statt, sie sollen lernen, sich musikalisch auszudrücken. An ihnen vorbei zu agieren, hieße auch, an der Musik vorbeizuunterrichten. Das heißt für mich als Lehrer freilich nicht, von meiner künstlerischen Berufung, Vision oder Vorstellung abzusehen, sondern sie jederzeit zum Schüler hin zu öffnen, auch dann, wenn jener mir deutlich signalisiert, dass er von meiner Vision noch nicht viel nachvollziehen kann. Dem jungen Menschen offen und auf Augenhöhe zu begegnen, seine Bedingungen, seine Persönlichkeit und seinen Entwicklungsstand zu respektieren – oder stärker noch: ihn zu lieben –, dies ist der Brückenschlag, die sensible Größe Musik zu transportieren. Wer aber ist nun der Schüler?

1. Emotionen

Musikalisches Machen setzt sich mindestens zusammen aus Hören und Sprechen, mit welchem Medium auch immer. Zwischen beidem steht das Speichern und Erinnern, ohne welches keine Verbindung zwischen Hören und Sprechen je entstehen würde. Es lohnt sich, den jungen Menschen einmal auf die Entwicklung dieser Fähigkeiten hin zu besehen, um Erkenntnisse zu gewinnen für ein gezieltes und differenziertes methodisches Handeln, das dem Schüler wirklich hilft.

Hören und Emotionalität

Gegen Ende des zweiten Schwangerschaftsdrittels beginnt der junge, noch ungeborene Mensch zu hören. Das Gehör ist jetzt – als erstes Sinnesorgan überhaupt – voll ausgebildet und damit in der Lage, Hörreize zu empfangen und weiterzuleiten[2], auch von außen. Ausgebildet ist auch bereits das Stammhirn, jener ältere Teil unseres Gehirns, der unsere elementaren Körperfunktionen wie Atem und Herzschlag jenseits unseres Bewusstseins steuert. Seit Urzeiten lebenserhaltende Funktionen inklusive Reflex- und Instinkthandlungen sind hier als Programme festgeschrieben. Inzwischen wissen wir, dass dieser Hirnbereich aber auch jene Zellensembles einschließt, die wir als limbisches System bezeichnen (die Fachwissenschaft gebraucht auch den Begriff „Mandelkern“ ob der besonderen Form eines Zellareals innerhalb dieses limbischen Systems, dem im Wesentlichen die Beherbergung unserer Emotionen zugeschrieben wird). Grob gesagt ist also das Stammhirn der Speicherort des Prae- und Unterbewussten. Und dorthin geht nun ein wesentlicher Teil des Hörreizes, nervlich einfach verschaltet und deshalb mit einer rasanten Übertragungs-

[2] Nach aktueller Erkenntnis der embryonalen Entwicklungsforschung ist gar der Gleichgewichtssinn im Innenohr schon um das Ende des zweiten Schwangerschaftsmonats entwickelt.

geschwindigkeit. Das Großhirn, der Neocortex, ist zu dieser Zeit und über Jahre hinaus quasi noch eine Baustelle. Die Nervenbahnen vom Ohr zu ihm hin werden später viel komplexer verschaltet sein und deshalb sehr genaue, aber erheblich langsamere[3] Übertragungen ermöglichen.

Was der junge Mensch in diesem Entwicklungsstadium im Mutterbauch hört, dessen wird er sich später kaum erinnern. Bewusstes Memorieren wird er erst mit der fortschreitenden Entwicklung des Neocortex lernen. Dass er aber jetzt schon hört und den Reiz verarbeitet, das wissen am besten werdende Mütter von den bisweilen heftigen Bewegungsreaktionen ihres Kindes auf bestimmte Geräusche, insbesondere bestimmte Musikstücke. Und gelegentlich werden gerade diese später zur Lieblingsmusik. Offenbar hat eine Speicherung in tiefere Schichten als eben nur in die Bewusstseinsoberfläche des Großhirns hinein stattgefunden. Und dies macht Sinn: Stets ist unser junger Mensch nämlich einem akustischen Signal insbesondere ausgesetzt, der Mutterstimme. An diese bindet er sich emotional wie wohl an nichts anderes. Sie wird ihn später, nach der Geburt, zu beruhigen und trösten vermögen, ihm Sicherheit und Geborgenheit vermitteln, gerade in den ersten Wochen, bevor seine Augen die Gestalt der Mutter wahrnehmen können. Und diesen tiefen, in der Biologie überlebenswichtigen Mutterbezug trägt der Mensch wohl sein Leben lang als Gefühl mit sich. An diesem Beispiel des frühen Hörens und Verarbeitens wird nachvollziehbar, warum die Musik für die emotionalste aller Künste gehalten wird, warum Musik zuvörderst eine Sache fürs Gefühl sei.

Lernen in Abhängigkeit von Emotionen

Die weitere Entwicklung der Großhirnrinde in den ersten Lebensjahren vermag die Wahrnehmung der Reize und deren kognitive Verarbeitung zunehmend zu differenzieren, lebenslang aber werden tiefer verankerte, schnellere Stammhirnimpulse verhaltensbestimmend bleiben. Schon alltägliche Situationen zeigen uns diese Abhängigkeit: Etwa wenn wir nach dem Schnitt in den Finger für Sekunden keinen Schmerz spüren oder beim Anblick einer berstenden Vase vor Schreck erstarren – jedes Mal sind wir blitzschnell greifenden Reaktionsmustern unterworfen, während das „vernünftige“ Wahrnehmungs- und Handlungsvermögen außer Kraft gesetzt ist. Der gleichen Abhängigkeit unterliegen wir aber auch über bloße Reflexmuster hinaus: Wer zum x-ten Mal vergeblich den zähen Aufsatz liest, der ihn eigentlich gar nicht interessiert, erlebt, wie seine Emotionalität trotz guten Willens die neocortikale Speicher- und Lernleistung blockieren kann. Umgekehrt gilt aber auch: Nimmt uns eine Sache gänzlich gefangen, signalisiert unser emotionales Zentrum also Offenheit, so erlaubt es dem Großhirn geradezu Höchstleistungen, weit über unsere Selbsteinschätzung hinaus. Dies sind dann die Momente, in denen wir „über uns selbst hinauswachsen“. Die emotionale Gestimmtheit entscheidet letztlich über fehlenden oder nachhaltigen Lernerfolg.

Konsequenzen für den Unterricht

Wenn nun Musik via Ohr einen unvergleichlich direkten Weg zur Emotionalität findet, diese aber zugleich der Schlüssel für ein nachfolgendes Lernverhalten ist, muss dies uns als Musikpädagogen sehr zu denken geben. Wenn das gehörte Stück im Stammhirn des Schülers eine emotionale Blockade programmiert, wird der Lehrer mit den vernünftigsten und qualifiziertesten Verbalausführungen auf Ablehnung stoßen. Anders ausgedrückt: Mit Kognition ist es schier unmöglich, Emotion zu beeinflussen und gänzlich unmöglich, Musik zu vermitteln. Wenn es uns aber gelingt, die Emotionalität der Schüler zu gewinnen, zu öffnen, dann kann musikerzieherische Vermittlung beginnen und es werden Leistungen möglich, die niemand zuvor erwartet hätte.

[3] Anschaulich beschrieben sind diese Zusammenhänge u. a. bereits bei Goleman [13]2000.

Ist Singen Ausdruck der Seele, so sind wir bereits mitten im sensiblen emotionalen Feld. Ist Singen ein Grundbedürfnis des Menschen, so haben wir eigentlich leichte Arbeit. Ist Singen aber verloren gegangen, so ist es unsere Aufgabe, wieder zu wecken, was im Menschsein angelegt ist. In diesem Sinne sind wir Mittlerfigur zwischen dem kindlichen Ursprung des Schülers und seinem Bewusstsein, das je nach Prägung den ursprünglichen Kern verstärkt oder leugnet. „Du hast eine schöne Stimme!", oder „Hör auf, du singst so falsch!" – solcherart Bewertungen, seit früher Kindheit gelegentlich wiederholt, sind prägende Einflüsse von außen.

Über jene beiden Faktoren, die schon im frühkindlichen Stadium Lernmotor waren, kann der öffnende Einfluss auf den Kern der jungen Persönlichkeit (wieder) gelingen: Handeln und Vertrauen. Singen ist Handeln und kann nur als solches gelernt werden und weil es ein so sensibles Handeln ist, gibt der Schüler es nur dort frei, wo er sich gestützt und in seinem Kern angenommen fühlt. Erfährt ein solches Handeln Verstärkung durch eine stützende und behutsam lenkende Lehrerhand, kommt ein Kreislauf in Gang. Der Schüler darf sich ausdrücken, erlebt an sich neue Fähigkeiten und dies öffnet ihn emotional wieder neu. Singen erschließt die Persönlichkeit, das Ich-Bewusstsein.

2. Singen ist musikalisches Sprechen

Sobald ein junger Mensch geboren ist, wirkt auf ihn eine völlig neue Umwelt ein – auch akustisch, denn das Ohr empfängt eine Flut neuartiger Signale. Von ihrer Qualität wird wesentlich die Ausprägung der Hörrinde im Großhirn und der Reizleitung dorthin in den ersten Lebensmonaten und -jahren abhängen. Während die Melodik der Mutterstimme eine Konstante vom vor- zum nachgeburtlichen Hörreiz darstellt, ist für den Neugeborenen die Wahrnehmung der eigenen Stimme, der eigenen Lautfähigkeit etwas gänzlich Neues. Er probiert sie und damit sich selbst aus, er teilt unmittelbar seine Emotionen mit und empfängt Reaktionen. Die Stimme ist sein kommunikatives Tor zur Umwelt.

Mit der Weiterentwicklung der Großhirnstruktur beginnt nach und nach das bewusste Erinnern der empfangenen Reize und damit das Wiedererkennen über die momenthafte Unmittelbarkeit hinaus. Das Kind beginnt, mit seiner eigenen Stimme nachzuformen, was es erinnert, und nähert sich so über verschiedene Stufen den Lautungen seiner Muttersprache an. Dass dieser Prozess erst gegen Ende des ersten Lebensjahres in Gang kommt, ist überlebenswichtig. Sprache bedingt die Öffnung des Mund- und Rachenraums zum Atemapparat hin und vorerst tun ein hochstehender Kehlkopf und das Gaumensegel gut daran, beide gegeneinander abzuschirmen. Allzu bald wäre das Kind sonst am eigenen Erbrochenen erstickt. Atmung bleibt zunächst eine Sache der Nase, Luftaustausch und Nahrungszufuhr sollen getrennte Systeme sein. Wir können diesen Zustand in etwa beim Sprechen eines lang gezogenen „ng" nachvollziehen. Und wenn wir dies im hohen Registerton der Babystimme versuchen, sind wir phonetisch nahe seinem Schreien oder Weinen. Ganz nebenbei merken wir beim mehrfachen Ansetzen, wie sehr eine solche Lautäußerung unsere Körpermitte, das Zwerchfell und die Atmung involviert – für das Baby ein ideales und notwendiges Training seiner Lungenfunktion.

Vom Hörgedächtnis zum Sprechen

Erst nach und nach senkt sich der Kehlkopf und es entsteht das Bewusstsein für die Beweglichkeit des Gaumensegels, mit der das Kind nun in der Lallphase zu spielen beginnt. Gleichzeitig hat auch das auditive Speicher- und Erinnerungsvermögen im Großhirn ein Arsenal an Lauten und Wörtern angelegt, denen sich das Lallen nun annähern will. Ohne die Monate des vorausgegangenen Horchens und akustischen Empfangens, in denen das Großhirn die Chance erhielt, ein auditives

Speicherzentrum auszuprägen und mit ersten „Vokabeln" anzufüllen, wäre der nun einsetzende muttersprachliche Lernprozess unmöglich. In der Regel sind es Laute aus dem phonetischen Umfeld des Vokals a, die zuerst hervorgebracht werden. Sie folgen unmittelbar aus der Ablösung des Gaumensegels, ohne weiteren lautformenden Muskelaufwand. A sei die Seele, hat einmal ein Schauspieler gesagt und es ist sicherlich kein Zufall, dass die Person mit dem ursprünglichsten emotionalen Bezug zum Kind fortan „Mama" heißt. Nach und nach probiert das Kleinkind am verbalen Hörreiz entlang seine eigenen Artikulationsmöglichkeiten aus und lernt, damit umzugehen. Es formt nach, was es gehört und als bedeutungsvoll gespeichert hat. Hören und Hörgedächtnis sind also Schlüssel fürs Sprechen und bedingen sich gegenseitig. Unser ganzes Leben lang können wir nur sagen, was wir Sekundenbruchteile zuvor gedacht haben.

Erst viel später beginnt das Kind, einen Bezug zur visuellen Chiffrierung von Sprache herzustellen, vertraute Lautgestalten auf Bilder, Schriftbilder nämlich, zu beziehen. Es entdeckt die Entsprechung von Lautgleichheit und Zeichengleichheit und fügt, den Zeichen folgend, Lautgestalten zusammen, beginnt also zu lesen. Und so, wie Sprechen das Hören voraussetzt, löst im Regelfall Lesen schließlich das Schreiben aus. Und noch viel später erst beginnt das Kind, sich Gedanken darüber zu machen, warum eigentlich „Apfel" „Apfel" heißt, warum und wie wir ins Zurückliegende oder Künftige hinein sprechen können, warum also Sprache so ist, wie sie ist. Sprachstrukturen beginnen, sich dem Kind mitzuteilen, angefangen von Wortarten bis hin zu linguistischen oder etymologischen Ansätzen. Festzuhalten bleibt hier, dass Sprechen nicht von der Kenntnis solcher Strukturen abhängt. Sehr früh bereits gebraucht das Kind virtuose grammatikalische Konstruktionen, ohne diese zu kennen. Und es scheint an seinen oft staunenswerten Reden sichtlich Freude zu haben, sein Selbstbewusstsein zu entwickeln, seine Wertigkeit im Erwachsenenumfeld auszutesten. Ebenso früh aber auch versteht das Kind hörend höchst komplexe strukturelle und inhaltliche Zusammenhänge; beredtes Beispiel hierfür etwa sind Märchen.

Singen lernen

In aller denkbaren Knappheit war bis zu diesem Punkt der Fokus auf die sprachliche Entwicklung des Kindes gerichtet. An vielen Stellen konnte nur angedeutet werden, was ausführlichere Betrachtung erforderte; an keiner Stelle hoffentlich führten Verkürzungen zu Missverständnissen. Im Folgenden nun soll auf die Bedeutung dieser Entwicklung für das Lernen von Musik und für das Singen insbesondere eingegangen werden.

Einstweilen streiten sich die musikpädagogischen Theoretiker noch darüber, ob das Lernen von Musik eher mutter- oder eher fremdsprachlichen Mustern gehorche. Unterrichtspraktische Erfahrungen lehren derweil, dass das Lernen von Musik jedenfalls nicht so geschieht, wie uns dies musikpädagogische Theorie über Jahrzehnte glauben machen wollte. Die Distanz zur überkommenen Didaktik ist so gewaltig, dass sich die Diskussion um mutter- oder fremdsprachliches Lernen vergleichsweise harmlos ausnimmt. Tatsache ist, dass Kinder schon vor der Geburt musikalische Gestaltmuster aufnehmen können. Tatsache ist aber auch, dass eine musikalische Entwicklung im frühkindlichen Stadium oft weder angeregt noch sprachanalog gefördert wird. Zweifellos folgt das Musiklernen dem sprachlichem Lernen, vielleicht ist es eine Frage des Lernalters, ob der eine oder andere Anteil im Vordergrund steht. Von der Musikpädagogik freilich wird nicht erst seit heute verkündet, dass ein möglichst frühes Lernen die größte Nachhaltigkeit gewährleistet: Eine Fremdsprache können wir verlernen, unsere Muttersprache kaum.

Vielleicht ist der Babyschrei der erste gesungene Laut. Man mag es annehmen, wenn man hört, wie perfekt die Babystimme leistet, was der Sänger später mühevoll wieder erlernt: klangliche Offenheit, Registerübergänge, Ökonomie und manches mehr. Das Kind ver-„singt“ sich nicht, die Stimme in diesem kleinen Resonanzraum entfaltet eine akustische und emotionale Intensität wie kaum mehr später. Und gelegentlich scheint es, als probiere das Baby mit seiner Stimme bereits praetonale Figuren aus. Und ich bin davon zutiefst überzeugt, dass das Kind früher, als wir ahnen, auch komplexe musikalische Zusammenhänge sinnvoll erfahren und erfassen kann[4].

Singen wieder erlernen

Unsere akustische Welt ist von Sprache dominiert, nicht von Musik. Tonale Strukturen treffen weitaus seltener aufs Kinderohr als sprachliche und mancher Schüler kommt als Zehnjähriger zu uns scheinbar gänzlich ohne tonales Gedächtnisrepertoire. Mit der fehlenden Hörreizung ist aber nicht nur sein tonales Gedächtnisrepertoire verkümmert, sondern auch sein Antrieb, selbst das Singen auszuprobieren. Singen lernen heißt für ihn, seine Stimme überhaupt erst zu entdecken und lustvoll zu entfalten, noch weit abseits tonaler Figuren. Er muss gleichsam am ersten Babyschrei anknüpfen. Und er ist auf eine musikalische Umwelt voller tonaler Figuren angewiesen, um sein Hörgedächtnis und -repertoire aufzubauen. Genau dies leistet einerseits jede Klasse mit ihrer Heterogenität und andererseits ein Unterrichtskonzept, dessen Mitte die Stimme und der Gesang bildet: Schülerinnen und Schüler mit ausgeprägter Singefreude und tonaler Sicherheit sowie das stetige gemeinsame Üben sind die richtige Umwelt. Mit einem solchen Verstehen der Klassensituation ist auch das Singen des Einzelnen vor der Klasse beileibe kein Spießrutenlaufen, sondern eine Individualbetreuung, die ein jeder mehr und mehr annimmt und gelegentlich sogar einfordert, weil er seine Lernzuwächse und die der anderen wahrnimmt.

Und beides greift für alle stetig ineinander: der ursprünglichste Zugriff auf die Stimme und der tonale, gar virtuose Umgang mit ihr. Sei es mit der „Sirene“ hier und der Koloratur dort – auch für den ausgebildeten Sänger ist und bleibt dies so.

Die abendländische Musikkultur stellt uns als Hörumfeld eine unüberschaubare Vielzahl von musikalischen Figuren, Formeln, Patterns bereit. So, wie sich die Mutterstimme dem Kleinkind zuwendet, hebt sie sich mit ihren Lautungen aus der sprachakustischen Umweltflut ab. Prägnanter als andere akustische Reizung gelangen diese ins Hörgedächtnis und helfen, eine Lauterinnerung aufzubauen. Die Ansprache ist vorerst eine einfache, aber sinnvolle Botschaft, sie hat Namen und sie ist emotional deutlich betont. Analoges versuchen jene Patterns, die wir in unserem Einstiegsunterricht verwenden. Sie entstammen dem Figurenarsenal unserer Musikgeschichte, repräsentieren Sinnzusammenhänge wie Melodiebogen oder Dreiklang und sind mit musikalischem Ausdruck vorzusingen. Und wie die Botschaft der Mutter an das Kind konkrete Wörter und Namen benutzt, singen wir in der Singklasse mit einzelnen, relativen Tonsilben[5]. Es bedarf kaum einer ausdrücklichen Aufforderung zum Nachmachen, aber wichtig ist die Zeit zwischen dem Vor- und Nachmachen: Der Schüler braucht sie, um Gehörtes in seinem Gedächtnis wieder zu erkennen. Sobald solches gelingt, ist er zum Nachmachen bereit. Dieser innere Reproduktionsvorgang, den die Theoretiker Audiation[6] nennen, ist der Dreh- und

Theorie folgt der Praxis

[4] Der Fall meiner Tochter, gänzlich jenseits elitären Ehrgeizes, mag für sich sprechen: Kaum waren die drei Aufführungen des Verdi-Requiems vorüber, die unser Schulchor zusammen mit dem Orchester der Mannheimer Musikhochschule bestreiten durfte, wünschte die damals Vierjährige, künftig morgens mit genau dieser Musik, die sie nun in Proben und Konzerten miterlebt hatte, geweckt zu werden.

[5] Näheres dazu im Kapitel 4.4 „Warum relative Solmisation?“, S. 70.

[6] Der Begriff geht zurück auf E. E. Gordon.

Angelpunkt. Und dabei geht es nicht nur um Töne, sondern vom ersten Moment an um Ausdruck und Intensität der Gestalt.

Die Komplexität der Figuren nimmt nach und nach zu, immer wieder wird Bekanntes wiederholt und an ihm Klang und Stimme trainiert. Mit zunehmend selbstverständlich werdender Reproduktion erhalten auch komplexere Tonzusammenhänge Namen wie etwa „Dreiklang“ oder „Tonleiter“. Musiktheoretisches wird über das Phänomen und seinen Gebrauch erschlossen; nur so ist das Verhältnis zwischen Theorie und Praxis – nein: Praxis und Theorie – stimmig, lernpsychologisch wie historisch[7].

Begriffe und Namen schaffen in unserem Unterricht nicht nur eine ordnende Struktur, sie lösen auch weiterführende Fragen aus: Wenn es eine große Terz gibt, gibt es auch ein kleine? Warum sind Intervalle rein, andere groß oder klein? Woher kommen die verschiedenen Erscheinungsformen der Molltonleiter? Warum heißt der Quartsextakkord so? Was bedeutet eigentlich „Dominante“? Wie kommt es zur Akkordfolge in der Kadenz? Im gleichen Maße, wie das Kind neugierig ist und tausend Fragen stellt, ist es auch der Schüler, vorausgesetzt der Unterricht nimmt die Fragen nicht vorweg. Sie entstehen übers immer vertrautere Machen und Benennen, plötzlich sind sie da und dann interessiert auch die Antwort, manchmal gar brennend. So gefundene Erkenntnisse verbinden sich unmittelbar mit dem Phänomen zu dem, was wir Verstehen nennen.

Die fortschreitende Hör- und Singekompetenz und das ordnende Benennen dessen, was im Unterricht klingt, ebnen auch den Weg zur Visualisierung – ein weiteres Mal analog zum kindlichen Sprachlernverhalten. Eines Tages erscheint die vertraute Figur plötzlich auch als Bild, per Tafelanschrieb vielleicht. Sie selbst ist es dann, die fragt: „Wie klinge ich wohl?“, und das Interesse des Schülers an sich bindet. Lesen von Musik heißt dasselbe wie das Lesen eines Sprachtextes: das Bild im Hörgedächtnis in Klang zu übersetzen. Und Lesen von Musik heißt mithin sofort und einleuchtend: Singen – in der Vorstellung oder realiter. Nur ein Brückenschlag ist nötig, damit es gelingt: Der Schüler braucht einen Bezugston, den Grundton, vorerst identisch mit dem Anfangston. Lesen heißt jedenfalls nicht Tonnamen benennen, auch wenn manche Musikpädagogen noch im 21. Jahrhundert dies glauben und praktizieren lassen. Das wäre allenfalls Buchstabieren – und noch nicht einmal das, weil ja die lautliche Übersetzung bereits fehlt.

Lesen und Schreiben

Lesen freilich will geübt sein. Es wäre vermessen, vom Schüler Notenlesefertigkeit schon deshalb zu erwarten, weil er verstanden hat, wie Noten lesen funktioniert. Stetiges Üben tut not und wie im Sprachunterricht lernt der Schüler auch in unserem Unterricht anhand mannigfacher Stimuli: Systematische Übungen wechseln mit komplexeren Notenbildern aus der Singeliteratur; die Methoden des Zugangs changieren vielfältig zwischen stillem und lautem Lesen, zwischen Mitlesen und Wiederholen am Text entlang, zwischen Lesen und musikalischem Ausgestalten. Schreiben von Musik schließlich ist nurmehr der Umkehrvorgang des Lesens, muss ebenfalls geübt werden, wieder analog zur mutter- und fremdsprachlichen Kulturtechnik. Allerdings hilft uns die dort schon geleistete Trainingsarbeit: Zu erlernen ist nicht mehr grundsätzlich die Fertigkeit im Umgang mit Stift und Handschrift, sondern „nur noch“ die korrekte Zeichengestaltung selbst.

[7] Niemals in der Geschichte waren Stile und Gattungen vorweg verordnete Schablonen. Kompositorische Konkretion prägte sie aus – und überwand sie später. Erst der rückschauende Blick benennt sie, erkennt ihre Eigenschaften und ordnet sie in übergreifende Zusammenhänge ein. Das Prinzip gilt überdies für jede authentische wissenschaftliche Arbeit: Zuerst steht das Phänomen, das Experiment, das Ereignis. Darüber Kenntnisse zu erlangen, es zur „Wissenschaft“ und damit zum Begriff zu bringen, ist die Folgearbeit.

Improvisieren

Je sichererer schließlich der Schüler in seiner Vorstellung über das tonale Gestalt- und Ordnungsgefüge verfügt und je selbstverständlicher er mit gelernten Figuren und Patterns umgeht, desto näher kommt er allmählich dem Erkenntnisschritt, diese nicht nur als Reproduktionsmuster, sondern auch als Bausteine für eigene Konstruktionen zu erkennen. Er lernt, neue Gestalten für sich zusammenzufügen, damit zu spielen und so seine eigenen musikalischen Mitteilungen zu machen – der erste Schritt hin zur Improvisation. Dieser Schritt allerdings ist der langwierigste und hier unterscheidet sich Singen für die allermeisten Kinder von der muttersprachlicher Entwicklung. Das Singen tendiert nun zum fremdsprachlichem Lernverhalten: Improvisation bedeutet nicht sofortige Kompetenz des freien Sprechens, vielmehr eine allmähliche und mühsame Annäherung, beginnend auf elementarster Anforderungsebene und mit genau umgrenztem Spielraum und -modus. Zunächst wird der Schüler etwa auf eine Dreitonfigur, die ich ihm entgegensinge, nicht antworten, sondern sie intuitiv wiederholen. Erst wenn ich ihm den aufsteigenden Dreiklang etwa als Frage zu verstehen gebe, wird er hiervon seine Antwortgestalt ableiten (intuitiv wahrscheinlich den absteigenden Dreiklang). Von solchen elementaren Spielformen aus gelangt „freies" musikalisches Sprechen in den Blick[8]. Es zu erlernen bedeutet – analog zur Fremdsprache – einmal mehr stetige und jahrelange Übepraxis.

3. Körper und Stimme

Unser Stimmorgan, das Ensemble aus Kehlkopf, Stimmlippen, Einhänge- und Stellmechanismus, leistet Enormes, Tag für Tag. Zumeist bekommen wir davon kaum etwas zu spüren. Wenn wir unsere Stimme so sehr beansprucht haben, dass sie nicht mehr arbeiten kann, bleibt sie einfach weg. Und wenn wir erst Schmerz verspüren, ist es oft zu spät: Muskelfasern sind gerissen und vernarben zu den gefürchteten „Stimmbandknötchen". Da unsere Stimme nur wenig innerviert ist, kann ihre Funktion weit schwerer über das Bewusstsein gesteuert werden als etwa eine Handbewegung oder der Zungenschlag. Unserem Unterbewussten und unseren Emotionen indess gehorcht sie äußerst sensibel – nicht erst, wenn ein Schreck uns „die Stimme verschlägt".

Zwei Situationsskizzen: Er brauchte gar nichts zu sagen, ich sah es ihm an. Er näherte sich eher geduckt als aufrecht, langsamer als sonst und mit einem Gesichtsausdruck, der deutlich verriet: Hier war etwas schiefgelaufen. „Ich muss Ihnen etwas sagen ...", klang es zögerlich zwischen den zusammengekniffenen Lippen hervor ...

Sie kam hüpfend, fast rennend auf mich zu, strahlte übers ganze Gesicht und konnte es kaum abwarten, die Neuigkeit loszuwerden. Noch nicht recht angekommen, sprudelte es schon mit heller Stimme aus ihr heraus: „Hurra, ich habe ..."

Der Körper inszeniert uns

Wir können uns die beiden Figuren lebhaft vorstellen. Was sich in beiden Fällen gleichermaßen vollzieht, ist unsere unerhört große Chance. Körper, Bewegungen, Gestik, Mimik, ja alles, die ganze Erscheinung verrät, was der Klang der Stimme bestätigt: die emotionale Situation. Was wir und wie wir uns ausdrücken werden, stets entspringt es unserer Innenwelt, selbst der Gedanke folgt der Emotion. Und sie ist es, die die körperlichen Impulse setzt, die fürs Sprechen maßgeblich sind. Letztlich gilt dasselbe auch fürs Singen, unabhängig davon, ob es von einem Schüler im Unterricht oder von einem gerührten Tamino auf der Opernbühne kommt. Der einzige Unterschied ist: das eine ist Realität, das andere Rolle.

Was unsere beiden Figuren gezeigt haben, ist nicht geprobt, berechnet, zurechtgelegt, sondern als Verhaltensmuster aus einer Situation, die nicht näher bezeichnet

[8] Vgl. hierzu im Kapitel „Singesituationen" insbesondere die Nummern 36, 41 und 43.

ist, spontan entstanden. Und der Sprechvorgang folgte ebenso unmittelbar. Die reale Situation des Schülers in der Vorsingesituation ist zunächst keine andere: Körper und Stimme folgen dem unmittelbaren, anfangs vielleicht beklommenen Gefühl. Auch Tamino auf der Bühne drückt sich aus, die Situation aber ist gestellt. Es ist der Darsteller, der in die Figur hineinschlüpft und deren Gefühle mit einem Instrumentarium an Möglichkeiten, die das Genre zulässt – allem voran die Stimme –, ausdrückt. Er nimmt eine Rolle ein und stellt für diese Zeit seine wirkliche Stimmung, vielleicht Nervosität, vielleicht Angst vor dem Arztbesuch am nächsten Tag, hinten an.

Stimme und musikalischer Ausdruck

Genau dies ist unsere Arbeit in den Singklassen: den Schüler aus der spontanen Unmittelbarkeit seines Selbstausdrucks herauszuheben und in eine bewusste Inszenierung musikalischen Ausdrucks hineinzuführen. Dabei sind wir einem Grundprinzip von Kunst auf der Spur, nämlich der Überführung von Natur in Ästhetik. Das Gefüge Emotionalität - Körper - Stimme wird nicht aufgelöst, es wird erweitert um die Dimension der Vorstellung von der zu leistenden Rolle. Und in diesem Sinne beginnt ein nie endender Bewusstwerdungsprozess.

Der Körper spielt dabei zugleich mehrere zentrale Rollen. Er ist Spiegel und er ist Instrument. Ihn als Spiegel zu beobachten und zu verstehen heißt, den jungen Menschen und die in die Körperlichkeit gefasste Persönlichkeit zu erfahren, in seinem Wesen, in seiner emotionalen Breite, in seiner Energie. Mit ihm als Instrument zu arbeiten heißt, die Möglichkeiten zu entfalten, die eine solche Persönlichkeit verheißt, auch und besonders für seine stimmliche Öffnung. Potential ist in jedem jungen Menschen reichlich, und gelegentlich zeigt er uns freiwillig, spontan, oft unbewusst etwas davon. Es zu befreien, ist unsere großartige Herausforderung. „Du kannst“ anstelle des alltäglich drückenden „Du musst“ ist hier kein idealisierter Traum, ebenso wenig ein Lernen als gesamtpersönliche, intrinsisch motivierte Entfaltung.

Stimmbildung als ein Prozess der Bewusstwerdung

Da steht er nun vor mir, der junge Mensch, und setzt aus Haltung, Stand, Körperspannung, Atmung, Mimik, Gestik und vielem mehr ein Ich-Bild für mich zusammen. Alle diese Komponenten zu seinem Musikinstrument werden zu lassen, das er dann für seinen musikalischen Ausdruck nutzen kann, ist meine Aufgabe. Wie der Instrumentenbauer das Einzelteil bearbeitet und immer wieder ins Gesamtgefüge einpasst, so muss auch meine Arbeit am funktionalen Detail immer den Blick für die gesamte Person behalten. Am Klang zeigt sich, ob das Gesamtgefüge stimmig oder aber einseitig verzerrt ist. Auf die Person bezogen: Es geht nicht um Stimmdressur oder Elitezüchtung, sondern um Singen als musikalischen Ausdruck. Die Stimme aufzuschließen bedeutet, die Seele aufzuschließen über das Medium des Körpers. An diesem muss für den Schüler fass- und erlebbar werden, was er von sich via Stimme im Klang auszudrücken vermag.

Vorbildfunktion

Will ich den jungen Menschen und sein „Instrument“ in der beschriebenen Weise verstehen, sind methodische Wege gewiesen. Zunächst: Ich werde kaum mehr wecken können, als mir selbst bewusst, also wichtig ist. Damit erlangt mein Vormachen, mein Vorbild eine entscheidende Funktion. Der Schüler nimmt unmittelbar auf, was er sieht, und ahmt nach. Was ihm am deutlichsten auffällt, wird er am bewusstesten re-inszenieren, anderes vorerst nur unbewusst übernehmen. Manches wird sogleich funktional richtig gelingen, anderes zunächst unzulänglich bleiben. Immer aber gilt: Mein Beispiel ist der Maßstab. Dieselbe Intensität an organischer Spannung und impulsiver Lebendigkeit, die mein Körper im Singevorgang leistet, an Geschmeidigkeit und Helligkeit meiner Stimme, an Ausdrucks- und Artikulationsfreude meiner Mimik, kann ich auch vom Schüler erwarten – jedoch mehr nicht.

Lernen übers Vorbilden und Nachmachen muss aber nicht an mein Beispiel und auch nicht an den gesungenen Laut, ja noch nicht einmal an den menschlichen Äußerungslaut gebunden bleiben. Bellen oder Muhen etwa sind vom Tier absolut ganzheitlich hervorgebrachte Laute mit direktester Verknüpfung von Emotion, Körper und Stimme. Auch uns Menschen gelingen diese Laute klanglich am ähnlichsten, wenn sie der Körperfunktion des Tieres nahekommen. Und dies tun sie ehestens, wenn wir uns in die impulsive Kraft hier oder die schwere Weite dort einfühlen, die das Tier situativ ausstrahlt. Und über die unmittelbare Lautung des Vorbildes nehmen wir erstmals unversehens eine Rolle ein, beginnen zu reflektieren, was wir tun und was sich im Körper dabei abspielt.

Auch von der anderen Seite her nähern wir uns, vom gesungenen Ton selbst. Er klingt vielleicht noch verhalten, scheu, und er geht immer einher mit entsprechender Körperenergie und dahinterliegender Gestimmtheit. Ist aber überhaupt erst ein Bewusstsein dafür erwacht, dass er immer Ausdruck eines persönlichen Ganzen ist, ist der Schlüssel für das Öffnen der Singstimme gefunden. Gerade der verhaltene, vielleicht kaum hörbare Ton, angestimmt ohne sichtbare Körperaktion, verrät ja nichts anderes als die emotionale Hürde, über die der junge Mensch im Moment dieser Anforderung kaum hinwegkommt. Auf den Ton zu insistieren hieße, die Hürde nur noch zu erhöhen. Direkt auf die Emotionalität einwirken zu wollen, wäre vergleichbar mit dem Zuspruch: „Du brauchst keine Angst zu haben!“. Er ist gut gemeint, wird aber, nach allem, was wir aus Erfahrung und der Neurobiologie wissen, ohne Wirkung bleiben. Dagegen kann es gelingen, den Klang über die Körpermitte zu verändern. Und wo eine funktionale Hilfestellung noch nicht direkt greift, heißt es, beim Urlaut, Tierruf, Seufzer, Sprachlaut, Ruf, Glockenton, Hupsignal oder ähnlichen unmittelbar situativen Aktionen anzusetzen. Überall dort, wo meine Rückmeldung jede winzige Zunahme an stimmiger Körperaktion verstärkt, beginne ich, Einfluss auf die emotionale Hürde zu nehmen. Jeder noch so rudimentäre Laut birgt irgendeine klangliche Komponente, die zum gesungenen Ton hinführt.

Aus der Körpermitte heraus

Glücklicherweise ist der beschriebene Fall von Zurückhaltung nicht die Regel, wenngleich im Anfangsunterricht häufiger anzutreffen. Schülerinnen und Schüler lernen schnell, wenn mein Vorbild animiert und sie mich als Vorbildenden akzeptieren. Wenn der Wahrnehmungsprozess des eigenen Körpers und seiner Singefunktionalität im Einzelnen in Gang gekommen ist, werden fast lustvoll Zwerchfellimpulse und Mundstellungen, aber auch Klangfarben und Register auch jenseits situativer Szenen ausprobiert. Aufmerksam registrieren die jungen Menschen klangliche Veränderungen und Fortschritte. Und das Ohr beginnt, nicht nur Tonhöhen, sondern auch Tonqualitäten und mit ihnen die Körperaktionen beim Singen selbst zu kontrollieren. So lernt der junge Mensch rasch sängerische Grundprinzipien, etwa Intonation über Körperspannung und Klangformung zu korrigieren oder Spitzentöne mit dynamischem Schwung aus der Körpermitte zu erreichen. Er beginnt, die Rolle des Sängers anzunehmen, sie als Entfaltungs- und Ausdrucksmöglichkeit seiner selbst zu erkennen und zu erleben.

4. Der Schüler will lernen

Die stimmbildnerische Arbeit, wie wir sie in unseren Anfangsklassen betreiben, hat über Jahre ausnahmslos alle für sich eingenommen, und zwar noch vor jeder Entscheidung für oder gegen eine Singklassenteilnahme[9]. Die Motivation ist mehr als nur hoch und manche Besucher haben erstaunt gefragt, woran dies liegen mag.

[9] Zur Organisationsstruktur s. Kapitel IV, 2. „Netzwerk Musik – Organisatorisches“, S. 99.

Vom Körper als Instrument war im vorigen Kapitel die Rede und von seiner engen Verbindung zur Emotionalität. Wenn wir sagen: „Ich fühle mich heute gut“, meint dann „fühlen“ die Seele oder den Körper? Unser muttersprachliches Vokabular möchte gar nicht differenzieren. Der Einsatz des Körpers als Musikinstrument hat mit dem jungen Menschen unmittelbar zu tun. Stets erfahre ich ihn als Ganzes und wirke direkt auf seine Ganzheit zurück. Nicht ein fremder, abstrakter Lernstoff ist zu bewältigen, sondern der Schüler befasst sich mit sich selbst, entdeckt sich, entfaltet sich. Dies halte ich für einen der wesentlichsten Motivationsfaktoren.

Eine solche Motivation liegt dem Menschen von Natur aus inne. Schon frühe Lernerfahrungen des Kindes, laufen lernen etwa, erhalten ihre Energie hieraus. Unablässige Neugier, Entdeckertrieb und Lernwille sind Zeichen für eine gesunde Entwicklung des Kindes. Erst mit der einsetzenden Pubertät kommt es zum Bruch, die Schule im Ganzen erfährt nachlassendes Interesse oder gar Gleichgültigkeit. Offenbar geht der unmittelbare Bezug zwischen dem Menschen und dem, was er lernen soll, verloren. Sicher liegt dies zum einen an ihm und seinem Entwicklungsstadium, da er seine Entdeckungsreise verstärkt nach innen fortsetzt, beginnt, sich bewusster zu sehen und sein Verhältnis zur Umwelt zu definieren. Es liegt aber auch wesentlich daran, dass unter solchen Bedingungen eine Einflussnahme von außen schwerer wird, zumal über kognitive Abstraktion, die leider noch immer die schulichen Vermittlungsprozesse dominiert. Aber auch in solchen Entwicklungsphasen kann Lernen mit anhaltend hoher Motivation gelingen, wenn es mit dem Lernenden unmittelbar zu tun hat. Unsere Schüler singen auch in der Pubertät und danach mit einer für Außenstehende verblüffenden Offenheit und Selbstverständlichkeit. Gerade in der Phase von Selbstsuche und -findung vermag ein derart ich-verbundenes Lernen wie Singen das Ich zu stabilisieren und zu befreien. Dabei hilft auch das nach und nach angelegte Bewusstsein des eigenen sängerischen Tuns als Rolle: Dort, wo der heranwachsende Mensch verunsichert ist, sich nicht mehr so zu öffnen vermag wie früher, hat er jetzt die Chance zur Selbstdistanz, indem er sein Tun in der Art eines Rollenspiels inszeniert. Und erst recht gilt jetzt: Über das eigene Tun wirkt er zurück in seine Emotionalität und stärkt hieraus wieder sein Tun, erhält aber auch klangliche Rückmeldungen, die ihn seiner Selbst versichern, emotional stärken und motivieren. Was aus ihm heraus klingt, ist ihm nicht peinlich; er hat sein Instrument im Griff und steht zu seinem musikalischen Ausdruck.

Nicht „richtig“ und „falsch“ sind hier die Kategorien. Der richtige Ton fällt gleichsam an, nebenbei, nicht als Ziel in erster Linie. Der Instrumentalist weiß: Wer Angst vor Fehlern hat, macht welche; das Spiel ist unfrei. Wer musikalischen Ausdruck sucht, spielt unverkrampfter und bewältigt technische Schwierigkeiten leichter, weil er sich nicht auf sie konzentriert.

Ich-Entdeckung

Wenn in vielen tausend Gemütern bis heute schulisches Vorsingen als Horrorerfahrung, Demütigung oder zumindest Groteske nachwirkt, liegt es genau an dieser, auf die technische Kategorie reduzierten Abfrage von Tönen. Eltern, die ungläubig miterleben, dass ihre Kinder in der Klasse gerne vorsingen, kenne ich zuhauf. Diese Kinder erleben aber eine gänzlich andere Situation. Der ungenaue, vielleicht falsche Ton disqualifiziert sie nicht, sondern ist der Anlass, seine Einbindung in die gesamte musikalische Geste zu überprüfen. Er ist Anlass zur Hörkontrolle, zur bewussten Abfrage des Hörgedächtnisses, zur Arbeit an der körperlichen Energie. Die eigentliche Leistung besteht nicht in der Korrektheit, sondern in der Bereitschaft, sich zu „riskieren“, an sich zu arbeiten, und in den Fortschritten selbst. Eine solche Leistungserwartung kennt keine Versager oder Verlierer, sondern schafft Vertrauen und Leistungswillen.

„Richtig“ und „falsch“ als oberste Kategorien sind leider allzu präsent in unseren Schulen. Jenseits mathematischer Lösungen fallen auch dort, wo das Fach, die Aufgabe oder das Problem Differenzierteres zuließe, Bewertungen oft dieser Reduktion anheim. Deshalb darf es nicht verwundern, wenn die Selbsteinschätzung vieler Erwachsener und Jugendlicher immer noch von der Dichotomie „musikalisch“ und „unmusikalisch“ geprägt ist. Angesichts des über unseren Lernbegriff bereits Gesagten ist der Unsinn evident. Ich habe manche Schüler erlebt, die sich für „unmusikalisch“ hielten, in dieses fatale Bewusstsein hineinsozialisiert wurden und sich deshalb auch so verhielten. Gelangen aber einem solchen Schüler nach Wochen erste Erfolge, veränderten sich die Selbstzweifel oftmals in eine ungewöhnlich stabile Motivation[10]. Der Mut, das Verlorene zu wagen und zu gewinnen, führte geradezu zu Wesensveränderungen auch dort, wo man zuvor die eigene „Unmusikalität“ lakonisch akzeptiert hatte.

Der Schüler will lernen. Insbesondere beim Einstieg in die weiterführende Schule ist er hoch motiviert, offen für all das Neue, das sich am neuen Lernort anbietet. Alles hat sich verändert, das Klassenumfeld, die Schulorganisation, die Lerninhalte, die Methoden etc. Hier liegt unsere Chance, weil sich der Schüler in dieser Umbruchsituation am leichtesten auch auf Ungewöhnliches und Dinge, die Mut kosten, einlassen kann. Er vertraut uns und wird dies so lange tun, wie er an sich selbst Lernerfolg und gezielte neue Herausforderungen erleben wird. Erst wenn diese Balance verloren geht, entsteht Frustration oder Langeweile. Und hieran scheint mir Lehre und Unterricht oft selbst schuld, weil eine stringente Methode zum Aufbau musikalischer Kompetenzen, zumal via Singstimme, fehlt.

Motivation hängt von einem weiteren wesentlichen Faktor ab: Der Schüler will zeigen, was er gelernt hat und braucht positive Resonanz. Die musikalische Praxis braucht die Präsentation, die Aufführung. Sie arbeitet auf diesen Moment hin und lebt davon. Am Vokalklang einer Klasse wird man hören, wie ganzheitlich jeder Einzelne sich integriert. Die Rückmeldungen der Hörer, die den Schülern exakt das zurückgeben, was diese investiert hatten, sind in hohem Maße Ich- oder Wir-Stärkungen und Motivationsschübe.

Der Schüler will lernen – so lange wir nicht an ihm vorbei oder über ihn hinweg gehen, sondern die offene Tür zu seiner Persönlichkeit nutzen. Und er wird lernen, so lange wir dieser Persönlichkeit mit Behutsamkeit, Respekt, Wohlwollen und Freundlichkeit begegnen. Sobald sie aber verunsichert oder gar verletzt wird, verschließt sie sich. Und wenn wir hierfür die Auslöser sind, verschließt sie sich nicht nur uns, sondern auch der Sache, die uns am Herzen liegt – dem Singen. Leider zeitigt Musikunterricht noch immer dieses negative Resultat.

5. Der Schüler in der Gruppe

Wenn Lernen derart ins Persönliche, Individuelle und Emotionale reicht wie das Singen, kann es in einer Gruppe überhaupt gelingen, zumal in einer ganz und gar nicht nach musikalischen Kriterien zusammengestellten Schulklasse? Es kann!

Eine sängerische Ausbildung bedingt Einzelunterricht über Jahre hinweg. Jeder Chor leistet sich aus gutem Grund eine Stimmbildung für die Gruppen im Ganzen. Der Einzelunterricht schließt die Stimme als das unverwechselbare Organ in einem unverwechselbarem körperlichen und psychischen Gefüge auf. Die chorische Stimmbildung sucht den Ensembleklang, ist für den Einzelnen das An- und Aufwärmen. Indes durchdringen sich die beiden Aspekte. Auch der Solist muss sein

[10] Ausführlicheres zu ebendiesem Problem benennt das Kapitel II, 6. „Unmusikalisch“, S. 25.

Organ vorbereiten, bevor er mit ihm arbeitet; auch das Ensemble ist auf klingende Einzelstimmen angewiesen. In diesem Spannungsfeld zwischen Person und Gruppenganzem, zwischen Einzelstimme und Ensembleklang bewegt sich unsere singetechnische Arbeit am „Instrument“ Körper.

Noten lesen ist die Verklanglichung eines Bildes im Gehirn. Die Besetzung der Speicherzellen und ihre synaptische Verschaltung geschieht in jedem Kopf höchst individuell. Und doch birgt die Gruppe für eine solche Arbeit eine enorme synergetische Dynamik: Ständig wird untereinander verglichen und ausgetauscht, befragt und vervollständigt, kopiert und korrigiert – auch nonverbal. Impulse auf der Ebene von Inhalten, Lernweisen und Atmosphäre schwingen allgegenwärtig im Raum. Die kognitive Arbeit bewegt sich im Spannungsfeld zwischen höchst privater Audiation und offener Attention.

Eine Gruppe wirkt stetig aufs Ich

Eine Gruppe kann vor uns als den Lehrenden wie eine Wand stehen. Eine Gruppe kann uns aber auch anregen wie Doping. In dem einen Fall spüren wir geradezu das Unwohlsein der einzelnen Teilnehmer und müssen um unseren Gedankenzusammenhang ringen, im anderen Fall gibt ein Wort das andere, Ideen entfalten sich, die wir zuvor niemals so klar gedacht hatten. Wir sollten vortragen, lehren und haben am Ende das Gefühl, gelernt zu haben. Eine Gruppe ist keine homogene Masse: Sie setzt sich zusammen aus den Ängstlichen und Mutigen, den Forschen und Zurückhaltenden, den Skeptikern und Euphorischen, den Abwartenden und den Ungeduldigen. Und wer erlebt hat, wie sich die Stimmung einer Gruppe entwickeln und verändern kann, weiß um die gewaltige nicht-rationale Energie eines solchen Gefüges. Auch in unserer Klasse existiert diese Energie, jeder Einzelne gibt seinen Teil, jede Situation das Ihrige. In diesem ungeheuren Spannungsfeld zwischen Offenheit und Ablehnung, zwischen Befürwortern und Kritikern, zwischen Begeisterung und Langeweile bewegt sich unsere psychologische Arbeit, die in der Singklasse das entscheidende Aktionsfeld ist.

Letztlich steht der Schüler selbst im Spannungsfeld zwischen seiner Person und der Gruppe und wir können ihm helfen, dieses Spannungsfeld nicht als belastend, sondern als motivierend zu erleben. Denn die Gruppensituation als solche verspricht eine hohe Lerneffizienz, wenn wir Lehrende sie an einigen entscheidenden Stellen zu nutzen wissen, beispielsweise mit einer überlegten Sitzanordnung.

Von der Sitzanordnung in der Singklasse

Die Schüler bilden einen geöffneten Halbkreis, das Klavier steht so gegenüber, dass ich vom Instrument aus alle im Blick habe. Alle sind etwa gleich weit entfernt von mir, alle erscheinen als ganze Person. Es gibt keine Tische, niemand sitzt in der „zweiten Reihe“. Während der gesamten stimmbildnerischen Stundenphase, die gelegentlich sogar den Hauptteil der Stunde vereinnahmen kann, stehen alle. Je nach Klangresultaten und der Körpersprache Einzelner wechseln Tutti- mit Soli-Phasen. Die Schüler folgen nicht nur meinen Anweisungen, meiner Klavierbegleitung, meiner stummen Artikulation oder meinem Dirigat, sie kommunizieren auch visuell miteinander. Auch der Einzelne, der vorsingt, wird aufmerksam verfolgt. Dort, wo sein Lernverhalten typisch ist, wird es gar thematisiert. Beispielsweise verrät der Gesichtsausdruck die Konzentration, wenn der Schüler im Hörgedächtnis zu einem gegebenen Grundton die Oberquint sucht[11]. Was passiert hinter der sichtbar konzentrierten Miene? Diese Frage appelliert an gegenseitige, respektvolle Beobachtung. Sie versichert den Ausführenden der Relevanz seiner Lernleistung für alle, während meine Erläuterung seines mimischen Signals der Gruppe zeigt, dass ich hinter die Fassade sehe, Lernvorgänge durchschaue. Auf diese Weise wächst Vertrauen un-

[11] Vgl. hierzu auch S. 43.

tereinander und zu meinem Vorgehen. Dem Schüler wird klar, dass er sich weder verstecken kann noch muss, dass er nicht bloßgestellt wird, sondern sein Beispiel für alle gilt und dass er hier handelnd und sein Handeln verstehend vorwärtsgeführt wird. Ebenso können Haltung, Körperspannung, Mundöffnung oder Zwerchfellarbeit Thema werden oder auch die nachgesungene tonale Figur: Fehler bedeuten nicht Misslingen, sie sind der Indikator für Lücken in der Funktion oder Vorstellung. Im letzteren Fall etwa kommt der Nachbar zur Hilfe, singt noch einmal vor, man hilft sich gegenseitig und nach kurzer Zeit wird ein solches Agieren untereinander zur uneingeforderten Normalität. Zwischen Solo und Tutti gibt es freilich mannigfache Inszenierungen, um den Einzelnen zu fordern, aber nicht zu überfordern. Unsere Sitz- und Raumordnung erlaubt eine flexible Raumregie auch für Bewegungsaktionen und Partnerübungen. Auch der gymnastische Anteil bewegt sich zwischen Exponieren und Integrieren des Einzelnen.

Die Schüler nehmen einander sehr genau wahr, hören klangliche oder intonatorische Verbesserungen wohl; ich gebe jederzeit verstärkende Rückmeldungen zu den Fortschritten. Ein sogenanntes pädagogisches Lob verbiete ich mir; die Schüler erhalten ehrliche, aber niemals diskreditierende Bewertungen. Ich verhehle aber auch nicht meine echte Begeisterung für besondere Leistungen und oft erlebe ich, dass diese mit Applaus der ganzen Klasse bedacht werden – der erste richtig nachgesungene Dreiklang des scheinbar „Unmusikalischen“ ebenso wie die glockenklare Rachearie-Koloratur in Originallage[12].

Beispiel Quereinstieg

In der Mittel- und Oberstufe kommt es immer wieder zu Quereinstiegen in die Singklassen, auch von Neuzugängen an der Schule, von Jugendlichen also, die vordem oft jahrelang nicht gesungen haben. Jedes Mal ist es spannend und im Ergebnis faszinierend, wie diese Schüler auf die Gruppe und die Gruppe auf sie reagieren. Zunächst steht der junge Mensch sichtbar verlegen da, wenn die Gruppe um ihn herum mit ihrer Arbeit beginnt. Die Gruppe ihrerseits beobachtet ihn und seine Reaktion und je nach Integrationssituation außerhalb der Singklasse vermag er durchaus auch zu verunsichern. Sein Verhalten ist verständlich: Nie haben Jugendliche seines Alters so etwas mit sichtlichem Engagement getan. Was er erlebt, ist weit von ihm entfernt, merkwürdig, „uncool“ vielleicht; er kann sich darauf nicht einlassen. Das Übungsrepertoire kennt er ohnehin nicht und sich via Stimme so zu öffnen, hat er nie gelernt. Also zieht er sich verunsichert in sich zurück. Dieser Moment ist der entscheidende: Würde er jetzt zwei oder drei Gleichgesinnte in der Gruppe erkennen, hätte seine Verunsicherung andere Verhaltensfolgen. Er würde offensivere Signale seiner Distanz zeigen, um sie sich bestätigen zu lassen. Und wäre diese Bestätigung stark genug, würde seine Verunsicherung in Ablehnung umschlagen. Doch eine solche Solidarität findet er kaum in der Singklasse, also bleibt er vorerst labil. Genau an dieser Stelle spreche ich ihn an, nehme ihn ernst, frage vielleicht nach seinen Eindrücken, bekunde mein Verständnis für seine Zurückhaltung und benenne klar die Absicht der Gruppe, ihn mitzunehmen, zu integrieren. Ich stelle ihm in Aussicht, dass das, was er für sich hier finden kann, ihm Freude machen wird, ihn verändern wird, wertvoll für ihn werden wird. Und ich sage ihm ebenso klar, dass ich ihm sicherste Hilfestellung anbieten werde, solange er mir seine Lernbereitschaft signalisiert. Und auch dies benenne ich direkt: Wenn er will, wird er Erfolg haben. Wenn er nicht will, kann ich nichts für ihn tun.

Eine lernpsychologische Selbstverständlichkeit eigentlich, die von der Pädagogik leider oft verbogen wird, wenn sie dem Schüler solche grundsätzliche Willens-

---

[12] Zum Umfang der Kinderstimme s. S. 34.

entscheidung vorenthält. Motivieren muss die Sache und der authentische Umgang mit ihr. Und wenn Singen ein menschliches Grundbedürfnis ist, ist es auch bei unserem Quereinsteiger zu finden – wenn er es zulassen kann. Ihm dabei zu helfen, ist meine vordringliche Aufgabe. Und sie gelingt regelmäßig.

Regeln für die Gruppe: Ermutigung und Respekt

Noch einmal zurück zum Anfangsunterricht. Wie jede Gruppensituation braucht auch die Regeln. Es müssen überschaubar wenige sein und es müssen solche sein, die jeder nachvollziehen kann und deshalb einzuhalten bereit ist. Nach allem Gesagten liegt die erste nahe: Mut! Und die zweite hängt mit ihr zusammen: Respekt!

Mut meint, einer Aufforderung, es zu probieren, auch vor der Klasse zu folgen. Niemand kann im Sport für den anderen oder mit mir über den Kasten springen, jeder muss es selbst probieren. Wieder ist es die Anfangshürde, die in den Blick gelangt. Ich weiß, dass es für manche wahrhaftig eine Mutprobe bedeutet, vor anderen zu singen. Und ich sage meinen Schülern, dass ich dies sehr wohl wisse und deshalb jedem, der den Mut zum Probieren zeigt, meinen Respekt zolle. Selbigen fordere ich auch von allen Schülern ein. Respekt heißt allemal: Niemals wird über eine noch so unfertige Leistung oder über ein noch so komisches klangliches Resultat gelacht! Dies ist meine einzige unumstößlich autoritäre Setzung für die folgende jahrelange Zusammenarbeit mit den Schülern. Sie bietet jedem Einzelnen Schutz- und Öffnungsraum, sodass der Mut zum Probieren nicht in die subjektiv momenthafte Defensiventscheidung des Einzelnen zurückfallen muss[13]. Und jeder Schüler, jede Schülerin erlebt vom ersten Moment an, dass ich Ernst mache mit diesen beiden Regelgeboten. Deshalb erkennt jeder schnell, dass auch er und sie für sich diesen Schutz- und Öffnungsraum einfordern, sich ihm anvertrauen und sich auf ihn verlassen kann.

6. „Unmusikalisch!"

Manche Menschen halten sich wirklich für „unmusikalisch" (es gibt sie auch in meinem Kollegen- und Freundeskreis). „Ich kann nicht singen." – Hieraus beziehen die meisten ihre Selbsteinschätzung, nur wenige sind in der Lage, ihre Probleme beim Umsetzen einer gehörten Vorstellung zu reflektieren. Sobald von Musik die Rede ist, beginnen sie über ihre Selbsteinschätzung zu sprechen, fast entschuldigend, gelegentlich mit der Tendenz der Selbstrechtfertigung, oft auch mit der konkreten Frage, was denn in ihrem Falle zu machen sei. Fast alle aber weichen erst einmal zurück, wenn ich an ihrer Unmusikalität Zweifel äußere und anbiete, mir einen Eindruck des Problems in praxi zu verschaffen. Zwei Dinge erscheinen mir dabei interessant: Singen können und Musikalität wird fast synonym verstanden. Außerdem ist das Singen stigmatisiert und mit einem Tabu belegt (außer vielleicht beim berühmten Badezimmergesang). Und so hält man sich dann für „unmusikalisch".

Aber „Unmusikalität" gibt es nicht! Jeder gesunde Mensch hat die Fähigkeit, akustische Reize aufzunehmen, in seinem Gedächtnis zu speichern und mit seiner Stimme zu imitieren. Kinder tun dies spielerisch gekonnt, wenn sie etwa das Brummen eines Autos, eine Dampferhupe, Pferdewiehern, Hähnekrähen oder anderes mehr nachmachen. Auch muttersprachliches Lernen ist, wie wir gesehen haben, zunächst nichts anderes. Töne oder Tonzusammenhänge unterscheiden sich vom Laut nur graduell, wer also Pferdewiehern im Kopf hört oder sich Gedanken machen kann, kann auch Musik im Hörgedächtnis speichern. Allein diese Tatsache ist schon den meisten „Unmusikalischen" nicht bewusst.

---

[13] S. hierzu S. 41 im Kapitel III, 1: „Schlüsselszene Einstieg".

Das Fremdurteil wird zum Selbsturteil

In einem Alter jenseits erwachender Selbstreflexion haben wir alle lustvoll probiert, ohne zu fragen, was unsere Eltern, Großeltern oder Geschwister über uns denken oder ob sie über uns lachen, weil wir so drollig aussahen, wenn wir unbeholfen aufstanden, hinplumpsten, wieder aufstanden und nach wenigen Schritten wieder saßen. Es war uns unwichtig, wie unsere Umwelt auf unser Lallen reagierte, wichtig war, dass sie reagierte. Und auch unser Singsang war purer Selbstausdruck. Erst ein, zwei Jahre später begannen wir, uns einschüchtern zu lassen, uns hier und dort zu verschließen. Wir wurden empfindlich gegenüber Lob, Tadel, Anerkennung oder gar Spott und begannen, Freude und Angst zu fühlen. Laufen und Sprechen hatten sich inzwischen notwendigerweise etabliert, kein Tag verging ohne Reizung und Herausforderung dieser elementaren Fähigkeiten. Singen dagegen war unwichtiger. Es wurde weniger von unserer Umwelt praktiziert, reizte und forderte uns weniger heraus und blieb so in jenem unsicheren Stadium stecken, das dringend die vordem lustvoll unmittelbare Probierphase zur Weiterentwicklung gebraucht hätte, die allmählich verloren ging. Unser unfertiges Singen lief geradewegs in die Falle, wo es als unmittelbarer Selbstausdruck nun auf Kritik, Tadel oder gar Spott stieß. Die Verletzung saß tief und wurde umgehend in unsere Psyche einprogrammiert. Je nach Stabilität blieben von einem bereits vorhandenen Verhaltensprogramm „Singen" entweder nur reparable Reste oder – nichts. Die Freude am Singen war dahin, also ließen wir das Singen bleiben. Die angelegte Fähigkeit und Fertigkeit verkümmerte.

Das Problem der „Unmusikalität" ist aus meiner Sicht keines der Begabung, sondern zuerst eines der Psyche und in seiner Folge eines der praktischen Übung. Wie sensibel wir mit unseren Kindern in Bezug auf ihre musikalischen Grundfähigkeiten umzugehen hätten, mag noch einmal das Beispiel des Laufenlernens zeigen. Niemand würde in der beschriebenen Aufrichtephase das Kind, das nach wenigen staksigen Schrittchen sogleich wieder fällt, in die Wiege zurücklegen mit dem Kommentar: „Du kannst das nicht.". Und niemand würde mit derselben Bemerkung dem Kind das Sprechen verbieten – wohl aber das Singen!

Wen wundert es, wenn der „unmusikalische" Mensch beim Hören von Musik – gesungener Musik vielleicht gar – mit ihrer emotionalen, psychischen Wirkung nicht fertig wird? Der Jugendliche reagiert mit energischer Distanz, vor allem dem gegenüber, der ihm mit Singen kommen will, aber auch gegenüber einer Musik mit hohem sanglich-melodischem Anteil. Große Teile der abendländischen Musik fallen der Ablehnung zum Opfer – am wenigsten vielleicht noch „Sacre" und Satie. Der Erwachsene schließlich arrangiert sich, sucht sich seine Nischen und seine Selbstdeutung.

Da es die „Unmusikalität" nicht gibt, ist es nötig, die Ursachen des falschen Tons einzugrenzen und zu lokalisieren. Eine grundlegende Bedeutung kommt, wie gesehen, der Emotionalität zu. Erst wenn wir den jungen Menschen in unserem Unterricht für uns und unsere Arbeit geöffnet haben, wenn wir sein Vertrauen gewonnen haben, dann können wir in den Regelkreis hineinsehen, der auch sprachliches Lernen bestimmt, das Ohr, das Hörgedächtnis und die Stimme.

Musikalität beginnt mit Hinhorchen

Die organische Seite des Ohres ist in den seltensten Fällen der Problempunkt. Ich erinnere mich an Schüler mit nachgewiesener Schwerhörigkeit, die erstaunliche musikalische Leistungen hervorbrachten, fast so, als sensibilisierte sie das organische Defizit für einen möglichst effizienten Umgang mit der verbliebenen Wahrnehmungsfähigkeit. Das weitaus häufigere Problem ist das Hören als Tätigkeit, das Hinhören. Diese Fähigkeit ist lernbar, wie jeder Musiker weiß. Sie ist eng mit der eigenen Emotionalität verknüpft, aber auch mit der eigenen Stimme, zumal in Bezug aufs Singen. Wie differenziert sich der Hörreiz im Hörgedächtnis abbildet, ist eine Sache der Aufmerksamkeit. Ich höre die Intonationstrübung des Akkordes, aber erst beim genauen Hinhorchen identifiziere ich den Alt als zu tief. Ein solches oder ähnliches Beispiel kennt jeder aus der eigenen Praxis, in unserem Zusammenhang dient es dazu, der Begabungstheorie von Musikalität zu widersprechen. Hören als Hinhorchen, als „Auseinanderhören" eines Klangganzen, dies ist eine Seite des Hörens, die in unserem Gehirn auf die Dauer Programme umschreibt und Hörgewohnheiten verändert. Damit findet ein Lernen vital dort statt, wo wir Musik machen, üben und gestalten.

Gewiss hat das Ohr eine individuelle Grundbereitschaft zu einer bestimmten Hörqualität, die wesentlich von der stetigen akustischen Reizqualität abhängt. Von Geburt an liefert unsere eigene Stimme den durchgängigsten und über die Körperinnenleitung differenziertesten Schallreiz. Ihre intensive Reizqualität bestimmt wesentlich die Entwicklung der Leitung der Reize zum Gehirn und ihre Verarbeitung. Ich mache bis heute die Erfahrung, dass Kinder mit äußerst klaren, hell timbrierten Sprechstimmen beim Singen verblüffend genau intonieren und kleinste Trübungen schnell korrigieren. Dagegen haben Kinder mit einer hauchigen Sprechstimme und gelegentlich forciertem Spannungstonus oft größte Probleme, überhaupt zu singen, geschweige denn richtige Töne. Mein extremster Fall war ein Zehnjähriger, der sich sicher war, über das *d*ᴵ nicht hinauszukommen. Ein helles Timbre hat einen reichen hochfrequenten Klanganteil, der gerade für das musikalische Hören relevant ist[14].

Klangfarben werden wesentlich von Obertonzusammensetzungen bestimmt und auch die Reinheit von Zusammenklängen hört unser Ohr genauestens an der Stimmigkeit hochfrequenter Überlagerungen. Das strukturelle Hören eines polyphonen Geflechts ist uns deshalb möglich, weil sich die Einzelstimmen in ihren hochfrequenten Klanganteilen charakteristisch gegeneinander abzeichnen. Und nicht erst seit der Erfindung der Stereofonie wissen wir, dass erst die hochfrequenten Klanganteile eine räumliche Orientierung, also ein Richtungshören ermöglichen. Für ein effizientes gehör- und stimmbildnerisches Lernen im Unterricht sind diese Anteile entscheidend. So fühle ich mich hier bester gesangspädagogischer Methode verpflichtet, die zuerst den Vordersitz, die Maske und damit Helligkeit und erst dann den „großen" Klang sucht. Wir kennen Fälle von hohen Opernstimmen, die auftretende Probleme in der Höhe intuitiv mit erhöhtem Kraftaufwand zu kompensieren suchten und so ihre Stimme mehr und mehr überlasteten. Oft belegten dann medizinische Gehörtests nicht primär organische Probleme, sondern ein nachlassendes hochfrequentes Hörvermögen. Weder Ohr noch Gehirn erhielten die Rückmeldungen, die vordem den Kraftaufwand optimierten; der Regelkreis Vorstellung - Wiedergeben - Hören war außer Kontrolle, außer Balance geraten.

Lernloop: Hören – Vorstellen – Machen

Wenn nun also unser junger Mensch keinen richtigen Ton trifft, sind zwei Fragen von Interesse: Wie spricht er? Und wie hört er? Aufs Sprechen können wir direkt reagieren; gelegentlich habe ich Schülern gar den Gang zum Logopäden nahegelegt. Des Schülers Hörqualität und vor allem seine auditive Speicherfähigkeit können wir nur indirekt beeinflussen. Wir wissen, dass unser Ohr Entfernungen zur einer Geräuschquelle anhand des hochfrequenten Klangspektrums sehr sensibel erfas-

---

[14] Im asiatischen Sprachraum bedeuten oft kleinste Lautänderungen, wie wir Europäer sie kaum realisieren, erhebliche inhaltliche Bedeutungsunterschiede. Wenn Sprachlernen zu solchen Nuancierungen erzieht, entsteht auf Dauer eine andere Reizleitung und -verarbeitung im Gehirn. Aus diesem Sprachraum kommen auffällig viele Menschen, auch Schüler, mit extrem guten tonalen Hörfähigkeiten bis hin zum absoluten Gehör. Vgl. hierzu u. a. die neuesten Untersuchungen der Univesity of California bei: Athos 2007.

sen kann. Unser evolutionsgeschichtliches Überleben hing entscheidend davon ab, dass wir Bedrohungen früh erkannten und deren Entfernung zu uns richtig orteten. Deshalb ist unser Ohr zunächst auf weite Entfernungen ausgerichtet. Mit zunehmender Nähe der Schallquelle steigt der hochfrequente Wahrnehmungsanteil stark an und damit die Differenzierbarkeit des Geräusches, wie etwa beim Flüstern[15]. Dieses Phänomen nutzen wir im Umgang mit dem „unmusikalischen" Schüler: Wenn der Freund oder Sitznachbar mit heller Naturstimme ihm aus unmittelbarer Entfernung ans Ohr singt, macht er plötzlich eine völlig neuartige Hörerfahrung, die oft schon ausreichen kann, dass er den gehörten Ton richtig nachsingen kann. Beides, die andere Stimmqualität und ihre geringe Entfernung haben den hochfrequenten Klanganteil außergewöhnlich verstärkt und im Hörgedächtnis so klare und intensive Spuren gelegt, dass sie erstmals nicht mehr vom konzentrativen Moment des Wiedergabeversuchs verwischt oder gar gelöscht werden können[16]. Ab jetzt weiß der Schüler, dass er etwas kann, das er zuvor für unmöglich gehalten hatte, und er hat erstmals erlebt, wie sich das zuvor als unerreichbar Geglaubte anfühlt. Er hat erlebt, wie klar eine Hörerinnerung sein kann und hat ab jetzt die Möglichkeit, seine Stimme anzupassen. Und mit beginnender Treffsicherheit verändert sich die Klangfarbe seiner Stimme, der Regelkreis Hören - Vorstellen - Machen kommt konstruktiv als „Lernloop" in Gang, – freilich vorerst noch mit steter Hilfe von außen.

Eine solche Schlüsselerfahrung entsteht zuerst im nächstliegenden Registerbereich, meist etwa zwischen d^1 und g^1. In diesem schmalen Ambitus wird unser Schüler beginnen, sich allmählich sicherer zu bewegen. Wo aber ein höheres Register zusätzliche Anforderungen an Stimmorgan und Singetechnik stellt, wird er wieder in seine vorige Selbsteinschätzung zurückfallen. Weil weder Stimme noch Körper bislang mit höheren Lagen umzugehen „wussten", wird er meist zu tief intonieren. Auch Schüler ohne solche Musikalitätsprobleme haben oft keine Ahnung vom schier unbegrenzten Umfang ihrer Singstimme. Und nur über ganzkörperliche Erfahrungen, wie ich sie bereits beschrieben habe, gelingt seine Erschließung[17]. Erneut hilft die Gruppensituation, gibt es doch in jeder Klasse einige Schüler mit völlig offenliegender Höhe und der Freude, diese zu demonstrieren. Ihr Beispiel ist gleichsam Kopiervorlage.

Wichtig ist immer wieder die Stärkung des Selbstvertrauens für den Unsicheren. Ebenso wie die richtige Balance auf dem Fahrrad nur beim Fahren selbst lernbar ist, entwickelt sich die intonatorische Sicherheit nur übers risikobereite Probieren. Chorleiter wissen, dass ein homogener Klang letztendlich nur entsteht, wenn alle Einzelstimmen offen sind, bis hinein ins äußerste Pianissimo. Zurückhaltung oder Befangenheit bedeuten immer Kontrollverlust.

Gelegentlich intonieren vor allem Schülerinnen mit unsicherer Tongebung auch zu hoch. Oft sind es sehr gewissenhafte Kinder, die anhand der typischen Fehler ihrer Klassenkameraden schnell begriffen haben, dass falsche Töne zumeist zu tiefe Töne sind und jenseits der eigenen Hörkontrolle einer solchen Gefahr begegnen möchten. Zu hohe Töne mischen sich – vor allem, wenn sie leise gesungen werden – eher ins Obertonspektrum eines Klassenklanges und fallen deshalb weniger schnell auf als ein darunterliegendes Brummen. In der Regel sind diese Fälle aber schneller und einfacher zu korrigieren. Hinter einer solchen vermeintlichen Gewis-

---

[15] Eine gehäufte Schwerhörigkeit bei der „Walkman-Generation" im jugendlichen und mittleren Alter geht einher mit einer meist permanenten Hörbelastung über die ohrnahe Schallquelle Ohrhörer.

[16] S. hierzu: „Singesituation 19", S. 95 sowie die Bemerkungen im zugehörigen Kommentar auf DVD.

[17] Vgl. hierzu das Kapitel II, 9. über den Umfang der Kinderstimme, S. 34.

senhaftigkeit steckt häufig der Ehrgeiz, alles richtig machen zu wollen. Doch das Missverständnis löst sich in dem Maße, wie die Schülerin beginnt, die verkrampfte Vernunftkategorie „richtig – falsch" dem eigentlichen Sinn von Singen unterzuordnen, nämlich der befreienden Freude am eigenen klanglichen Ausdruck.

Immer ist der falsche, abwegige Ton ein Hinweis auf den Vorstellungs- und damit Orientierungsverlust im Moment des musikalischen Tuns. Insbesondere wenn wir in der Klasse erstmals mehrstimmig zu singen versuchen, geschieht es: Viele hängen sich an die dominierende Stimme an – eigentlich gerade kein Zeichen für „Unmusikalität". Die Erfahrung zeigt, dass von zweien Stimmen oft nur noch eine, eben diese klanglich dominierende, übrig bleibt. Erst nach und nach lernt der Einzelne, die eigene Vorstellung gegen die andere Stimme zu behaupten und klanglich durchzusetzen; erst nach und nach entsteht – wieder in der Vorstellung – die Fähigkeit, beide Stimmen zueinander in Bezug zu setzen, den Zusammenklang zu erfassen und das eigene Singen einzuordnen. Diese Lerngesetzmäßigkeit gilt selbst noch für den Chorleiter, der sich erstmals bemüht, einen achtstimmigen Satz durchzuhören. Ist er deshalb „unmusikalisch"?

7. Stimmwechsel

Vorweg: Stimmwechsel ist nicht Männersache allein, auch die Stimme der heranwachsenden Frau verändert sich und unterliegt in geringerem Ausmaß denselben Prozessen. Von hormonellem Einfluss gesteuert führt das pubertäre Kehlkopfwachstum dazu, dass die Männerstimme um mehr als eine Oktave absinkt, bei der Frauenstimme dagegen ist es etwa eine Terz. Was geschieht in dieser Zeit und wie gehen wir mit den jungen Stimmen derweil um?

Weitersingen, aber Ermüdungen vermeiden

Schon die Physik sagt uns, dass der Oktavfall bei gleichem Schwingungsmedium eine doppelte Wellenlänge zur Folge hat. Die Stimmlippen wachsen also etwa aufs Doppelte an und der männliche Kehlkopf schafft hierfür Platz. Ein solcher Wachstumsprozess innerhalb weniger Monate bedeutet eine ungeheure Veränderungen der Knorpel- und auch der Muskelfaserstruktur. So ist es nur zu verständlich, warum die Stimme des Jugendlichen in dieser Zeit nicht alle Sprachbefehle so schlackenfrei umsetzt wie die Kinderstimme vordem. Die Stimme bleibt weg, überschlägt sich, die Register kippen abrupt und besonders beim lauten Rufen kommt es zu unkontrollierten Lautresultaten – fast wie bei einer akuten Kehlkopfentzündung im Erwachsenenalter. Die Stimmlippen sind in dieser Wachstumsphase stark durchblutet, entsprechend gerötet und verdickt. Sie ermüden schnell, trocknen an ihrer Oberfläche leicht ab und erwärmen sich unter Beanspruchung stärker. Der Symptomatik nach eigentlich ein krankhafter Zustand und dennoch ist der Stimmwechsel keine Krankheit, sondern ein höchst natürlicher Vorgang, mit dem wir am besten völlig natürlich umgehen.

Natürlicher Umgang kann nicht in einem Singeverbot bestehen. Zur Begründung ziehen wir ein naheliegendes Beispiel heran: Der Knabe „schießt" plötzlich in die Höhe, seine Gliedmaßen verändern ihre Proportionen zum Rumpf, der ganze Körper organisiert sich neu und es kommt verstärkt zu Schmerzen dort, wo die Teile neu zusammenfinden müssen, nämlich in den Gelenken. Kein Arzt würde je einem Heranwachsenden in dieser Situation ein monatelanges Liegen anraten. Im Gegenteil! Der junge Mann muss lernen, auf die neuen Bedingungen seines Körpers zu reagieren, er muss ausprobieren und entdecken. Der Körper selbst teilt ihm mit, wo und wann Belastungsgrenzen erreicht sind. Nur wenn der Heranwachsende diese Schmerz- und Ermüdungssignale übergeht, entsteht die Gefahr von Schädigungen. Fürs Singen und die Stimme gilt analog: Die gewohnte Tätigkeit darf, ja soll fortgesetzt werden. Nur so erlebt der Heranwachsende die organischen und funktionalen Veränderungen und lernt, auf sie zu reagieren. Er muss aber die Signale ernst nehmen, die ihm Stimme und Körper mitteilen, allen voran eine früher einsetzende Ermüdung. Schmerzen sollten erst gar nicht riskiert werden, weil sie aufgrund der schwachen Innervation des Gewebes erst spät bewusst werden. Unser pädagogischer Rat kann in dieser Situation nur sein, das Ermüdungsgefühl zu respektieren und zu pausieren, nicht aber für Monate, sondern immer dann, wenn es sich meldet.

Der Ambitus der fallenden Stimme ist reduziert. Die neue Tiefe entsteht erst langsam mit dem Kehlkopfwachstum und die für die Höhe nötigen Randschwingungen kommen aufgrund der organischen Situation kaum in Gang. Eine solche Reduktion hat aber auch ihre Schutzfunktion: Die Stimme selbst schließt jene Register aus, die Ruhe brauchen. Wer in dieser Zeit die heranreifende Männerstimme überbeansprucht, weil etwa der Chor dringend hohe Männerstimmen benötigt, handelt verantwortungslos.

Behutsam betreute Praxis in allen Entwicklungsphasen

Der Stimmwechsel kündigt sich früh an und durchläuft mehrere Phasen. Bereits im zehnten Lebensjahr beginnt gelegentlich die Jungenstimme, etwas von ihrer schlanken Höhe zu verlieren, zugleich wird sie im tiefen und mittleren Register runder, robuster, manchmal auch etwas rauer. Die Stimmlippen beginnen sich allmählich zu verändern, der Stimmschluss kann vorübergehend etwas getrübt sein. Bereits in dieser mitunter sehr langen Phase sollte der Junge vorsichtiger an extreme Höhenlagen herangeführt werden. Es ist ratsam, mit der Literaturauswahl im Unterricht darauf zu reagieren. In der Regel ist eine einfache Mehrstimmigkeit in diesem Unterrichtsstadium schon gut zu bewältigen und die Stimmeinteilung kann den Bedingungen des Einzelnen Rechnung tragen. Gerade bei Repertoirestücken macht eine Stimmeinteilung mit langfristigem Blick Sinn. Langfristige Planung und Literaturwahl gebietet auch die Tatsache, dass zwischen frühest und spätest einsetzendem Stimmwechsel mehr als ein Jahr liegen kann und auch in den dazwischenliegenden Phasen mit allen Schülern sinnvoll und stimmhygienisch verantwortlich zu arbeiten ist.

Ab etwa zwölf Jahren kommt es nach und nach bei den ersten Jungen dann zum massiven Verlust ihrer knabenhaften Höhe, verbunden mit einem allmählichen Zugewinn von etwa zwei Tönen nach unten. Der Ambitus reicht jetzt schon weit in die kleine Oktave hinein, in der Höhe dagegen nur noch bis etwa c^2. Aber auch die Entdeckung der Tiefe birgt Gefahren. Ich erlebe singegewohnte und -geschulte Knaben mitunter ungeduldig neugierig auf die neuen klanglichen Möglichkeiten ihrer Stimme; sie wollen „männlich“ auftreten und forcieren im unfertig tiefen Register. Eine solche Überbelastung verkrampft und verhärtet, anstatt die alte, schlank obersitzige Singweise allmählich auf das „neue“ Organ zu übertragen. In dieser Phase braucht es seitens des Lehrers ein waches Augenmerk und viel Flexibilität. Hie und da kann ein einziger Ton im Stück plötzlich zu hoch sein und muss oktaviert werden, ein anderer ist aber noch schwer in oktavierter Lage erreichbar. Gerade Unterstimmen im Diskantsatz leiden unter solchen Modifikationen am wenigsten, weil sie am ehesten den grundtönigen Generalbasscharakter implizieren. Und ist der Übergang zur Männerstimme dann weitgehend vollzogen, sind solche Unterstimmen ohne Satzfehler auch in ihrer Gänze zu oktavieren.

Doch damit ist der Stimmwechsel noch längst nicht bewältigt. Der junge Mann lotet seine neue Stimme und ihre Registergrenzen aus, aber diese sind noch lange Zeit fließend. Sowie sich die akute Wachstumsphase beruhigt, findet er allmählich seine neue Höhe, durchaus zwei bis drei Töne über dem zunächst verfügbaren Tonraum. Er lernt, dass singetechnisch weiterhin dieselben Gesetze gelten wie für seine Knabenstimme und probiert Bekanntes, Gelerntes mit dem „neuen" Organ. Und dank seiner auditiven Kompetenz und gelernter Muster im Hörgedächtnis fällt es ihm nie schwer, sich im oktavierten Registerraum tonal zurechtzufinden. Noch ein, zwei Jahre lang kann der Kehlkopf wachsen und die Stimme verändern, langsam zwar und nicht mehr im vorigem Umfang, aber doch so, dass gewohnte Lagen allmählich unbequem werden und nicht gesangstechnisch kompensiert werden können. Der selbstverständliche und regelmäßige Umgang mit der Stimme gibt auch jetzt dem jungen Mann Signale genug, um die Lage zu finden, in der er sich wohlfühlt. Nicht selten führen solche Signale zum Wunsch nach einer tieferen Stimmlage. Diesem gebe ich dann statt, nachdem ich die junge Stimme noch einmal abseits der Klasse angehört habe und sicher sein kann, dass die Stimme selbst und nicht etwa körperliche Spannungsarmut oder der Freund in der anderen Stimmgruppe Ausschlag für den Wunsch waren.

So massiv wie beim jungen Mann tritt der weibliche Stimmwechsel nicht zutage. Dennoch begegnen uns auch hier Veränderungen, auf die wir Rücksicht nehmen müssen, wenn wir auch mit den Stimmen der Schülerinnen in dieser Phase verantwortungsvoll umgehen wollen. Gerade weil der Übergang von der Mädchen- zur Frauenstimme unauffälliger verläuft, bleibt er oft im Bewusstseinshintergrund und führt so zu Fehldeutungen sowohl bei den Betroffenen als auch beim Lehrer.

Auch beim Mädchen wird die Stimme etwas voller, runder und verliert ihren kindlichen Glanz. Viele Schülerinnen sind darüber irritiert und weichen der Höhe, die nicht mehr so freiwillig und leicht anspricht, erst einmal aus. Andere mit ausgeprägterem stimmlichen Ehrgeiz und vordem hervorragender Kinderstimme neigen ab etwa der zweigestrichenen Oktave zu hartem, forciertem Ansatz. Sie möchten erhalten oder wieder finden, was sie und ihren Gesang vordem auszeichnete und worauf sie stolz waren. Gelegentlich sind solche jungen Damen regelrecht unglücklich und fokussieren ihre Aufmerksamkeit verkrampft auf ihre Stimme. Sie berufen sich auf Erkältungen und Indisposition. Erst wenn es uns gelingt, die vordem stimmigere Singefunktionalität des gesamten Körpers wieder bewusst zu machen und zu trainieren, entfaltet sich ihre Höhe neu, was die Betroffenen oft als gesamtpersönliche Befreiung erfahren. Wie bei der Männerstimme ist also auch für die junge Frauenstimme das Verhältnis Körper – Stimme neu auszubalancieren; in der Regel wird für beide Geschlechter der Anteil und Einsatz körperlicher Funktionen intensiver und als höherer energetischer Aufwand bewusst. Dies überrascht nicht sehr, haben sich doch sowohl das Organ wie der Körper im Ganzen geweitet. Vielleicht ist die veränderte Funktionalität am deutlichsten ins Bild gesetzt, wenn wir uns einen Geiger vorstellen, der plötzlich auf die Bratsche oder gar das Cello umsteigt. Bei aller Neuorientierung wird er das behalten, was er zuvor verinnerlicht hatte: die Suche nach dem klanglichen Optimum, der idealen Kontaktstelle des Bogens auf der Saite, dem hellsten Klang und der das ganze Instrument erregenden Schwingung. Und er wird dabei weiterhin mit den technischen Mitteln wie auf dem vorigen Instrument arbeiten.

Diese Klangsuche leitet letztlich auch unsere Arbeit im schulischen Unterricht mit und an den jungen Stimmen. Hierzu hilft es, wenn seit Kindertagen die Vorsingesituation selbstverständlich geworden ist. Weiterhin und gerade in der empfindlichen Phase des Stimmwechsels gibt uns die vokale Einzelleistung des Schülers, sei es der bloße Einzelton, Übungsbogen oder Phrasenausschnitt, die Möglichkeit einer individuellen Diagnose und gezielten Korrekturmöglichkeit. Vorsingen dient in dieser sensiblen Entwicklungsphase in besonderer Weise der stimmlichen Betreuung, Beratung und Hilfestellung und wenn dies vom Einzelnen so erfahren und empfunden wird, erleichtert es die Bereitschaft dazu. Erlebt die Klasse gar, dass die Hilfestellung den Einzelnen stimmlich voranbringt, nehmen alle das Vorsingen als Lernchance ziemlich selbstverständlich an und wahr. Gelegentlich habe ich erlebt, dass Einzelne sogar um zusätzliche, ausführlichere Vorsingetermine außerhalb des Unterrichts bitten.

8. Leistung und ihre Beurteilung

Wenn in Seminaren von unseren Singklassen die Rede ist oder Kollegen und Kolleginnen vor Ort Unterricht erlebt haben, tauchen immer wieder auch diese Fragen auf: Wie kommen die Noten zustande? Wie funktioniert die Leistungsmessung? Was wird wie bewertet? Diese Fragen sind verständlich und symptomatisch zugleich, zeigen sie doch einen Zweifel, wie dieser unorthodoxe Unterrichtsansatz mit dem zusammenzubringen ist, was Schule „normalerweise" vom Lehrer und auch vom Schüler verlangt.

Erst ein genaueres Hinsehen und vielleicht ein Perspektivenwechsel an der einen oder anderen Stelle wird freilegen, wie vielfältig und differenziert unser Unterrichtsansatz Leistung zu erfassen und bewerten vermag. Und wer sich auf einen solchen Perspektivenwechsel einlässt, dem wird schnell klar werden, dass Leistungsmessung in diesem Sinne dem jungen Menschen sehr viel gerechter wird, weil sie misst, was er als musikalische Leistung wirklich entfaltet und einbringt, und weil sie ihn als Ganzes in den Blick nimmt. Klar wird auch, wie die herkömmliche Evaluationspraxis am Phänomen Musik geradewegs vorbeiagiert. Leistungsmessung korreliert mit dem methodischen Ansatz und so weit letzterer sich von den Maßgaben der etablierten Schulfächer und einer obsoleten Fachdidaktik absetzt, so wenig greifen deren Bewertungsparameter und -modi.

Nachhaltiges Lernen entsteht aus dem eigenen Tun, der eigenen Erfahrung. Auf seinen Musikunterricht hin befragt, weiß mancher nach seiner Schulzeit nur noch wenig oder gar nichts. Dagegen wird ihm klar und überaus positiv etwa das Konzertprojekt, an dem er teilgenommen hatte, in lebendiger Erinnerung sein. Man war damals stolz auf das, was auf die Beine – oder besser: Bühne – gestellt wurde und auf den eigenen Anteil am Gesamtergebnis. Mancher Pädagoge wünscht sich eine solche Nachhaltigkeit angesichts der schulüblichen Stoffflut von Lektion zu Lektion, von Klausur zu Klausur. Anonymes Detailwissen wird ins Gedächtnis gedrängt, im Test abgerufen und hernach zum großen Teil vergessen. Kein Musiker, kein Schauspieler könnte sich ein Lernen mit einem so hohen Verlustanteil leisten; kein Konzert, keine Theaterrolle würde erfolgreich zu Ende gespielt werden. In diesem Sinne ist die schulübliche Evaluation allenfalls eine Mängelverwaltung, bei der die investierte Zeit in keinem Verhältnis zu den Ergebnissen steht. Was zum effizienten Lernen und Behalten fehlt, ist das, was für das Konzertprojekt so typisch war: Lernen begann mit dem eigenen Tun, hatte mit einem selbst unmittelbar zu tun und schaffte eine persönliche Identifikation. Die Motivation ging von der bevorstehenden Aufführung aus, einem authentischen Anlass, nicht von einem abstrakten Prüfungsvorgang. Man wollte seine Rolle gut spielen und dies im Dienste des Ganzen. Alles dafür Nötige, wie Probenverpflichtung, zusätzliches Engagement, organisatorische Arbeit, ergab sich hieraus und ordnete sich dem „Wollen" unter.

So wenig wie fürs fakultative Konzertprojekt kann für unsere Singklasse die statistische Normalverteilung zwischen „Eins" und „Sechs" oder die stets latente Angst vor schlechter Zensur greifen. Priorität hat nicht mehr die „Währung" Note, sondern die Sache selbst. Der junge Mensch trägt ein Begabungs- und Entfaltungspotential in sich und ist kein Urteilsempfänger. Deshalb kann die zu bewertende

Leistung in der Singklasse keine absolute Größe, abstufbar nach Fehlerzahl, Geschwindigkeit oder Endergebnis sein. Leistung wird ein relativer, dynamischer Begriff, bezogen auf jeden Einzelnen. Was für den einen selbstverständlich leistbar ist, bedeutet für den anderen eine große Anstrengung: ein lupenreiner Stimmklang mit großem Ambitus ist dem einen natürlich gegeben, der andere sucht nach sauberen Töne. Die einzige Gemeinsamkeit besteht darin, dass alle „wollen". Bereits dies bewerte ich deshalb so überaus hoch, weil es die Grundlage für jede persönliche Entfaltung ist und insbesondere den Schwächeren stärkt. Sein konstantes Bemühen und sein Fortschritt sind mir ebenso wichtig wie die glänzenden Resultate einer fortgeschrittenen Sängerin.

Ein solcher Leistungsbegriff ist beileibe nicht willkürlich. Weil sich übers Singen die gesamte Person äußert, ist gerade er authentischer und ehrlicher als jede formalisierte Evaluation. An jedem Einzelnen ist jederzeit untrüglich ablesbar, wie er mit singetechnischen Hilfestellungen umgeht, zu welcher konzentrativen und körperfunktionalen Gesamtspannung er bereit ist, ob er Audiationsaufgaben mitvollzieht, ob er engagiert oder eher lustlos agiert. Die Aufgabenstellungen und schließlich die tatsächlichen Ergebnisse sind vielfältig, sei es via Singstimme, Gedächtnis oder Gehör. Und immer ist es gut, sie zur gezeigten Grundhaltung in Bezug zu setzen. Sehen können wir indes auch, ob der junge Mensch niedergeschlagen oder fröhlich ist und wir sollten, wenn wir Leistung als eine gesamtpersönliche Entfaltung akzeptieren wollen, die konkreten Resultate immer auch auf solche situativen Befindlichkeiten beziehen. Nicht zuletzt ist ein solches Einbeziehen des Affektiven eine authentische Hinführung zu dem, was Musik in ihrem Kern ist.

Der dynamische Leistungsbegriff

Nahezu jeder Schüler kommt in nahezu jeder Unterrichtsstunde mit vokalen und verbalen Einzelaktionen zu Wort. Fast täglich also steht jeder in einer unmittelbaren Herausforderungssituation und liefert bereits in kurzer Zeit eine Fülle von Einzelleistungen unter „Prüfungsbedingungen". Die Art und Regelmäßigkeit der Einzelaktionen erlauben mir eine kontinuierliche Feinbeobachtung des Einzelnen und gezielte Anpassungen meiner Aufgaben an seine Persönlichkeit, seine aktuelle Situation und Leistungsfähigkeit, seine Eigenarten, seine Lernstärken und -schwächen. Und nicht nur ich, auch die gesamte Gruppe beobachtet sich untereinander und findet zu differenziertester gegenseitiger Charakterisierung. Auf diese Weise ist es möglich, respektvoll Spezifika des Einzelnen, soweit sie für den Unterricht relevant geworden sind, voreinander anzusprechen. Das geschieht an beispielhaften Lernsituationen sowie am Ende eines Halbjahres. Aber beim Transfer in eine Notenskala muss das Grundmaß meiner Bewertung konkret werden: Eine konstant hohe Motivation der ganzen Singklasse schließt Noten jenseits positiver Mitteilungskraft aus. Auch soziale Kompetenzaspekte rangieren weit oben in der gemeinsamen Bewertung, allen voran die gerne geleistete vokale Hilfestellung ans Ohr des Unsicheren, aber auch dessen Bereitschaft, eine solche Hilfe bereitwillig anzunehmen. Soziale Verhaltensqualitäten sind freilich auch die Integrationsfähigkeit in die Stimmgruppe, die Akzeptanz von Einteilungen oder die Fähigkeit zur Übernahme von Rollen in besonderen Übungssituationen.

Der aufs Personenganze bezogene Leistungsbegriff

Dazu ein Beispiel: Singklasse 8, etwa 30 Schülerinnen und knapp 20 Schüler mit altersgemäßem Temperament, siebente Stunde, Zusatzstunde für die Singklassenteilnehmer. Just mit Stundenbeginn werde ich zu einer kurzen Besprechung in den Nebenraum gerufen und bitte die Klasse um etwas Geduld. Nach Minuten höre ich von nebenan Stimmbildungsübungen und hernach Stücke aus deren Repertoire: Die Klasse hatte sich selbst organisiert und alle haben ernsthaft mitgemacht. Wie ist eine solche spontane Demonstration des „Wollens", eine solche fachimmanente Initiative und nicht zuletzt selbstorganisierte soziale Situation angemessen zu bewerten? Was mir solche Signale wert sind, gebe ich gleichwertig zurück an die Klasse. Oder konkreter: Wenn solche Signale wiederkehren, belegen sie eine Haltung, aus der nichts anderes als mindestens gute Leistungen hervorgehen können. Signale in dieselbe Richtung sind freilich auch die vielen musikalischen Engagements einer Klasse über den Unterricht hinaus, im Konzert oder bei anderen öffentlichen Anlässen.

Die bislang skizzierte Sicht auf Schülerleistungen und ihre Bewertung soll nicht einseitig verstanden werden. Neben der gesamten psychophysischen Persönlichkeitsebene gibt es auch in unserem Unterricht genügend handfeste Lernebenen mit ihren Bewertungskriterien. Auch unsere Schüler lernen Intervalle, Akkorde und Umkehrungen, Tonarten und Modi, Harmonien und Kadenzen[18]. Und sie können all dies nicht nur hören und singen, sondern auch die Fachbegriffe begründet zuordnen. Die gesamtpersönliche Entfaltung heißt also nicht subjektive Willkür, sondern zielt auf Können und Wissen musikalischer Sprachmodule unserer Kultur. In ein bis zwei Jahren haben die Schüler auf diese Weise mehr Abfragbares nachhaltig gelernt als mancher Abiturient. Gelegentlich treten stimmlich eher zurückhaltende Schüler mit enormer Gedächtnisleistung fürs Begrifflich-Strukturelle hervor, gelegentlich entwickeln auch unsichere Sänger erstaunliche tonale Hörfähigkeiten. In solchen Bereichen bewerten auch wir in den Kategorien „richtig" und „falsch" und finden angemessene Testformen wie etwa das tonale Diktat. Dennoch: Die Lernfelder sind und bleiben untrennbar aufeinander bezogen, stets ausgehend vom eigenen Machen und seiner Authentizität. Ohne diese hängen letztlich alle Begriffe und abfragbaren Inhalte in der Luft – und alle Bewertung ebenso.

9. Kinderstimme, Liedersingen – ein Wort zur Literatur

Der Umfang der Kinderstimme ist enorm. Wenn die Schüler gewöhnlich im elften Lebensjahr zu uns kommen, beginnt die Singstimme im oberen Drittel der kleinen Oktave. Unterhalb des Tons *a* verliert der Klang an Rundung, zumeist wird versucht, mit Druck etwas nachzuhelfen. Nach oben dagegen sind kaum Grenzen absehbar. Eine gesunde, geöffnete Stimme reicht mühelos in die dreigestrichene Oktave hinein, nicht selten erreicht die Mehrheit einer Klasse deren Mitte. Ich erinnere mich auch an Knabenstimmen bis an die Grenze zur viergestrichenen Oktave. Ein solches Potential zu wecken und auszubauen, mit ihm zu arbeiten und als Musikinstrument zu pflegen, ist ein wesentlicher Teil unserer Arbeit. Und regelmäßig bereitet es den Schülerinnen und Schülern helle Freude, ihre Möglichkeiten nach oben hin auszuprobieren, wenn sie sie denn erst einmal erkannt haben. Solche Höhen erschließen sich freilich nur dann, wenn der Körper hilft und ein locker aktiviertes Zwerchfell auf einen vordersitzig hellen Vokalansatz trifft. Dann aber wird etwa ein Koloraturausschnitt aus der Rachearie[19] und seine chromatische Transposition bis empor zur Originallage ein fast sportives und von der Klasse immer wieder eingefordertes Ereignis nach dem Warm-up am Stundenbeginn.

Die Singeregister des Kindes

Freilich ist dies nicht schon am ersten Tage so. Viele haben ihre Singstimme nie wirklich kennengelernt und Singen bedeutet für sie nicht viel anderes als mehr oder weniger verhaltene Tonandeutung im Sprechregister. Wer mehr Klang entfalten will oder soll, drückt dann auf Kehlkopf und Stimme wie beim Übergang vom Sprechen zum Rufen. Genau dasselbe geschieht auch, wenn's in die Höhe gehen soll

---

[18] Mehr zur Stundentafel und organisatorischen Struktur der Singklassen in den beiden Kapiteln IV, 2. „Netzwerk Musik – Organisatorisches", S. 99 und IV, 4. „Wann kommt was?", S. 112.

[19] S. Kapitel IV, 1.2 „Singesituationen", Nr. 32.

und spätestens zur zweigestrichenen Oktave hin steigt der Druck naturgemäß derart an, dass der Betreffende schließlich kapituliert. Mit Singen und Singstimme hat all dies freilich wenig zu tun. Sicherlich hat die Singstimme auch dieses Grundregister, entscheidend ist aber, den Übergang zu finden in jenes fremde, darüberliegende Register. Dieses ungewohnte Terrain will erst entdeckt und dann gewonnen werden.

Um den Schülern einfach und anschaulich ihre eigentliche Singstimme, deren Klangort und Register vorzuführen, bediene ich mich gelegentlich meiner falsettierten Sprechstimme. Sobald die spontane Erheiterung hierüber nachlässt, beginnen die ersten, Tonfall und Sprechweise zu imitieren und finden sich unversehens in einer Lage wieder, die bislang gar nicht zu ihnen zu gehören schien, nämlich der Ausgangslage ihrer Singstimme. Einmal mehr helfen hier parallel auch Imitationen von Tierlauten und Szenen, wie der jaulende Hund u. a. Die Aufgabe ist nun, das sich neu eröffnende Register auszubauen und mit der gewohnten Lage zu verbinden[20].

Leider bietet sich nicht für jedes Kind die Gelegenheit, so konsequent seine eigene Singstimme zu erfahren und zu entwickeln. Musikpädagogik versagt hier noch weitestgehend, wenn man Singewillen und -weise des allergrößten Teils der Bevölkerung als Indikator betrachtet. Wie nahe solche Vorenthaltungen zur Selbsteinschätzung der „Unmusikalität“ stehen, ist bereits angesprochen worden.

Musikpädagogik ist aber nicht nur das, was unmittelbar im Unterricht geschieht. Musikpädagogen sind es zumeist auch, die die Inhalte in Liederbüchern verantworten. Unabhängig von der Problematik des Liedes an sich als stimmbildendes, kulturerschließendes und motivationsförderndes Material erscheinen mit steter Regelmäßigkeit von Ausgabe zu Ausgabe noch tiefere Transpositionen, noch weiter reduzierte Umfänge, noch geringere stimmliche und musikalische Ansprüche. Die Musikpädagogen freilich sind damit nicht allein: In allen neuen Liederbüchern der Kirchen, in Singe- und Liederbüchern außerhalb der Schulen und im Angebot der Medien – überall wiederholt es sich. Der Grund scheint klar: Das eigentliche Singeregister ist den jungen Menschen seit Jahrzehnten immer mehr verloren gegangen. So bedient das neue Singematerial den übrig gebliebenen Torso, damit das Singen in der Schule, Kirche oder Öffentlichkeit wenigstens dem Ritual nach überlebt. Kirche und Öffentlichkeit vermögen eine solche Kapitulation vor der Realität am ehesten zu rechtfertigen, die Musikpädagogik schlechterdings nicht. Sie steht als die verantwortliche Instanz in der Pflicht, diese Realität zu verändern. Sie muss nicht eine Gegenwartsgesellschaft bedienen, sondern hat eine erzieherische Aufgabe für die nächsten Generationen. Ich hege den Verdacht, dass der Circulus vitiosus angetrieben wird von der Meinung: Was an der pädagogischen Basis und im alltäglichen Unterricht nicht schnell funktioniert, wird nicht akzeptiert und ist nicht marktfähig. Aber weder Lehrer noch Schüler sind Kunden. Und wenn sie dazu werden, belegt allein dies die konzeptionelle Ratlosigkeit. Das ökonomische Primat ist nur im Wertevakuum möglich und wer sich ihm unterordnet, entstellt Bildung. Nur mit pädagogisch schlüssigen und deshalb tragenden Konzeptionen ist diese Entwicklung umzukehren. Hierfür möchte das, was wir in unseren Singklassen tun, Beispiel sein.

Stimme erschließt den ganzen Kulturraum Musik

Sobald aber im Musikunterricht die Singstimme für die jungen Menschen erfahr- und erlebbar wird, ruft sie nach musikalischen Herausforderungen. Das neue Register in der Höhe bringt immerhin die immense Literatur- und Stilbreite vokaler Diskantsätze in Betracht; die Singtechnik im Ganzen sowie die wachsende Sensi-

[20] Hilfestellung über solche Deklamation kann auch die Frauenstimme leisten. Überdies wissen insbesondere Sängerinnen um den Registerwechsel etwa beim c'' und das stete Bemühen um seinen Übergang bzw. Ausgleich. Gelegentlich korrigiert eine derartige Deklamation von Textphrasen im Sololied sogar das Klangraumgefühl der nachfolgend gesungenen Phrase und stabilisiert so den Stimmsitz über die Phrase hinweg.

bilität des menschlichen Hörens erschließen den Zugriffswillen und nach und nach das Zugriffsvermögen zu Stücken auch mit erklärtem Kunstanspruch; und in der zunehmenden Vitalität des tonalen Gedächtnisses liegt der Schlüssel zur Mehrstimmigkeit. So beginnt mit der Erschließung des eigenen Instruments die Erschließung des weiten Kulturraumes Musik und seiner verschiedenen Sprachformen zwischen Gregorianik und Jazz, Arie und Spiritual, Kanon und Lied, Prätorius-Bicinium und Abba-Song.

Insbesondere auf die Annäherung an die Mehrstimmigkeit sei ein kurzer Blick geworfen, weil sie immer wieder methodische Fragen aufwirft. Jenseits der althergebrachten Liedmelodie, die um eine zumeist terz- oder sextparallele Linie ergänzt wird, führen geeignetere Wege für den Schüler an das Phänomen Mehrstimmigkeit heran. Beileibe sei an dieser Stelle nicht die Ästhetik solcher Sätze angegriffen, indes stellen sie und namentlich ihre zugesetzten Stimmen an die Hörvorstellung und Tonsicherheit des Lernenden oft erheblich größere Anforderungen als ihre schlichte Anmut zunächst suggeriert. Auch noch kanonische Mehrstimmigkeit wirft gelegentlich Probleme auf, verführt sie doch trotz oder gerade wegen ihrer stimmweisen Gleichheit oft zum unbemerkten Ankoppeln an die klanglich führende Stimme, meist die zuerst einsetzende. Ich habe in Amerika eine Reihe einfacher populärer Songs kennengelernt, denen ein anderes und nach meiner Erfahrung deutlich lerneffizienteres Prinzip zugrunde liegt: Eine erste Strophe bleibt noch einstimmig, mit eingängiger Melodie in mittlerer Lage und einem etwa auf eine Oktave begrenztem Ambitus. Zur zweiten Strophe erst wird das gemeinsame unisono aufgegeben, unmittelbar nach ihrem Beginn kommt eine zweite, wieder charakteristische und eingängige Melodie hinzu, in ihrer Lage, Rhythmik und Melodik deutlich von der ersten abgesetzt, fast kontrapunktisch zur Strophenmelodie und vor allem in höherer Lage. Eine solche Anlage hilft dem Lernvorgang enorm: Mit dem Unisono steht die Strophenmelodie zunächst präsent im Raum, prägt sich plastisch ins kurzzeitige Hörgedächtnis ein und ist auch dann noch leicht abrufbar, wenn die andere Stimme hinzukommt. Deren späterer Eintritt hilft zusätzlich, ist doch die Strophenmelodik bereits im Gange, wenn der Kontrapunkt darüber erscheint. Dieser selbst gelangt dagegen kraft seiner Lage in den klanglichen Vordergrund, zeichnet sich als Oberstimme im Hörgedächtnis deutlich ab und wird so sicher abrufbar.

Intelligente pädagogische Materialprogramme

Das Lernprinzip solcher Anlage ist letztlich, natürliches auditives Rezeptionsvermögen aufzugreifen und zu differenzieren. Was im Kinderlied noch zusammenfiel, wird hier getrennt und aufgeteilt: Strophenmelodie und Oberstimmenqualität, Vertrautes und Hervorgehobenes. So erhält jede der beiden Stimmen eine fürs Hörgedächtnis akzeptable Kontur, nach und nach erfasst es das eine neben dem anderen und mithin die mehrstimmige Struktur im Ganzen.

Mit anderen Mitteln, aber grundlegend gleichen Prinzipien folgend, arbeiten viele Spiritual-Arrangements amerikanischer Herkunft. Gattungstypisch artikuliert eine erste Stimme die erste Strophenphrase, die andere reagiert mit eigener, charakteristischer Gegenphrase. Dieser Wechselgesang geht durch die gesamte Strophe. Im weiteren Verlauf des Stückes wird aus dem, was zuvor nacheinander ablief, ein Mit- und Übereinander, Mehrstimmigkeit entsteht aus der Überlagerung von Strophe und vorigem Einwurf. Wieder aufgrund ihrer Kürze, Charakteristik und unmittelbar vorausgegangenen Einstimmigkeit bleiben die Patterns auch jetzt, gegen die andere Stimme, sicher abrufbar[21]. Freilich kommt beim Spiritual der emotionale und

[21] Das Kapitel IV, 3. „Stück-Werk", S. 106 geht auf konkrete Beispiele mit derartigem Aufbau aus dem Pop- und Spiritualbereich ein.

motorische Gesamtduktus hinzu, dessen ganzheitliche Singeweise neben dem Hörgedächtnis auch aus unmittelbarer körperenergetischer Erinnerung schöpft. Gerade letztere wäre übrigens auch im Bereich der traditionellen Kunstmusik eine effektive, leider aber viel zu selten erkannte und genutzte Lernhilfe.

Auch beim Übergang von Diskantsätzen zur gemischten Mehrstimmigkeit greifen dieselben Prinzipien. Viele Stücke werden angeboten als zweistimmige Diskantversion (SA), als zweistimmige gemischte Fassung (SB), dreistimmig mit einer eher noch hoch liegenden Männerstimme (SAB) und schließlich in üblicher Vierstimmigkeit (SATB). Der Satz und seine ursprünglichen Vokalstimmen bleiben unverändert; was hinzukommt, sind im Wesentlichen Übernahmen aus der am Anfang mitgegebenen Klavierbegleitung. Gelerntes wird also wieder aufgerufen, Neues ist anhand der Hörerinnerung des Satzgesamten lernbar und die Behandlung der Stimmen folgt der biologischen Bedürfnislage und Progression, insbesondere in Bezug auf die Männerstimme.

Leider gibt es hierzulande kein vergleichbares Materialprogramm. Eine bloße Reduktion der Stimmenzahl zur Übertragung in die Gleichstimmigkeit, wie wir sie in manchen traditionellen Chorliedsammlungen finden, reicht nicht aus und beginnt überdies am falschen Ende des Lernprozesses. Und auch gut gemeinte und gemachte Originalsätze für die Schule fordern mit ihrer kompositorischen Originalität, ihrem Stil und ihrer Faktur oft mehr, als Schülerinnen und Schüler zu leisten vermögen. Bisweilen aber nimmt auch ihre musikalische Substanz nicht wirklich für sich ein – weder die Schüler noch den Lehrer. Um jedoch Missverständnissen vorzubeugen: Sind Singewille und -fähigkeit erst einmal angelegt und stabil ausgeprägt, können auch solche Sätze durchaus auch attraktiv werden. Sie helfen indes schwerlich auf dem Weg dorthin.

III. Methodenpraxis

1. Die Schlüsselszene „Einstieg“

Wer im Laufe eines Schuljahres unsere Singklassen im Unterricht besucht hat, äußert sich erstaunt über deren Leistungsfähigkeit und -willigkeit. Und immer wird nach den Anfängen gefragt: „Wenn hier keine vorausgewählten Schüler sitzen, wie beginnt dann eine solche Entwicklung?“

Wir treffen keine Vorauswahl, sondern beginnen im üblichen Klassenverband. Und hier ist der Start tatsächlich ein sensibler Moment, weil er für die weitere Entwicklung von entscheidender Bedeutung ist. Die Frage belegt, dass dieser Anfang heikel erscheint, Gefahren des Scheiterns birgt. Vielleicht ist es das Singen im Unterricht überhaupt, das für manchen problematisch oder gar traumatisch belegt ist.

Patentrezepte sind an dieser Stelle weder glaubwürdig noch nützlich. Ehrlicher erscheint mir, anhand eines einfachen Protokolls eine typische, vielleicht gar brisante Schlüsselszene in den Blick zu rücken, von der meiner Erfahrung nach Erfolg oder Scheitern ausgeht. Die Betrachtung der Interaktionsebene und ihre psychologische Reflexion mag der Kollegin, dem Kollegen den Freiraum lassen, sich und ihre bzw. seine Situation vor Ort dazu in Beziehung zu setzen.

Stunde „Eins“

Erste Stunde also. Wir lassen die üblichen Begrüßungs- und Organisationsrituale, die uns freilich vorab schon die Chance zur freundlichen Einstimmung geben, einmal beiseite. Die Schüler stehen im Halbkreis vor mir. Im langsamen Tempo und möglichst raumfüllendem Klang singe ich vor[22]:

Wie reagiert die Klasse? Einige hören und sehen respektvoll zu, andere sind vielleicht gar von Stimme und Klang beeindruckt. Andere empfinden das, was sie da wahrnehmen, eher merkwürdig, vielleicht befremdlich komisch. Und wenige drücken dies spontan aus, mit teils heftigem Kichern oder Lachen. Ich singe seelenruhig zu Ende und wende mich dem zu, der am lautesten gelacht hat:

„Warum hast du gelacht?“

Ich frage ihn durchaus ernst und, wenn es sein muss, auch so bestimmt, dass alle abrupt aus ihrer Belustigung gerissen werden und eine neue atmosphärische Situation entsteht. Vielleicht muss ich meine Frage wiederholen, auf eine Antwort insistieren. Mit großer Wahrscheinlichkeit wird mit einigem Zögern und eher kleinlaut kommen: „Ich weiß es nicht!“

Was geht jetzt wohl im Schüler vor? Vielleicht ärgert er sich, am neuen Ort und bereits in der ersten Stunde in die alte Rolle als „Klassenclowns“ zurückgefallen zu sein. Vielleicht traute er sich nicht, mir ins Gesicht zu sagen, wie belustigend er mich soeben fand. Vielleicht hatte er während seines Lachens schon das Gefühl, dass er sich falsch verhält, dass er stört oder zumindest grob unhöflich sei. Und nun legt ihn meine Frage unvermittelt fest. Seine an der Oberfläche gespielte Rolle trägt nicht mehr, er wird verlegen. Vielleicht gar tut sich vor ihm ein schultypisches Szenario auf: Fehlverhalten hat Konsequenzen, zieht Sanktionen nach sich und dies schon in der ersten Stunde ...

---

[22] Entgegen der hier wiedergegebenen Notation singe ich in meiner Männerstimmenlage, meist ab dem Ton *d*. Zur Begründung s. S. 48. Die Notation hier nimmt Bezug auf die späteren, ersten Leseübungen für die Schüler.

Vielleicht versucht er aber auch, an seiner Rolle festzuhalten, und fordert mich mit seinen Ich-Botschaften zu einem weiteren Schritt heraus. Ich gebe mich erstaunt und nehme ihn beim Wort:

„Du weißt nicht, warum du tust, was du tust?"

Ich konfrontiere ihn also mit Rückschlüssen, die seine Außenseite auf seine Haltung, sein Inneres zulassen.

Ich bin mir bewusst, dass ich damit weite und möglicherweise empfindliche Felder kinder- und jugendpsychologischer Verhaltensproblematik anrühre, die alle Behutsamkeit erfordern. Ich bin mir aber auch bewusst, dass Singen ein ebenso empfindliches und weit ins Persönliche greifendes Feld ist, das erst dann zugänglich wird, wenn der junge Mensch ein Rollenspiel an der Oberfläche nicht mehr benötigt. Indes: In allen Jahren meiner Arbeit in den Einstiegsklassen habe ich ein einziges Mal diese Nachfrage gestellt – in einem, wie sich sehr bald herausstellte, im Persönlichkeitsganzen hochkomplizierten Fall.

Bleiben wir in der Szene. Ich nehme die Verlegenheitsantwort unseres Schülers auf und versichere ihm:

„Ich weiß, warum du gelacht hast: Weil du nicht anders konntest."

Mit dieser Begründung hat er sicherlich nicht gerechnet und wahrscheinlich wandelt sie seine Verlegenheit urplötzlich in Richtung Verwirrung. Die Replik bedarf der Erklärung:

„Hättest du anders gekonnt, hättest du anders reagiert. Was ich vorgemacht habe, wirkte auf dich wohl so fremd und komisch, dass du es überhaupt nicht einschätzen und deshalb auch nicht ernst nehmen konntest."

Vielleicht setze ich gar hinzu:

„Möglicherweise wäre es mir an deiner Stelle ebenso ergangen."

Was habe ich getan? Ich habe zunächst sein spontanes Verhaltensmuster durchbrochen, um es ihm im zweiten Schritt als Muster bewusst zu machen. Und weil ich erklärte und nicht bewertete, irritiere ich gleichfalls sein – ebenso spontanes – Erwartungsmuster. Ich zeige ihm, dass ich ihn durchschaue, ihn jedoch trotz oder gerade wegen solcher Überlegenheit nicht sanktioniere. Damit gewinne ich ein erstes Stück Vertrauen von ihm, er nimmt mich ernst, obwohl ich Momente zuvor noch Auslöser für seine Belustigung war. Und weil er mich ernst nimmt, beginnt er auch ernst zu nehmen, was ich vertrete.

Wir setzen die Konversation noch ein wenig fort:

„Was ist eigentlich Lernen?",

frage ich ihn und lasse ihn ein wenig spekulieren, bevor ich etwa das Folgende erkläre:

„Lernen ist, sich einer fremden Sache anzunähern. Und je näher ich ihr komme, desto genauer kann ich sie betrachten, desto vertrauter wird sie mir, desto ernster nehme ich sie."

Wenn sein Lachen also Ausdruck seiner eigenen, unsicheren Distanz war und es würde weniger heftig ausfallen, wenn ich ein zweites Mal dieselbe kleine Übung vormachte, hätte er sich der Sache schon ein wenig genähert, sie kennengelernt, dazugelernt. Und genau dies tue ich und er wird mich und mein neuerliches Singen anders wahrnehmen als zuvor. Er wird immer noch komisch finden, was ich tue, aber sein voriges Verhalten verliert den vorigen Reiz.

Diese kurze Unterrichtsszene ist kein Gespräch unter vier Augen, sondern findet vor der ganze Klasse, die daran beteiligt ist, statt. Was unser Schüler mit seinem Lachen ausdrückte, haben andere vielleicht nur hinter ihrer Höflichkeit verborgen. Mithin ist unser Dialog ein Lernimpuls für alle. Sicher waren manche auch gespannt, wie ich auf den „Störfall" reagieren würde. Das Signal an den Betroffenen ist eine Botschaft für alle: Der Lehrer lässt sich nicht verunsichern, behält die Sache in der Hand, bleibt Autorität ohne autoritäres Verhalten. Er weiß, was er will und verfolgt es konsequent, aber nicht rücksichtslos. Er nimmt uns ernst, erkennt, was in uns vorgeht und geht darauf ein. Ab jetzt ist für eine sensible Lernsache wie das Singen der Weg frei.

Die Einstiegsszene muss nicht so ablaufen. Wenn es aber um Stimme und Singen geht, kommt es irgendwann und hoffentlich früh dazu, dass wir als Lehrende vorsingen. Dieser Moment bringt die ganze Sensibilität der musikalischen Ausdrucksform Singen ins Spiel und gleicht einem Katalysator. Er setzt in Gang, womit wir in der Folge zu tun haben werden: enorme Motivation für die Sache oder hochprozentiger Anteil an destruktivem Potential. Und wir, die Lehrenden, haben es selbst maßgeblich in der Hand, wie ein solcher Prozess in Gang kommt. Und leider sind es oft auch wir, die provozieren, was wir gerade nicht wollen. Schon meine ersten Töne verraten mich: Kann ich wirklich singen? Stehe ich zu dem, was ich da tue? Oder wirkt meine Stimme – und Person – unsicher, etwas brüchig, zittert gar ein wenig? Eine Flut von Signalen geht von mir aus, die gerade der Schüler willig aufgreift, der offensiv sein Rollenspiel und darin seine situative Überlegenheit sucht.

Kollegen und Kolleginnen, die eher befangen vorsingen, wird das Lachen ins Mark treffen. Entweder wird der gerade gespürte Stich ins Innere überspielt, um die Fassung zu bewahren, oder man reagiert mehr oder minder offen aggressiv. Beide Reaktionen sind verständlich, aber dennoch falsch. Erstere blockiert den Lehrenden und seine Motivation zum Singen in der Klasse, er wird sich dieser Situation nicht wieder aussetzen. Zugleich signalisiert er dem lachenden Schüler, dass dieser mit seinem Verhalten tatsächlich Macht über Lehrperson und Situation ausübt. Zweitere dagegen blockiert den Schüler, er wird sich gegen die Aggression verschließen, Singen ist damit tabu. Die Lehrperson wird sich im schlimmsten Fall auf ihre Autorität zurückziehen und eine solche Verweigerung sanktionieren.

Jeder, der als Musikpädagoge vor der Klasse agiert, hat kraft seiner Qualifikation und Erfahrung so viel fachliche und persönliche Überlegenheit, dass er es sich leisten darf, selbstkritisch und gelassen zu entfalten, was er kann und ist, nicht mehr und nicht weniger. Eine solche stets ausbalancierende Vermittlung zwischen Innen und Außen schützt vor Missverständnissen, Überreaktionen, Verletzungen und schließlich Fehlentwicklungen – auf beiden Seiten. Singen als gesamtpersönlicher Ausdruck gedeiht für den Schüler auf dem Grund unserer persönlichen Offenheit, unserer Authentizität. Sie ist der einzig tragende Weg, wenn wir die Stimmen der jungen Menschen öffnen wollen.

Hier fängt Stimmbildung an

Zurück zu unserer Unterrichtsszene. Zweimal habe ich vorgesungen, die Übung ist in den Hörerinnerungen noch präsent. Ein weiteres Mal summe ich die Übung und fordere die Klasse dann zum Nachmachen auf. Ich leite gestisch, mimisch oder mithilfe des Klaviers an. Der gesummte Ton mag den Einzelnen ebenso wie die Gruppensituation davor schützen, mehr von sich öffnen zu müssen, als er vorerst kann. Erst allmählich wechseln wir zum Vokal, vorzugsweise *u* und *i*, später *e*, *o* und erst zuletzt zum offensten *a*. Ich bevorzuge jederzeit den *j*-Anlaut, sodass der nachfolgende Vokal über dessen Helligkeit und Sitz einspurt.

Was die Klasse beim ersten Mal zuwege bringt, ist unsere Ausgangsbasis: wahrscheinlich eher ein Cluster als ein Unisono, klanglich heterogen, im Ganzen dünn. Auch die Schüler hören dies. Wer als Lehrer jetzt schon artig Lob spendet, weil überhaupt etwas zu hören war, disqualifiziert sich selbst. Ausgangsbasis heißt für Schüler und Lehrer Sondierung, Arbeitsbeginn, aber auch der gemeinsame Glaube an Fortschritt und Lernerfolg. Also wird unsere Einstiegsübung nicht nur wiederholt, sondern sogleich als Arbeitsmaterial genutzt, klanglich aufgehellt, vielleicht zur vorsichtigen Erkundung der günstigsten Mittellage transponiert, crescendiert und decrescendiert und vor allem korrigiert.

In jeder Klasse gibt es Schüler, die ohne Probleme intonationsgenau nachsingen können, in jeder Klasse gibt es auch andere. Es wäre ein Irrtum zu glauben, dass richtige Töne von allen ausschließlich übers kollektive Singen erreichbar wären. Wer unsicher ist, bleibt in der Gruppe unsicher und wird sich gar noch weiter zurückziehen. Wer falsche Töne produziert und sie registriert, wird sich ebenfalls zurücknehmen, aber selten wirklich korrigieren. Wer sie aber nicht registriert, bedarf ohnehin individueller Anleitung. An dieser Stelle also muss er kommen, der zweite Schlüsselmoment in unserer Einstiegsstunde:

„Wer macht vor?"

Ob zögerlich oder spontan, ob mit oder ohne zusätzliche Ermutigung – in jeder Klasse findet sich auch derjenige, der „das Eis bricht", mutig genug ist, sich und die eigene Stimme als erster zu exponieren. Zumeist ist dies ein Schüler oder eine Schülerin mit sicherem musikalischen Selbstbewusstsein. Deutlich würdige ich die Leistung, ebenso deutlich aber auch den Mut zum Erstversuch. Und jetzt, vielleicht gar am Beispiel, ist auch der Augenblick, wo ich den Schülern klarmachen kann, wie wichtig für alle dieser Mut zum eigenen Probieren ist. Und wenn ich dann nach weiteren Mutigen frage, meldet sich fast immer unser „Lacher" und will sein voriges Verhalten wiedergutmachen. In aller Regel bringt auch er ein gutes bis sehr gutes Resultat, das ich ebenfalls entsprechend würdige. Freilich demonstriert er nicht nur mir, sondern der gesamten Klasse, dass er seine vorige Distanz zu dem, was in diesem Unterricht auf ihn zukommt, überwunden hat, dass er sich auf meine Herausforderung einlässt und ihr sogar gewachsen ist und dass er hierfür echte Aufmerksamkeit und Anerkennung erhält. Das reizt nach und nach alle, auch die Unsichereren, Zurückhaltenderen. Auch sie spüren, dass diese Anerkennung gut tut und riskieren, sich vor der Klasse vokal zu exponieren.

Auch das vielleicht noch unfertige, klanglich „dünne" oder fehlerhafte Ergebnis greife ich auf. Ich rede es nicht schön, sondern reflektiere vor der Klasse, was mir der Schüler mit seinem Versuch über sich ausdrückt, seine Hemmung, insbesondere aber seinen Mut, sie zu überwinden. Ist es gerade der Unsichere, der besonderen Mut aufbringen musste, so hat er meine Anerkennung hierfür in besonderem Maße nötig und verdient. Hier spätestens ist die Gelegenheit, unsere beiden für jeden und jederzeit verbindlichen Spielregeln zu benennen und klar zu formulieren:

Spielregeln für die Schüler

Weil Probieren Mut braucht, verdient jeder, der probiert, unser aller Respekt – unabhängig vom Ergebnis.

Weil nur Probieren die Angst überwinden kann, probiert jeder, der dazu aufgefordert wird.

Diese Spielregeln fordere ich nicht diktatorisch, aber konsequent ein. Die erste schützt jedes schülerseitige Vorsingen, schützt den Schüler gegen Verletzung und Verunglimpfung. Nur auf einer solchen Grundlage kann und darf die zweite das Vorsingen aus subjektiver Willensentscheidung herausheben und in meine Hand geben[23]. Genau dies ist für die weitere aufbauende Arbeit an und mit der Stimme nötig.

Damit verfüge ich nun über jenen Handlungsspielraum, der mich für die nächsten Jahre in Stand setzt, gezielt Einfluss zu nehmen auf die Entwicklung jedes Einzelnen, aber auch auf die Lerngruppe im Ganzen. Der jederzeit mögliche Aktionswechsel zwischen Einzelschüler und gesamter Lerngruppe öffnet vielfältige und hocheffiziente Möglichkeiten der methodischen Gestaltung und nonverbalen Lenkung. Schon in unserer ersten Stunde beginnen wir, solche Übungsrituale zu inszenieren. Allein die anfangs vorgesungene Dreitonübung liefert Material für Stunden, als gemeinsame Übung, von Einzelnen vorgemacht, mit verschiedenen Tempi und von verschiedenen Tonhöhen aus, mit verschiedenen Vokalen, Silben und Artikulationsweisen

---

[23] Vgl. hierzu auch die Bemerkungen im Kapitel II, 5. „Der Schüler in der Gruppe", S. 25.

zwischen staccato und legato, als fortlaufend wiederholte Kette, vielleicht sogar schon von Person zu Person wandernd. Äußerst wichtig ist aber in der Anfangsphase der Respekt vor dem Schutzraum, den mancher ungeachtet unserer Spielregeln noch braucht.

Ein Weiteres erscheint mir von der ersten Stunde an entscheidend zu sein: Übungsvarianten, Wiederholungen, Wechsel der Aktionsformen, letztlich alles, was ich inszeniere, muss begründet und für den Schüler nachvollziehbar sein. Er muss jederzeit wissen, warum er tun soll, was er tut. Und zu allen seinen Aktionen braucht er meine Rückmeldung. Diese bedarf nicht langer Worte, sie ergibt sich oft unmittelbar aus den Ergebnissen selbst und begründet den nächsten Übeschritt. Eine solche Transparenz wird dem Schüler nach und nach all dies erschließen: grundlegende singefunktionale Aspekte von Körper, Atmung und Stimme, eigene Hör- und Urteilsfähigkeit und schließlich Herangehensweisen, Korrektur- und Übemöglichkeiten. Solange er die einzelnen Handlungs- und Lernschritte nachvollziehen kann und sie an sich und seinen Mitschülern als effektiv erlebt, wird seine Motivation ungebrochen hoch sein.

2. Erste Schritte unisono [24]

Die Entfaltung der Musikalität via Stimme ist eine komplexe Entwicklung, die sich schrittweise Gesetzen muttersprachlichen, schrittweise aber auch Gesetzen fremdsprachlichen Lernens nähert. Aus dem muttersprachlichen Lernen wissen wir, dass kein Kind auf ein normiertes Lerntempo festgelegt werden kann. Die Bewältigung einer Lern- und Entwicklungsstufe löst den Sprung zur nächstfolgenden aus. Wie lange das Kind auf jeder Lernstufe verharrt, bestimmt nur es selbst. E. Gordon hat diese Gesetzmäßigkeit kindlichen Lernens auch auf das musikalische Lernen übertragen[25].

In jeder Einstiegsklasse finden wir Kinder von musikalisch höchst unterschiedlichem Entwicklungsstand. Sie alle sind bildbar, aber jedes Einzelne benötigt Lernimpulse auf seiner Entwicklungsstufe, ansonsten ist Lernen ineffizient. Fürs Sprechenlernen organisieren sich Kinder nicht in speziellen Lerngruppen und wir wissen längst, dass auch fremdsprachliches Lernen in jedem Alter am besten und nachhaltigsten vor Ort, in der Sprachpraxis des fremden Landes, gelingt. Immer ist hier der Lernende einem unsortiert reichen Angebot an Lauten und Zeichen ausgesetzt, aus dem er nach seinem Vermögen und Lerntempo auswählt.

Von unserem Musikunterricht wird erwartet, was nicht einmal der Sprachunterricht in den Schulen leistet, nämlich allen zu Lernerfolg und Freude an der Sache zu verhelfen. Disqualifikation aufgrund zu langsamen Lernens scheidet aus und das ist auch gut so. Solche Bedingungen aber haben Konsequenzen: Wir können nicht bestimmen, welchen Entwicklungsstand der Schüler anfangs mitbringt und wir können nicht sein Lerntempo bestimmen. Deshalb können wir nicht eigentlich festlegen, was ein Schüler am Ende der sechsten, siebten oder zehnten Klasse zu können hat. Wir können aber jenes reiche Angebot zur Verfügung stellen, aus dem der Schüler zugreifen kann und wir können ihn bei seinen Zugriffsversuchen unterstützend begleiten. Und so, wie auch für den Erwachsenen beim Sprechen dasselbe Vokabular und dieselben Lautungen gelten wie beim Kind, auch dieselben physiologischen und neurobiologischen Prozesse ablaufen, so schöpfen ältere und jüngere Schüler singend in gleicher Weise aus dem sich ihnen nach und nach erschließenden Materialangebot. Wie Vokabeln oder besser noch Redewendungen und Standardsätze sind unsere Übungspatterns typisch für tonale und harmonische Formeln aus der musikalischen Literatur.

[24] Zu diesem und dem folgenden Kapitel s. insbesondere die Filmsequenzen 1–3.

[25] S. Gordon 1997

2.1 Grundbaustein Übesequenz

Das durtonale Material

Wir gehen von meiner im Unterricht zuallererst gesungenen Übung aus und belegen sie nun mit relativen Solmisationssilben[26]:

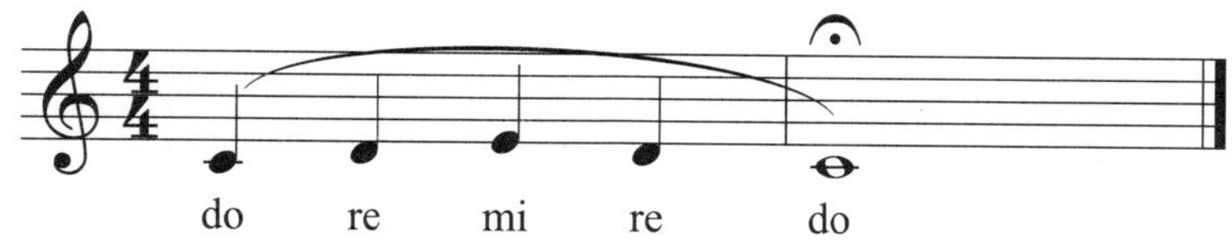

Sobald sie auf Silben gut beherrscht wird, erweitern wir die Übung um den vierten Ton *fa*, dann auch um den vierten und fünften, also *fa* und *so*:

Diese Version ist schließlich um *la* erweiterbar. Die Einführung des vorletzten Tons *ti* scheint mir musikalisch sinnvoller in Verbindung mit dem die Dur-Tonleiter vervollständigenden *do*. Seine Qualität als Leitton legt dies nahe und wird so unmittelbar deutlich:

An dieser Stelle müssen einige methodische Erläuterungen zu diesen unspektakulären, trockenen Figuren folgen. Mit den acht Stammtönen der kompletten Dur-Tonleiter ist das Material, mit dem wir umgehen werden, zusammengestellt, zumindest fürs Erste.

Im Vordergrund der Arbeit mit der ersten Dreitonübung standen neben dem Vertrautwerden mit der musikalischen Figur ganz elementare stimmbildnerische Aspekte. All dies bleibt auch mit der Einführung der Solmisationssilben aktuell, künftig wird der Zugriff zu einer jeden Übung ständig zwischen beidem changieren. Es macht Sinn, auch im Stundenverlauf der Reihenfolge der Einführung zu folgen: Vokalise vor Solmisation, zuerst also Klangsuche, dann Benennung; zuerst die unmittelbare musikalische Gestalterfahrung, dann ihre Chiffrierung.

Apropos musikalische Gestalterfahrung: Von der ersten Figur an – und sei sie noch so elementar – ist die musikalische Gestaltung ein übergeordnetes Anliegen. Unsere Übungen sind keine Aneinanderreihungen von Tönen, sondern Bögen, die sich öffnen und wieder schließen. Auch wenn es auf den ersten Blick erstaunen mag: Musik besteht nicht aus Tönen, sondern entsteht aus der Verbindung von Tönen. Deshalb sind uns von Anfang an die Verbindungen von Ton zu Ton so wichtig. Ohne legato entsteht keine bewusste Atemführung und ohne die kein musikalischer Bogen, keine musikalische Geste. Und zur Benennung und verbalen Einforderung solcher gestalterischen Elemente dient immer wieder die tatsächliche Geste, die bewegte Visualisierung und eigene Körpererfahrung[27].

Wenn unser Material komplett gelernt und verfügbar ist, fällt irgendwann der Begriff „Dur-Tonleiter“. Er wird gefestigt und dem gelernten Phänomen gleichsam angeheftet. *Do* ist fortan nicht mehr nur Anfangs- und Schlusston, sondern erhält ob solcher hervorgehobener Rahmenpräsenz die Bezeichnung Grundton. Ebenso führt etwa die Frage, warum denn wohl „ti“ und

---

[26] Das Kapitel III, 4.4 „Warum relative Solmisation?“, S. 70, wendet sich den Benennungen noch einmal gesondert zu.

[27] Im Kapitel IV, 1.2 „Singesituationen“, S. 94 sind derartige Übungen skizziert.

„do“ gemeinsam erschienen, zu interessanten Wahrnehmungserfahrungen der Schüler, die allesamt – zum Teil mit pfiffigen Umschreibungen – in die eine Richtung weisen werden, die wir dann nur noch mit dem Begriff „Leitton“ zusammenfassen müssen.

Zurück zu den Übungen selbst. Aus unserem Stammtonvorrat heraus beginnen wir nun, tonal komplexere Gestalten zu bilden. Zunächst wiederholen wir nach jedem Ton des Leiterverlaufs den Grundton erneut und erhalten so die folgende Version der Leiter:

Gehörbildung – Begriffsbildung

Sind alle Stammtonintervalle als klingendes Phänomen und ihrer fortlaufenden Ordnung nach bekannt, liegt ihre Benennung, von den lateinischen Ordnungszahlen abgeleitet, nahe. Fortan gewinnt ein etwa zehnminütiges Hör- und Gedächtnistraining in unserem Unterricht Platz, vorerst mit den folgenden beiden Aufgabenstellungen: Vom Klavier erklingen nacheinander *do* und ein weiterer Leiterton, den der Schüler zunächst benennen soll. Die Bewältigung dieser Aufgabenform zeigt, dass der Schüler den Abgleich zwischen Gehörtem und seinem Hörgedächtnis leisten kann. Nun gibt das Klavier nur noch den Grundton vor, der Schüler singt einen zweiten, per Benennung geforderten Ton. Als Zwischenschritt wird der Schüler immer wieder darauf zurückkommen, das gesuchte Intervall linear auszufüllen, den Tonleiteranstieg also wieder zu „befragen“, singend oder im Hörgedächtnis.

Wir verzichten in dieser Lernphase bewusst auf die das Intervall näher bestimmenden und differenzierenden Zusätze. Im Rahmen unseres verfügbaren Tonmaterials und unserer Aufgabenformen sind sie für den Schüler vorerst nicht relevant. Erst in einer späterer Phase, wenn die Namen gleichsam verinnerlicht und mit der Klangestalt untrennbar verknüpft sind, können wir den Intervallen der Dur-Leiter vom Grundton aus die näheren Bezeichnungen „groß“ und „rein“ beigeben.

Für das stimmbildnerische Lernen hat sich in der Praxis bewährt, der intervallischen Leiterversion die ursprüngliche Leiterform voranzustellen und beide in durchlaufender Viertelbewegung miteinander zu verketten. So kann das Neue aus dem Vertrauten heraus folgen.

Als weiteren tonal sinnvollen Baustein schließen sich Dreiklänge an. Wir beschränken uns vorerst auf die melodisch leicht erschließbare plagale Kadenzformel mit latent durchgehendem Tonikagrundton. Auch sie wird, sobald sie für die Schüler vertraut ist, der vorigen Kettenbildung angefügt:

Erstmals verlassen wir mit dieser Formel den linear vom Grundton ausgehenden Anstieg als Übungsbeginn. Ist aber die Terz aus der intervallischen Leiterversion schon geläufig, bietet sich die Einführung der Dreiklangsgestalt auch als gehörbildnerische Anforderung an: Das Klavier spielt die Dreiklangstöne nacheinander, der erste wird als *do* identifiziert, *mi* und *so* erkennen die Schüler hörend. Analog erschließt sich die zweite Dreiklangsgestalt und zuletzt die Übungsformel im Ganzen. Freilich kann nur die konkrete Situation die Lernschrittweite der einzelnen Höraufgaben bestimmen und ebenso das Verhältnis der Aufgabenanteile zwischen Hören und Singen überhaupt.

Eine vorerst letzte, wieder komplexere Gestalt kombiniert Linienfortschreitung und Terzsprung:

Um unserer gebrochenen Terzenleiter einen sinnvollen tonalen und auch melodischen Verlauf zu geben, kommen zwei zusätzliche Töne hinzu: die untere und obere Nebennote unserer Dur-Leiter. Sie ergeben sich wie selbstverständlich aus dem bislang Bekannten und dem sinnvollen Gestaltverlauf und bedürfen keiner ausführlicheren Hervorhebung. Aufmerksamkeit fordert eher diese Übung im Ganzen: In der Regel überschauen die Schüler nicht sofort die strukturelle Ordnung, den Wechsel zwischen Terzsprung und gegenläufigem Sekundgang. Eventuell hilft der Transfer in die mathematische Struktur, die sich in der Zahlenfolge 1 – 3 – 2 – 4 – ... spiegelt. Nach einigen Versuchen ist an dieser Stelle vielleicht auch die Visualisierung hilfreich, die hier erstmals in unseren Unterricht hineingreift, und zwar mit folgendem, einfachen Tafelbild:

re
do
ti
la
so
fa
mi
re
do
ti

Erstes Lesen

Entlang der Übungsfolge zeige ich jeden nächsten Ton an und folge so bildlich dem klanglichen Verlauf. Dieses Vorgehen visualisiert nicht nur die strukturelle Ordnung und die Silbenzuordnung, sondern verknüpft grafisch fixiert erstmals das akustische mit dem visuellen Auf- und Abwärtsschreiten. Wir nehmen hier – noch ohne weiteren Hinweis – eine erste Form des Lesens von Musik voraus. Hilfreich ist auch die Ausführung dieser Terzenleiter mit kurzen Pausen zwischen jedem einzelnen Ton, später auch zwischen Tonpaaren. Derlei Gliederung in kleine Einheiten soll nicht die sängerische Spannung unterbrechen, sondern die Gleichzeitigkeit von Vorstellung und Ausführung für einen Moment in zeitliches Nacheinander auseinanderfalten.

Die Verkettung dieses letzten Patterns mit dem bisher Erarbeiteten führt zur folgenden Gesamtgestalt. Angefügt ist lediglich eine abschließende Bekräftigung des Grundtons, die zugleich hilft, die sängerische Gesamtspannung bis zum Ende zu erhalten:

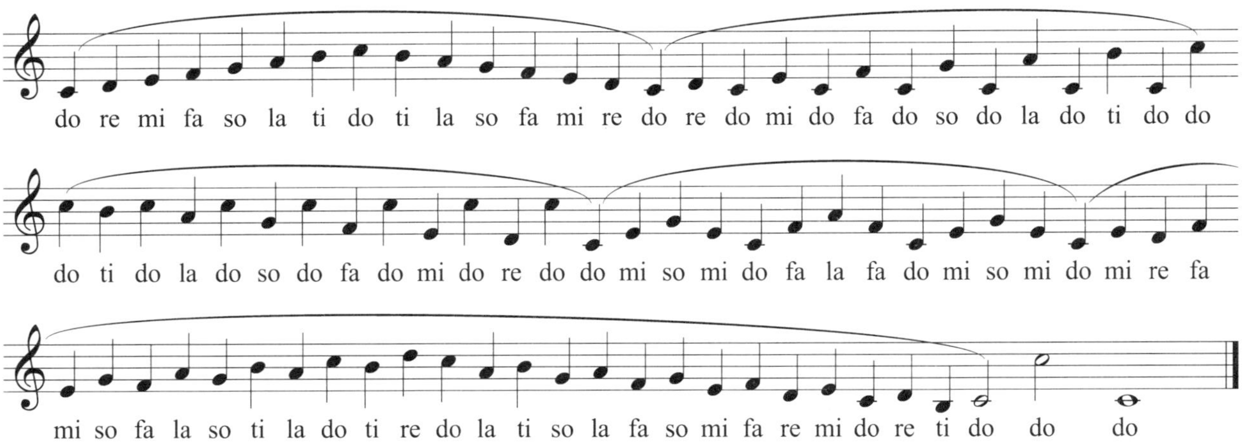

Die Gesamtgestalt

Diese Gesamtgestalt bündelt eine Vielzahl von Einzelfiguren und Motiven, Figuren und Klauseln, wie sie in der gesamten abendländischen Tonalität allgegenwärtig sind. Ihre Ausschnitte sind im Mozart'schen Sonatenthema, Bach'schem Motettenmelisma und überall sonst wiederzufinden und zu -erkennen. Sie ist Dreh- und Angelpunkt vorerst unserer gesamten weiteren stimm- und gehörbildnerischen Arbeit und es vergeht keine Stunde, in der sie nicht in unterschiedlichen Artikulationsweisen und Transpositionen zur Ausführung kommt. Es muss freilich nicht exakt diese Gestalt sein, vielleicht erscheinen manchem Lehrer für seinen Unterricht Modifikationen oder Alternativen sinnvoll. Beispielsweise kann die folgende Variante den Schluss, die Terztonleiter, ersetzen oder vorbereiten:

In unserer Praxis hat sich jedoch die vorige Gesamtfassung bewährt; sie wird ausnahmslos gerne gesungen, gelegentlich fast ritualisiert.

Bisweilen zweifelten Kolleginnen und Kollegen vorab an der Schülerakzeptanz, um später regelmäßig dies oder ähnliches zu berichten: Die Schülerinnen und Schüler respektierten die Übung nicht nur, sie begannen sogar, sie einzufordern, auch in Kinderchorgruppen außerhalb der Schule. Für eine solche Akzeptanz sind sicher mehrere Faktoren verantwortlich: Gelegentlich erscheint diese Übung den jungen Menschen beim ersten Hören schier unerreichbar. Sie stehen beeindruckt vor meinem Beispiel oder – wirkungsvoller noch – vor höheren Klassen, die ihnen virtuos-routiniert vormachen, was sie erst lernen sollen. Die Mischung aus Staunen, Zweifel, Ehrgeiz und meinem erklärten Glauben an die Lerngruppe weckt schließlich doch den Wunsch, das scheinbar Unerreichbare erreichen zu wollen. Es ist aber auch die Übungsgestalt selbst, die die Schülerinnen und Schüler für sich öffnet. Man könnte einwenden, sie sei trocken, unoriginell und deshalb langweilig. Aus der Perspektive des Fünftklässlers sieht die Sache jedoch ganz anders aus: Hier begegnet ihm zum ersten Mal eine musikalische Anforderung ohne spielerische Verpackung. Die Übung grenzt sich deutlich ab von grundschulischen Inhalten und Herangehensweisen. Gerade der trockene Übungscharakter signalisiert, dass es hier um Kompetenzerwerb, Training, Lernen geht. Und der junge Mensch fühlt sich ernst genommen – er möchte ja eindringen in die nicht mehr spielerisch idealisierte Welt der Erwachsenen.

Unsere Übung leistet mehr als nur die Verankerung tonalen Gefüges im Hörgedächtnis und praktizierter Figurenschau der abendländischen Musik. Sobald sie sicher beherrscht wird, kommen auch hier neutrale Singelaute ins Spiel: Die Schüler singen staccato-Fassungen auf *i* sehr gerne, gelegentlich mit tonweisem Hüpfen. Sobald die Körpermitte als Auslösepunkt für jeden einzelnen Tonimpuls gefunden ist, fordert die Staccatoversion die Schülerinnen und Schüler – dann freilich ohne Hüpfen – fast sportiv-lustvoll bis in ihre oberen Grenzlagen heraus. Als Gegenpol beliebt sind legato-Versionen auf *a* und *u*, auch mit weichem Gehen durch den Raum, in viertelweiser oder rhythmisch freier Schrittfolge[28]. Lerninhalt beim gemeinsamen Schreiten ist auch das gemeinsame Einhalten der Aufgabenstellung, das Aushalten der gerade zu spielenden Rolle. Wer nicht mehr der Versuchung unterliegt, vorbeigehende Mitschüler ein wenig zu rempeln oder zu behindern, wer nicht mehr mit Freund oder Freundin Grimassen austauschen muss, der lernt etwas von der musikalischen Linienspannung, der konzentrativen Kraft des gemeinsamen ästhetischen Gestaltens zu spüren.

Ausführungsvarianten der Gesamtgestalt

Nicht einfach, aber beliebt sind auch solmisierte Versionen mit „Tonlücken": Gesungen werden nur die ungeraden oder geraden Töne[29], die dazwischenliegenden werden nur gedacht. Möglich und sinnvoll sind auch zwei stumme Töne zwischen jedem gesungenen oder das Singen nur bestimmter, vorab benannter Töne, beispielsweise jedes *do*, *mi* und *la*.

Eine für die Aufmerksamkeit und das Hörgedächtnis höchst effektive Variante verlässt den kollektiven Gesang. Die gesamte Übung wird im geöffneten Kreis tonweise reihum gesungen. Der erste beginnt, der nächste fügt den zweiten Ton an und löst den vorigen ab. Auf diese Weise wandert der Klang möglichst ununterbrochen durch die Klasse. Der Einzelne exponiert sich so mit einem einzigen Ton solistisch, bleibt aber durch gruppenbezogenen Übungsfortlauf noch ins Ganze eingebunden. Diese Ausführungsform verlangt bereits eine sichere Bewältigung der Übung. Ratsam ist gegebenenfalls eine Umplazierung Einzelner, sodass unsichereren Schülern und solchen mit Problemen im hohen Register eher bequeme Töne und Lagen zugeordnet sind[30].

Alle diese Ausführungsvarianten sind Beispiele aus der praktischen Erfahrung und möchten hier nicht mehr als Vorschläge und Anregung sein. Wachheit und Fantasie der am Unterricht Beteiligten erwecken sinnvolle neue Formen, vielleicht spontan und treffender auf die konkrete Unterrichtssituation reagierend als die gegebenen Beispiele. Immer sollen sie aber in einem für den Schüler nachvollziehbaren Lernzusammenhang erscheinen.

Wann kommt das erste Stück?

Bis unsere Gesamtübung komplett eingeführt und sicher verfügbar ist, vergehen in unserem Unterricht durchaus drei Monate. Für das Aufwärmen der Stimme zum Stundenbeginn dienen stets die Leiterausschnitte und Dreiklänge in allen stimmbildnerisch sinnvollen Ausführungsvarianten. Allmählich ist das Instrument Stimme so weit geöffnet und die Singefertigkeit vorangeschritten, dass erste Versuche mit Stücken ins Blickfeld gelangen können[31]. Gelegentlich, aber eher selten, beginnen um diese Zeit die Schüler danach zu fragen.

---

[28] S. „Singesituationen", Nr. 31

[29] Beim Singen der geraden Töne empfiehlt es sich, anfangs auch den ersten zu singen, um einen sicheren gemeinsamen Grund- und Bezugston für die Übung zu sichern. Vgl. auch: „Singesituationen", Nr. 33.

[30] S. „Singesituationen", Nr. 39

[31] Ausführlichere Hinweise zur Singeliteratur gibt das Kapitel IV, 3. „Stück-Werk".

An dieser Stelle noch ein Wort zum Verhältnis von Singelage und Notation: Anfangs lernen die Schüler ohne Notenbild. Wenn sie die Übungen oder Ausschnitte aus dem Begleitheft lesen, finden sie sie alle in der vorzeichenlosen *C*-Lage. Sie ist aber nicht unsere Einstiegslage. Die Praxis hat gezeigt, dass für die jungen Stimmen ein Einstieg in *D* am günstigsten ist. Erstens bleibt für die Stimme nach unten noch Raum, der wenig später bei der Einführung der Molltonarten benötigt wird, zweitens erleichtert der hellere *D*-Klang zugleich die Hörkontrolle und damit die Intonation, ohne zu früh allzu große Höhe zu erzwingen. Auch wenn im Stundenverlauf ständig transponiert wird, bleibt die Ausgangslage für einzelne Übungen bei *do* auf d^1 – es sei denn, wir hätten auf Indispositionen, frühe Tageszeit oder sonstige Müdigkeit zu reagieren.

2.2 Sequenz in Moll

Wenn unsere Übungsgestalt im Ganzen sicher verfügbar ist, geht auch das Hörgedächtnis mit dem dur-tonalen Tonraum so sicher um, dass eines Tages im Stundenverlauf, nach einigen Übungen zum Aufwärmen der Stimme und einigen transponierten Durchläufen unserer solmisierten Übung, die folgende Aufgabe gestellt werden kann:

„Wer kann die drei Töne do – ti – la singen?"

Der Brückenschlag

Die Erfahrung aus der Praxis zeigt, dass der junge Mensch, der eine Hörvorstellung von dieser Tonfolge hat und sich deshalb zutraut, diese drei Töne zu singen, regelmäßig die absteigende Linie wählt, kaum je den Septsprung nach oben. Selten bedarf es mehrerer Versuche, prinzipiell aber erscheint es mir geboten, diese Dreitonlinie von weiteren Schülern und schließlich von der ganzen Klasse nachsingen zu lassen, bevor wir sie dann im Krebsgang *la – ti – do* anstimmen. Hieraus ergibt sich konsequent die nächste Aufgabenstellung: Mit den Tönen, die wir bisher kennengelernt haben, versuchen wir nun eine Tonleiter nicht mehr von *do* bis *do*, sondern von *la* bis *la* zu singen, auf- und abwärts:

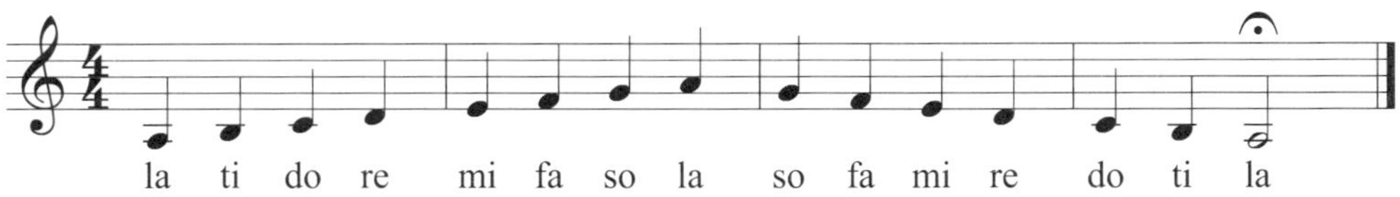

Abweichend vom Notenbild kann diese Aufgabenstellung auch auf einen Durchlauf unserer solmisierten Gesamtübung in *D* oder *Es* folgen, damit die neue Tonleiter in gut singbarer Höhe bleibt.

In aller Regel erfüllt die Klasse diese Aufgabe auf Anhieb, noch nicht wissend, dass sie erstmals eine natürliche Moll-Tonleiter gesungen hat. Die von der Dur-Tonleiter inzwischen vertraute Tonfolge wird einfach adaptiert und ein um zwei Töne verschobener Ausschnitt abgerufen. Somit entstehen keine Intonationsprobleme, keine Zweifel über Halb- oder Ganztonschritte, keine Unsicherheit beim ganztönigen, leittonlosen Schluss. Auch diese Leitergestalt wird transponiert; und über die Dreiton-Brücke *la – ti – do* wechseln wir zwischendurch auch wieder zur Dur-Leiter hinüber. In Abgrenzung zu ihr und ihrem helleren, „härteren" Klangcharakter erhält die neue, dunklere und weichere Leiter den Namen „Moll".

Gerade die Gegenüberstellung beider Tonleitern macht ihre Unterschiedlichkeit deutlich. Den Schülern fällt insbesondere der merkwürdig herbe Schluss der Moll-Leiter auf. Analog zum vorletzten Ton der Dur-Leiter, dessen heller *i*-Vokal mit verantwortlich dafür ist, dass dieser Ton als hell und eng am Schlusston liegend empfunden wird, suchen wir einen gleichwertigen für die neue Leiter, der aus dem alten hervorgeht, aber die Eigenschaften des Dur-Leittons übernimmt: Aus *so* wird das hellere *si*:

Bisweilen bedarf es des lehrerseitigen Klangbeispieles an dieser Stelle, um den neuen Ton von Anfang an klar und sicher zu exponieren. Ist er aber erst einmal im Raum und die neue Leiterversion von den Schülern ausprobiert, gelingt der Wechsel zwischen beiden Moll-Versionen bald spielend.

Mit der Benennung der neuen Moll-Version als „harmonisches Moll" und der vorigen als „natürliches" Moll verbinde ich gerne einen kleinen Exkurs in die Musikgeschichte und bezeichne das natürliche Moll zunächst als Überbleibsel aus dem Mittelalter, in dem man noch kein Dur oder Moll kannte und die „Kunst"-Musik einstimmig war. „Kunst"-Musik war geistliche Musik und vor allem: gesungene Musik, von Mönchen, meist in den großen Klosterkirchen. Diese Kirchen brauchten die Einstimmigkeit, sonst hätte niemand die lateinischen Worte verstanden, die da gesungen wurden. Einstimmigkeit in den großen Kirchenschiffen verschmolz freilich mit ihrem eigenen Nachhall zu einem komplexen Ganzen – vielleicht eine erste Idee von der imitatorischen Mehrstimmigkeit. Viel später erst begann man, tatsächlich mehrere Stimmen gleichzeitig zu singen und dabei machte das bisherige, „natürlich" verfügbare Tonmaterial an genau dem vorletzten Ton Probleme. Man veränderte ihn, wie auch wir dies für unsere zweite Moll-Version taten. Bereits damals kannte man für das Zusammenklingen mehrerer Stimmen das heute noch bekannte Wort „harmonia" und so lag es nahe, die jetzt günstige Moll-Version als „harmonisches Moll" gegen die vorige abzugrenzen.

Die Praxis zeigt recht schnell, dass die harmonische Moll-Leiter eine Klippe, einen unangenehm zu singenden Sprung hat und sie folgt auch hier der historischen Entwicklung: Die übermäßige Sekund zum Leitton ist auszugleichen, auch *fa* wird zum helleren *fi*. Der nun doch massive Eingriff in die ursprüngliche, „natürliche" Version ging vom Bedürfnis des vorletzten Tones aus, den Schlusston vorzubereiten. Eine solche Funktion muss er abwärts aber nicht mehr erfüllen, deshalb kann die Leiter in diese Richtung zu ihrer ursprünglichen und charakteristischen Gestalt zurückkehren. Die so entstandene Version singt sich angenehm leicht und hat daher den Namen „melodisches Moll" erhalten:

Immer wieder werden diese drei Erscheinungsformen der Moll-Leiter gesungen und einander gegenübergestellt, Klang und Benennung verschmelzen im praktischen Gebrauch. Analog zu unserer Dur-Leiter führen wir auch diese Übungsgestalt, schrittweise aufgebaut, ein:

Die Modi

Spätestens mit unserem kurzen musikhistorischen Exkurs ist die Frage nach den Tonsystemen vor der allmählichen Ausprägung der Dur-Moll-Dualität in den Blick gerückt. Was sind das für Tonarten, von denen das natürliche Moll wohl als Relikt übrig blieb? Das methodische Vorgehen wiederholt sich: Wieder suchen wir eine Leiter mit dem bekannten Tonvorrat und demselben Ablauf, jedoch nicht von *do*, sondern diesmal zunächst von *re* aus. Um den Schülern den Einstieg zu erleichtern, wird *do* vorab angegeben und als erster Ton vorausgedacht, gesungen wird dann ab *re* und von hier aus über eine Oktav:

Meist gelingt es den Klassen auf Anhieb, diese dorische Leiter fehlerfrei zu singen. Dank dem vorweggedachten Ton do spurt das Hörgedächtnis zunächst in die vertraute Tonfolge ein. Die Charakteristik des dorischen Modus erlebt der Schüler dann hörend, zunächst mit der Addition des oberen Schlusstons, dann mit dem Rückweg der Leiter und schließlich mit wiederholten Versuchen vom gedachten do aus, die zwar immer noch den „Anker“ zulassen, aber die dorische Hörgestalt zunehmend eigenständig im Raum exponieren und von hier aus in die Vorstellung einprägen.

In gleicher Weise leiten wir aus dem bekannten Material die übrigen authentischen Modi ab. Mit der Übepraxis verselbständigen sich – völlig analog zur Molltonart – auch ihre Gestaltauffassungen und -erinnerungen. Je nach stimmlicher Situation in der Klasse empfiehlt es sich auch hier, vom Notenbild in eine gut singbare Lage abzuweichen:

Mit der Zeit gelingt es, die vier authentischen Modi auch ohne Bezug zum *do*, isoliert von den übrigen Modi und sogar solistisch abzurufen. Und wieder gilt: Ist die klingende Gestalt erst sicher im mittel- und langfristigen Hörgedächtnis verankert, wird sie als Eigenes empfunden. Auch die geläufigen Systeme Dur und Moll werden an dieser Stelle miteinbezogen und vom modalen Blickwinkel aus erscheinen sie lediglich als Spielarten der modalen Systematik. Gelegentlich enthalte ich den Schülern auch die modalen Bezeichnungen „ionisch“ und „aeolisch“ nicht vor. Auf den ersten Blick mag ein solches systematisierendes Vorgehen eher künstlich und der Singepraxis entgegenstehend wirken. Wenn wir aber ins vokale Literaturangebot sehen, finden wir eine Fülle gut singbarer modaler Stücke und Sätze. Gerade in der Spätphase der Modalität setzen sich die Tonsysteme ab dem *do* und dem *la* in den Vordergrund, aber mit einer Melodiegestaltung[32], die sich deutlich von der späteren Dur-Moll-Tonalität unterscheidet.

Mehr für Gehör und Gedächtnis

Blicken wir noch einmal hinein in den gehörbildnerischen Teil unserer Arbeit. Bislang konzentrierten sich explizite Höraufgaben auf Intervalle ab do, wir verzichteten bislang auf nähere intervallbestimmende Attribute wie „groß“ und „rein“. Allmählich werden die Intervalle von *do* aus zuverlässig von allen gehört und wir setzen nun diese Attribute einfach hinzu: Der Schritt *do–re* wird künftig nicht mehr nur Sekund, sondern unbefragt große Sekund bezeichnet, auch alle übrigen Intervalle erhalten ihre entsprechenden Zusätze.

Es kommen nun aber auch neue Aufgabenformen hinzu. Mit der zunehmend sicheren Verfügbarkeit einer auditiven Repräsentation des dur-moll-tonalen Systems in den Köpfen der Schüler ist auch ein größerer Gedächtniszusammenhang abrufbar. Von *do* aus erklingen vom Klavier jetzt zwei oder drei weitere Leitertöne, die die Schüler hörend bestimmen und auch die umgekehrte Aufgabenrichtung ist weiterhin möglich: Eingefordert wird etwa die Folge *do–so–re–mi, do* wird angegeben, ein Schüler setzt die benannte Tonfolge in ein Singemotiv um. Thematisierbar sind so auch bereits prägnante Motive der Literaturgeschichte und je nach Situation können sich hiervon rezeptive Aufgaben am originalen Hörbeispiel entlang ableiten – einfaches Beispiel ist der Themenbeginn *do–re–fa–mi* aus Mozarts letzter Sinfonie.

Wenn wir nicht bis zur Einführung der Dreiklangsumkehrungen[33] warten wollen, kann anhand solcher Motive auch bereits die Intervallbestimmung von Ton zu Ton beginnen, also losgelöst vom unmittelbaren Grundtonbezug *do.* Was nämlich von ihm aus gilt, gilt für jeden Ton: Der nächste ist die Sekund, der übernächste die Terz, der vierte die Quart, der achte die Oktav. Bleiben wir hierbei vorerst wieder bei der einfachen Benennung ohne differenzierenden Zusatz, ergibt sich ein solcher erstmals als echte Gegenüberstellung für die Terz. Ist für die Schüler die Durterz *do–mi* als große Terz geläufig, können wir unseren ebenso geläufigen „Brückenschlag“ von Dur nach Moll und sein Rahmenintervall *do–la* als kleine Terz benennen und gegenüberstellen. Die vom Klavier angespielte gebrochene Terz kann einfach daraufhin befragt werden, ob sie der Anfang einer Dur- oder einer Moll-Leiter sei, die Schüler ergänzen in der Vorstellung die Sekund und können zunächst über den Dreitonfortlauf den entsprechenden Leiterbeginn identifizieren. Gleiches gilt für die große und kleine Sekund.

Gehör- oder genauer: musikalische Gedächtnisbildung schließt in dieser Phase aber auch die Leitergestalten ein, die die Schüler inzwischen kennen. Analog zu den Intervallen können auch sie Hör-, aber auch Singeaufgabe ab gegebenem Anfangston sein. Im ersten Fall benennt der Schüler die gehörte auf- oder absteigende Gestalt, im zweiten gibt der geforderte Modus Hinweis auf die Solmisationssilbe des Anfangstones und identifiziert so den „Startpunkt“.

2.3 Exkurs: „Ich bin nicht so gut am Klavier ...“

Von Anfang an steht uns mit dem Tasteninstrument eine hochwirksame Hilfe zur Verfügung, wenn wir es klug zu nutzen wissen. Unser Einstieg aber hat bereits gezeigt, dass eine kluge Nutzung auch heißt, davon absehen zu können. Das Instrument soll stützen, führen, begleiten und sichern können, aber nicht notorisch müssen. Allzu schnell hinge sich sonst die Klasse an den „Impulsgeber“ Klavier

[32] Als Beispiele seien genannt etwa der ionische Kanon „All praise to thee“ von Tallis oder das zweistimmige Bicinium „Ein Lied in Fröhlichkeit des Geistes zu singen“ von C. Othmayr. Beide Stücke sind im Kapitel „Stück-Werk“, IV, 3., S. 105 und 109, kurz beschrieben.

[33] S. S. 56.

an, anstatt selbst Motor zu sein, allzu sehr geriete lehrerseitige mimisch-gestische Führung – auch vom Klavier aus – zur Sekundärsprache. Gerade an der Dynamik der Klavierbegleitung lässt sich unschwer eine solche unheilvolle Unterwerfung des Singens festmachen: Wird das Klavier leiser, sollte dies dem Vokalklang mehr Klangraum überlassen, oft aber tritt dieser ebenfalls zurück, wird unsicherer.

Das Klavier ist nicht der Motor

Ganz ohne Klavier wird sich der Vokalklang der Klasse am Anfang nur schwer befreien. Bei aller pianistischen Präsenz aber darf nichts vom Klavier ersetzt werden, was ich um sängerisch-stimmbildender Effizienz willen eigentlich vorzusingen hätte. Ein kluger Einsatz des Klavierinstruments verdoppelt nicht einfach die Schülerstimme, weil damit der Vokalklang für Lehrer und Schüler schwerer durchhörbar wird. Selbst dort, wo ich mich pianistisch auf die Schülerstimme beschränke, gibt es die Möglichkeit, zu oktavieren, nach oben oder nach unten, gegebenenfalls bleibt die eigentliche Singelage sogar ausgespart. Prinzipiell hellt eine Oktavierung nach oben den Klang auf, schafft also fürs Schülerohr eine schnellere und sicherere Orientierung. Eine Oktavierung nach unten dagegen stützt die Intonation dann, wenn die Schüler ihre Stimme bereits sicher beherrschen, aber notorisch absinken: In diesem Falle muss das Schülergehirn den eigenen Klang gegen das „Geländer“ oktavversetzen und damit „hellzeichnen“, es wird also übers Hören zu einer veränderten Singespannung und Klangfärbung finden.

Wesentliche Impulse können von der Harmonik als einer spezifischen Möglichkeit des Tasteninstruments ausgehen. Die folgenden beiden harmonischen Verläufe haben einen sehr unterschiedlichen Einfluss auf den gesungenen Liegeton:

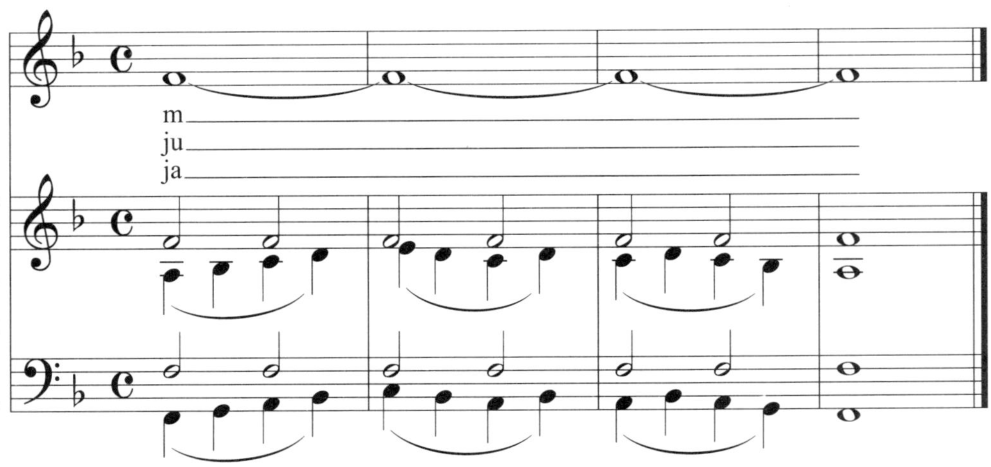

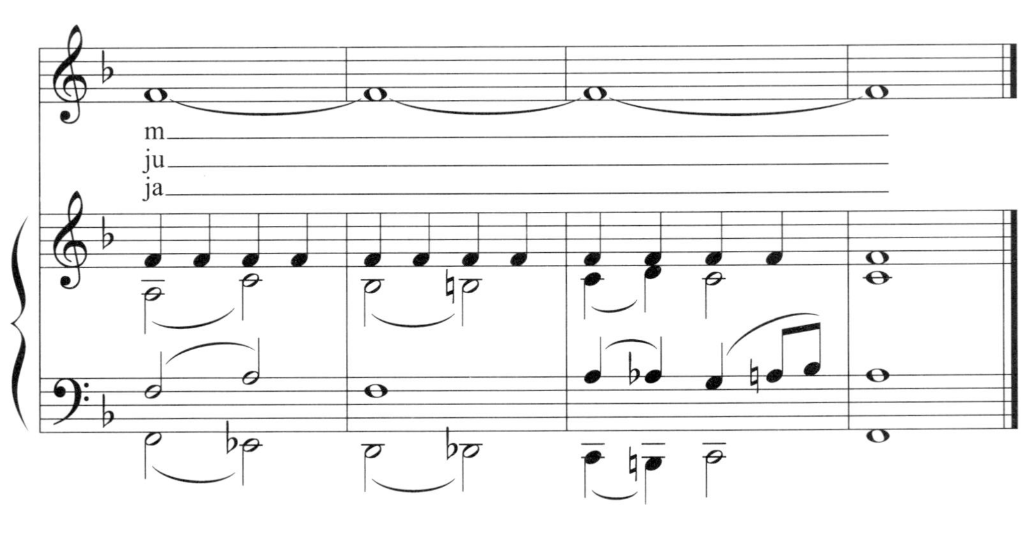

Beide Versionen haben ihre Stärken und Schwächen. Die erste stützt den gesungenen Ton vor allem intonatorisch mit ihrer Stimmverdopplung und ihrem kleinschrittigen harmonischen Aktionstempo; die zweite, harmonisch großräumigere und gezieltere, hilft vor allem der Dynamik des fließenden Vokalklanges. Den Beispielen wären viele Varianten anzufügen, sie mögen hier genügen um zu zeigen, dass eine Klavierbegleitung als unmittelbares Suggestiv in der Übesituation einen erheblich gestaltenden Einfluss auf den Vokalklang haben kann. Dies stellt freilich uns als Lehrende vor die Pflicht, solche Möglichkeit auch zu nutzen und die Anforderung geht hier weniger in Richtung einer pianistischer Spielfertigkeit, sondern primär unserer musikalischen Fantasie und Vorstellungskraft: Wir müssen das vokalklangliche Defizit und seine Ursachen erkennen und unsere Vorstellung einbinden können in eine metrisch-rhythmisch, harmonisch, artikulatorisch und dynamisch stützende Gesamtgestalt.

Möglicherweise fällt an dieser Stelle der Blick selbstkritisch auf die eigene musi-kalische Fantasie und pianistischen Umsetzungsfähigkeiten. Indes lassen sich solche Fähigkeiten auch jenseits virtuoser Fertigkeit üben, denn es gilt auch hier, dass die musikalische Gestaltung beim ersten Ton anfängt. Viele junge, angehende wie praktizierende Lehrer haben nach ihren Eppelheimer Hospitationserfahrungen systematisch zu üben begonnen, was sie nun plötzlich als praxisrelevant erkannten: das schulpraktische Klavierspiel. Dabei geht es gerade nicht zuerst um die Bewältigung raffinierter und anspruchsvoller Begleitmodelle. Im Gegensatz zum solistischen Klavierspiel fordert pianistische Schulpraxis im Übezusammenhang mit der Vokalklasse zuallererst den stetigen Bezug zur Lerngruppe. Wer sein Spiel visuell kontrollieren muss, um die richtigen Töne zu finden, unterbricht zumindest den Blickkontakt zur Lerngruppe, zumeist aber auch den Hörkontakt und einen stringenten Lern- und Übeprozess im Ganzen. Darüber hinaus fordert jede vokale Melodie – sei es ein einfacher Leiterausschnitt oder unsere solmisierte Übungsgestalt im Ganzen – als stimmbildnerisches Figurenmaterial von uns lagenunabhängige Beherrschung. Für die Singstimme ist eine Dur-Leiter von *fis'* nach *fis''* gestaltgleich derjenigen von *c'* nach *c''*, erfordert aber eine erheblich größere sängerische Spannung. Diese zu suggerieren, ihr aufzuhelfen und dabei Klang und Stimmsitz zu kontrollieren, ist unsere Aufgabe und sie fordert so viel visuelle, auditive, mentale und psychophysische Aufmerksamkeit, dass Vorzeichen-, Fingersatz- und Harmonisierungsfragen oder bloße Tastensuche daneben kaum Platz haben. Alle unsere instrumentalen Arbeitvorgänge müssen im Idealfall vorweg geklärt, letztlich verinnerlicht sein – sie dürfen aber spieltechnisch einfach sein.

Der Kontakt zur Gruppe

Diesem Anspruch mag mancher vielleicht nicht am Klavier, dafür aber desto mehr an seinem ihm hauptsächlich vertrauten Instrument zu genügen. Deshalb sei betont: Wiewohl das Tasteninstrument prädestiniert ist für schulpraktische Funktion, so können doch daneben viele andere Instrumente enorme Lernhilfe für die Vokalgruppe sein. Jedes Instrument besitzt auf seine Weise besondere Affinität zur menschlichen Stimme oder ist mehrstimmig begleitend einsetzbar. Entscheidend scheint mir zu sein, welche Möglichkeiten des Zusammengehens mit der Singstimme der Instrumentalist erkennt und den Gesetzmäßigkeiten seines Instruments gemäß gerne und souverän umsetzt.

Die Hürde pianistischer Technik ist nicht unüberwindbar hoch und wer sich daran wagt, wird der eigenen Person gemäß für den Unterricht produktive Möglichkeiten finden. Oft ist in Workshops und Seminaren nach Begleitmustern zu unserer solmisierten Übungssequenz gefragt worden, deshalb sei hier ein Ansatz gewagt: Nach allem Gesagten liegt nahe, dass ein „nur“ zweistimmiger, aber souverän bewältigter Begleitsatz bessere Dienste leistet als ein komplexerer. Ohnehin entwickelt sich die Komplexität aus elementaren Strukturen heraus, sei es bezüglich der harmonischen Entwicklung oder der Stimmenanzahl. Deshalb sei in den nachfolgenden Notenbeispielen zu unserer solmisierten Übungsgestalt in Dur und Moll lediglich eine begleitende Bassstimme gegeben und als Übevorschlag die geduldige Transposition des ganzen durch alle Tonarten.

Dur

Moll

3. Auf dem Weg zur Mehrstimmigkeit

3.1 Erste Zusammenklänge

Den Schülern ist aus der kontinuierlichen Entwicklung und Übung das bislang erarbeitete Material vertraut, sodass nun in sinnvoller Schrittfolge – wieder vom durtonalen Ursprung aus – das Hören und Machen in mehrere synchrone Aktionsschienen aufgliedert werden kann.

Wieder beginnen wir beim Grundton *do*, von der gesamten Klasse angestimmt. Vorab sind zwei Hälften definiert, deren eine sich von *do* über *re* nach *mi* bewegt, während die andere auf dem Grundton verharrt[34]. Gänzlich jenseits zufälligen Entstehens über spielerische Aktionen ist hier der Zusammenklang als solcher das erstmals inszenierte Erlebnis. Und jedes Mal fasziniert mich das Aufhorchen der jungen Menschen auf diese Erfahrung – vielleicht auch deshalb, weil der Klangprozess, die dem Einklang plötzlich entsteigende Sekundreibung und ihre strahlende Auflösung in die gehaltene Durterz, auch mich fasziniert. Am einfachst möglichen Beispiel wird hier eine gestaltpsychologische Erkenntnis sinnlich erfahrbar: Die Einzeltöne summieren sich nicht nur, sondern entwickeln eine neue Klanggestalt.

Bislang waren die Schüler um Deckungsgleichheit von Hörvorstellung und Tonerzeugung bemüht. Nun erleben sie erstmals, dass das, was sie tun, nicht mehr in der gewohnten Weise mit dem intendierten Klangbild in Deckung zu bringen ist. Zwar versichern sie sich weiterhin hörend ihres eigenen Klanges, mit der Hörkontrolle nehmen sie zugleich aber auch den zweiten auf und müssen nun den eigenen zum gehörten Gesamtklang in Bezug setzen. Auch Mehrstimmigkeit also, will sie nicht nur ein musikalisches Neben-, sondern ein Miteinander sein, beginnt so letztlich beim Hörvorgang. Ihn haben wir zuallererst anzuleiten.

Lineare Bewegungen mehrerer Stimmen

Die beschriebene Gestaltform, das Prinzip der gruppenweisen Rollenaufteilung von Liegeklang und diatonischer Bewegung, ist sukzessive ausbaubar. Innerhalb der Dur-Tonalität lässt sich etwa das folgende Übungspaar denken als einfaches Hineinfinden in die Dreistimmigkeit, als Exposition des Dreiklangs und schließlich als Hinführung zur Kadenz:

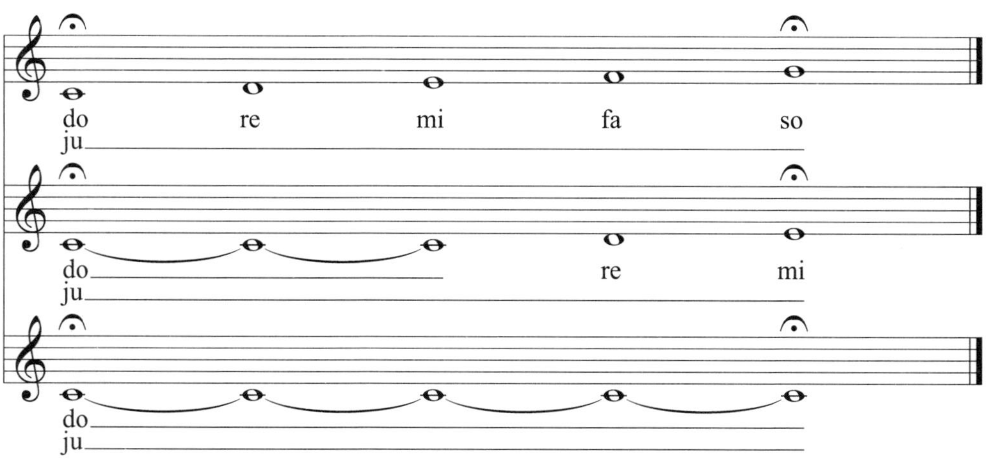

[34] S. Singesituation Nr. 35, S. 97.

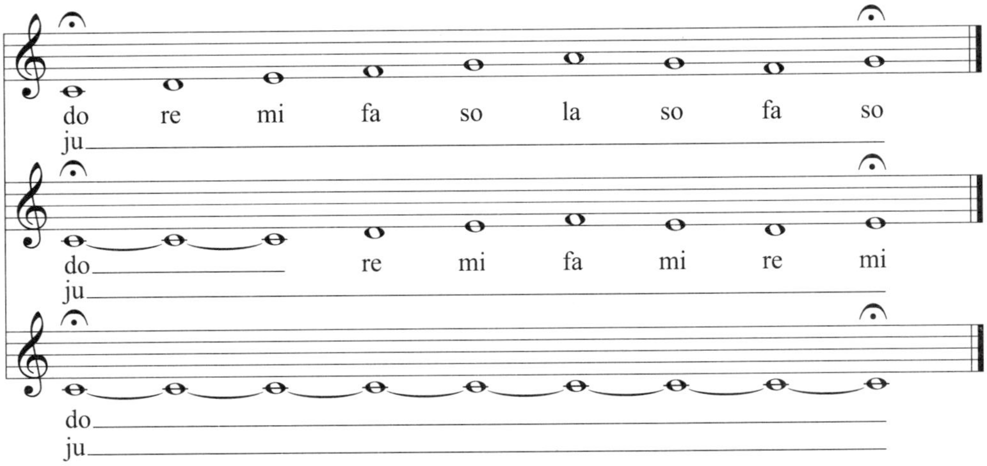

Erst wenn derartige Übungsformen sicher beherrscht werden, sollte als nächster Schritt die gleichzeitige Bewegung beider bzw. später aller Stimmen erfolgen. Dabei kann die stufenweise Gegenbewegung zunächst vom gemeinsamen Grundton aus weg- und wieder hinführen, unsere allerersten Übungsformeln werden also erneut aufgenommen und an ihrer Ursprungsgestalt gespiegelt. Erst dann mögen kanonisierte Leiterausschnitte parallele Terzbewegungen einführen und schließlich kanonisierte Leiterformen im Ganzen vorbereiten[35].

Stammtoncluster

Eine weitere Übungsvariante: Die Klasse wird aufgeteilt in so viele Gruppen wie Tonleitertöne ab *do* aufzubauen beabsichtigt sind. Alle beginnen mit dem Grundton. Eine einzige Gruppe bleibt weiterhin auf diesem Grundton, während alle anderen zur Sekund wechseln. Eine zweite Gruppe bleibt nun auch auf der Sekund stehen, die übrigen gehen weiter zur Terz, inzwischen erklingen Grundton, Sekund und Terz gleichzeitig. Je nach Anzahl der Leitertöne entsteht so ein bis zu achttöniger Cluster, der den Schülern als Klangerfahrung zunächst – einmal mehr – ungewohnt merkwürdig erscheint, nach erstem Befremden aber einen Reiz auf sie ausübt, der zur Wiederholung der Übung drängt. Diese Clusterbildung nimmt ihrerseits wiederum Einfluss aufs tonale Auffassen und Umsetzen, weil sie als fremde Hörerfahrung das bekannte, vertraute Hör- und Kontrollverhalten beim Singen hinterfragt und sensibilisiert.

3.2 Dreiklangsfolgen

Akkordumkehrungen

Unsere ersten mehrstimmigen Übungen verlangen lediglich lineare, also stufenweise Bewegung. Deshalb beginnen wir gelegentlich mit ihnen zu arbeiten, noch bevor die solmisierte Gesamtübung im Ganzen eingeführt ist. Voraussetzung ist aber jederzeit die sichere Beherrschung wenigstens der Dur-Leiter. Zwei weitere, einander ähnliche Übungsformen machen sicher erst später Sinn, mit und nach vertrautem Umgang mit allem bislang vorgestellten Übungsmaterial. Sie beide scheinen zunächst gar nicht auf Mehrstimmigkeit hinzuarbeiten, zielen aber auf längere Frist genau dorthin und zwar mit Blick auf den vierstimmigen Satz. Eine erste Übung besteht aus nichts anderem als dem Dreiklang über unserem Grundton *do*, der in drei aufeinanderfolgenden Versionen auf- und abwärts erscheint:

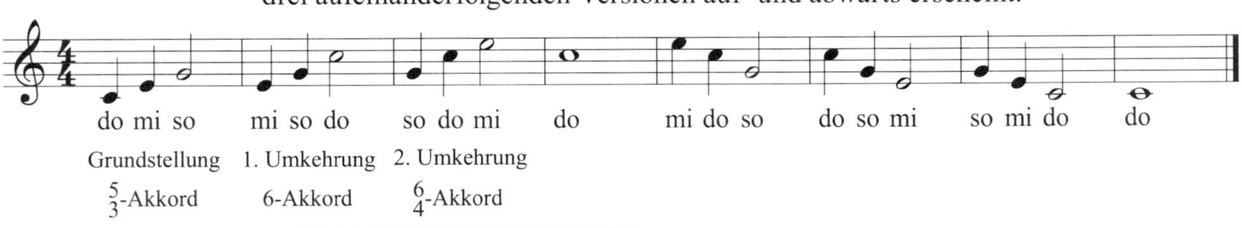

[35] Als Beispiel sei auf die Sextakkordkette, S. 82 verwiesen.

Auf diese Weise wird zunächst die klingende Gestalt der Akkordumkehrungen erfahrbar, nicht aber nur sie, sondern auch ihre Entstehung als Oktavrückung des jeweils tiefsten Tones nach oben. Und wenn wir uns an dieser Stelle einen Zwischenschritt leisten, wird noch ein wesentliches Drittes, nämlich die Benennung dieser Umkehrungen klar: Von unserer Intervalltonleiter her kennen die Schüler die Intervalle von do nach mi und von *do* nach *so*, Terz und Quint vom Grundton aus, erkennen diese jetzt als Konstituenten des Grunddreiklanges und die Bezeichnung „Terzquintakkord" für diese Grundstellung kann einleuchten. Nur eine neue Information zur Intervallik kommt jetzt hinzu, falls sie nicht schon aus zurückliegendem Übungszusammenhang vertraut ist[36]: Nicht nur vom Grundton aus, sondern von jedem Ton der Leiter aus heißt der nächste „Sekund", der übernächste „Terz", der siebente „Sept", und zwar in beide Richtungen, auf- und abwärts. Mit dieser Information gelingt es den Schülerinnen und Schülern leicht , die erste Umkehrung als „Terzsextakkord" und die zweite als „Quartsextakkord" zu erkennen; später wird dann auf die Bezeichnung der intervallischen „Normalumstände" verzichtet und auch die erste Umkehrung erhält ihren endgültigen Namen „Sextakkord".

Im Vordergrund steht hier nicht die Mehrstimmigkeit als direktes Klangereignis, sondern seine Vorbereitung übers Erkennen und Benennen ordnender Struktur im Tonraum. Immer aber gilt das gleiche Prinzip: Zuerst steht die sinnlich erfahrbare Gestalt und ihre Verinnerlichung, erst dann ist die Frage nach ihrer Struktur möglich. Hieraus folgt schließlich die theoretische Benennung. Freilich nehmen wir auch hier die Harmonisierung am Klavier zur Hilfe. Es ist für Lernziel und -sinn dieser Übung nicht notwendig, die pianistische Stützung nur auf den melodisch verordneten Akkord und unisono-Führung zu begrenzen. Vielmehr hilft eine gezielte partielle Harmonisierung, den melodischen Spannungsverlauf zu stützen. Hier ein Vorschlag:

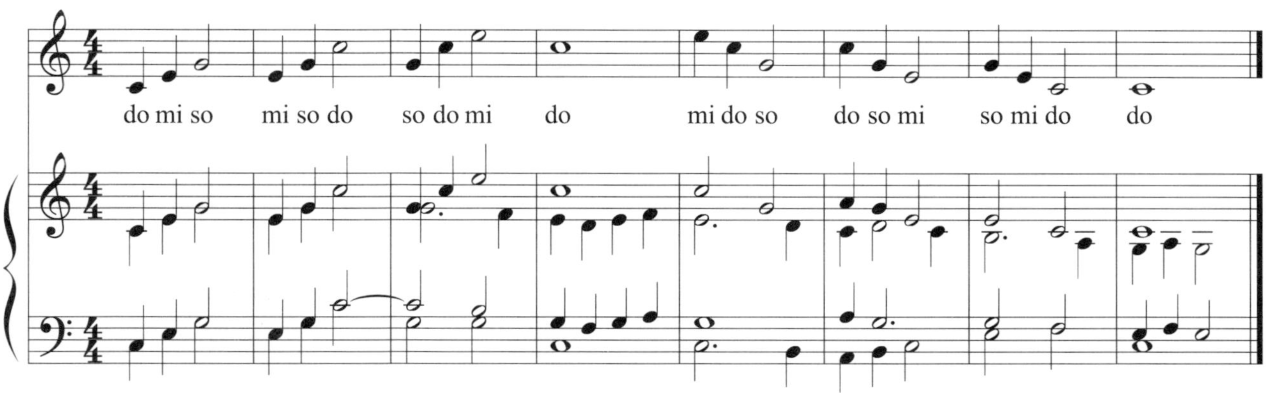

Kadenzen in Dur

Die zweite, ähnlich geartete Übung exponiert das Grundmaterial der authentischen Kadenz. Wieder bereiten gebrochene Akkorde vor, was später in Zusammenklängen wiederkehrt. Die Schüler erkennen hörend und anhand der Tonbezeichnungen die Akkordstufen und können dann mithilfe des Notenbildes diesen die funktionalen Akkordbezeichnungen zuordnen:

[36] Vgl. S. 51.

Auch dieser Übung sei als Anregung ein Klaviersatz mitgegeben, der zusammen mit dem visuellen und mimischen Kontakt zur Lerngruppe stützenden und stabilisierenden Einfluss auf den Spannungsverlauf der Singelinie ausüben kann:

Erste Einblicke in den vierstimmigen Satz

Diese einstimmig gebrochene Kadenzgestalt hat sich in der Praxis als Vorform für die nun folgende Übung bewährt. Hier lernen alle Schüler zunächst alle Stimmen, bevor der Satz von der Unterstimme ausgehend aufgebaut wird:

Die Schülerinnen und Schüler lernen die Übung weniger über die Umstellung der Akkordtöne, sondern als neue Gestalt – vielleicht auch deshalb, weil wir sie stimmen- und nicht akkordweise aufbauen. Wohl aber lässt die zuvor erlernte, gebrochene Version diese harmonische Folge als vertraut erscheinen. Und wenn anhand der vorigen Gestalt die einzelnen Funktionen bereits benannt worden waren, fällt es nun leicht, vergleichend einige musiktheoretische Grundregeln zu erkennen und zu verstehen. Die Schüler tragen zusammen, welche Töne nun übereinanderliegen und einen Zusammenklang bilden, beispielsweise dass im ersten Zusammenklang der Grundton *do* in der tiefsten Stimme liegt und zudem von der Oberstimme verdoppelt wird etc. Sie stellen weiterhin fest, dass der dritte Klang auf Kosten der Grundtonverdopplung vier verschiedene Töne hat, identifizieren als neuen, fremden Ton das *fa* und sein Verhältnis zu *so* als Sept. Der im zweiten Akkord verdoppelte Grundton *fa* bleibt liegen und wird zur Dominantsept, die sich wiederum in derselben Stimme in die Tonikaterz auflöst. So können die Schüler am klingenden, selbst ausgeführten Phänomen die ersten Regeln des vierstimmigen Satzes erfahren und verstehen.

Zwischenschritt Dreistimmigkeit

Die authentische Kadenz kann freilich auch über eine plagale Version vorbereitet werden. Gerade in weniger leistungsfähigen Klassen bietet sich diese Reduktion auf die Dreistimmigkeit an, weil die Folge T – S – T lediglich übereinanderlegt, was bereits aus unserem Übungspattern in gebrochener Dreiklangsform bekannt ist:

Auf dieselbe Art kann auch eine erste authentische dreistimmige Kadenzform eingeführt werden, beschränkt auf die Folge T–D–T. Beide vorbereitenden Versionen übereinandergelegt führen zur dreistimmigen vollständigen Kadenz:

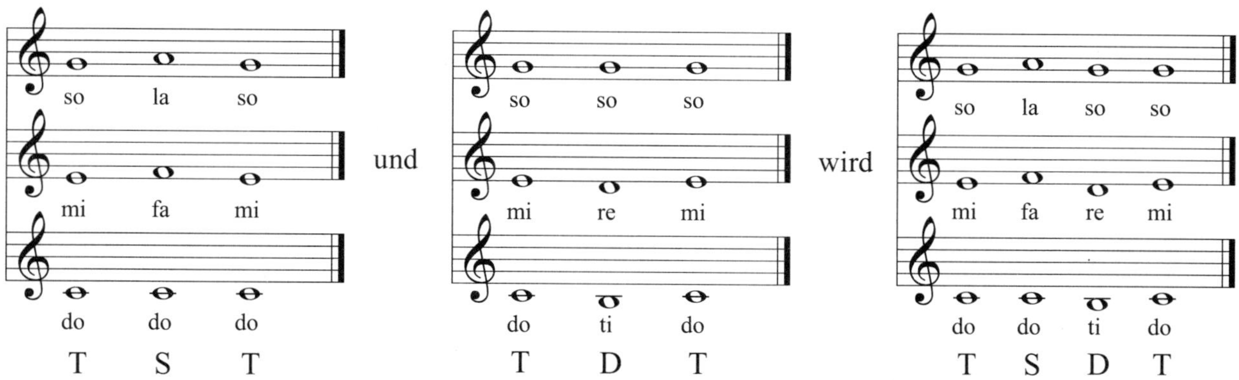

Im Vorgriff soll an dieser Stelle noch ein Beispiel für ein erweitertes Kadenzmodell angeführt werden. Der folgende Satz kann wenige Wochen nach Einführung der einfachen vierstimmigen Kadenz erarbeitet werden; auch hier evoziert der Vergleich von Neuem und bereits Bekanntem weitere Kenntnisse und Erkenntnisse:

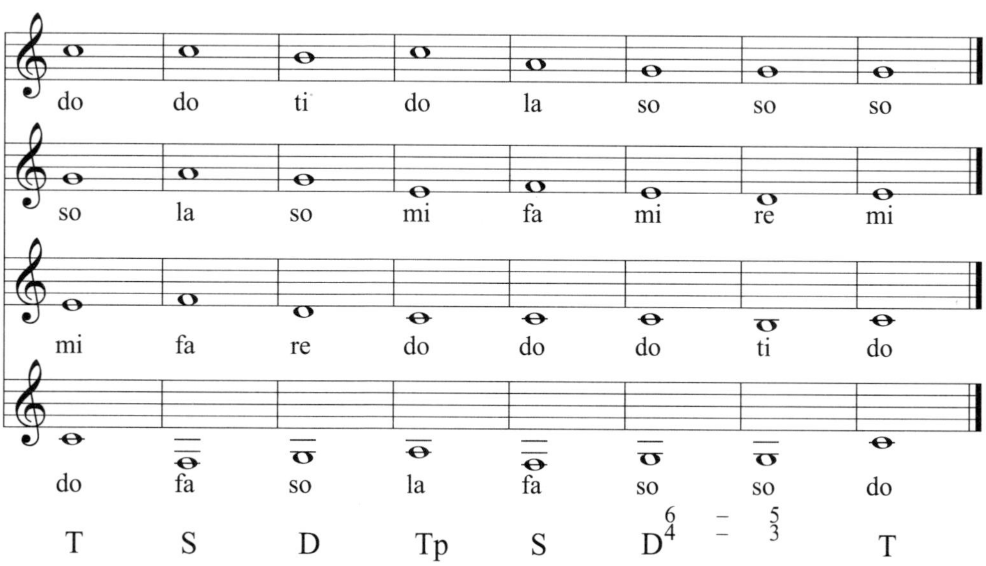

Hierzu bedarf es einer Entwicklungssituation, die es einigen Jungen bereits möglich macht, die Unterstimme ohne stimmliche Fehlfunktion zu bewältigen. In der Regel ist das etwa ab der Mitte der sechsten Klasse möglich. Wenn dann diese Kadenzform erscheint, sind die Schüler längst mit der Moll-Tongeschlechtlichkeit und deren Grundton la vertraut, sie wissen auch um den kleinterzversetzten Parallelbezug zwischen Dur und Moll. So fällt es ihnen nicht schwer, die Kadenzerweiterung als erste Stufe der Mollparallelen zu erkennen und der hörpsychologischen

Deutung „Trugschluss" den Funktionsbegriff Tp zuzuordnen. Sie erkennen auch, was sich in jedem Lehrbuch eher abstrakt liest, dass nämlich nach dem Trugschluss der gesamte Kadenzverlauf noch einmal aufzurollen sei und im Trugschlussakkord die Terz verdoppelt wird. Auf dieselbe Weise kann auch das Phänomen des Quartsextvorhalts erfahren werden.

3.3 Übertragung nach Moll

Unsere Dreiklangsumkehrungen und auch die Übungsdreischritte zur Kadenz sind analog auf die Moll-Kadenz übertragbar. Aus der zuvor im Dur-Zusammenhang erkannten Tp wird nun die einfache Molltonika t. Auch hier ist möglicherweise die Singelage entgegen der vorzeichenlosen Notation in eine geeignetere zu transponieren:

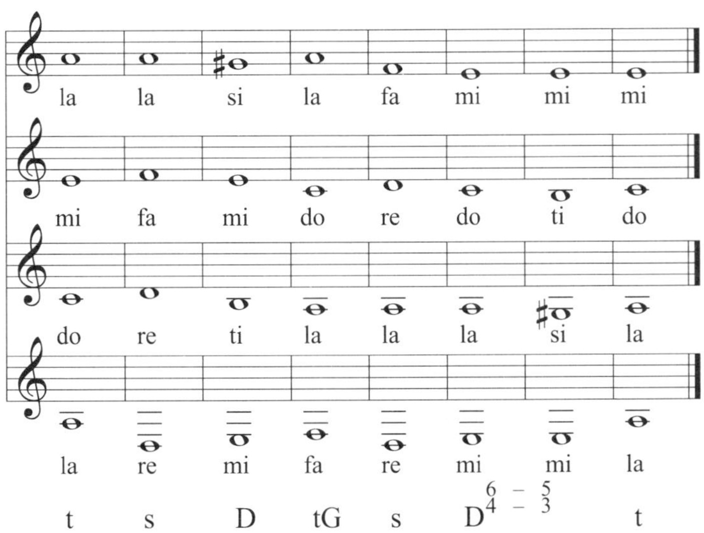

Bei der Einführung der unterschiedlichen Moll-Leiterversionen hatten wir die Mehrstimmigkeit und mit ihr das wachsende harmonische Bewusstsein als Begründung für die Namensgebung „harmonisches Moll“ herangezogen. Jetzt wird am konkreten Beispiel anschaulich, was zuvor noch als pauschale Etikettierung akzeptiert werden musste: Auch in Moll beruht die dominantische Wirkung auf der Durterz bzw. der Leittönigkeit des siebenten Tones. Außerdem wird mit der Bezeichnung „t“ für die Molltonika die analoge Funktion und artverschiedene Gestalt offenkundig. Und weil unser neuer Grundton nicht die Bezeichnung *do* erhält, sondern auf *la* bezogen bleibt, wird so das Kräfteverhältnis zwischen Dur- und Moll-Geschlechtlichkeit ausgedrückt, das der Begriff „Parallelität“ zu fassen versucht.

Die Erweiterung um den Trugschluss öffnet schließlich die Türe zum weiten harmonischen Raum der terzverwandten Klänge. Sicher ist es in der Unterstufe noch zu früh dafür, aber wissensdurstige Schüler können durchaus nach der Existenz einer trugschlusserweiterten Kadenz auch in Moll fragen und ihre klangliche Bewältigung, vielleicht sogar die Bezeichnung der Trugschlussharmonie selbst als „tG“ kann eine Ahnung von der Weite des noch unerschlossenen harmonischen Kosmos geben.

3.4 Exemplarisch: Vom Kadenzpattern zum Stück

Kehren wir noch einmal zur Dur-Kadenz zurück. Ohne jegliche Erweiterung kann sie als harmonisches Modell den gesamten Verlauf eines Liedes – vornehmlich aus der Popularmusik – unterlegen. Ein solches Modell, das im Unterricht regelmäßig zum „Klassenhit“ wird, sei hier wiedergegeben, weil es erstens demonstriert, wie einfach Mehrstimmigkeit zu inszenieren ist und zweitens solmisierte Kadenzformel, Song, Übung und Musiziersituation miteinander verbindet[37].

Am Anfang steht nur dieses dreistimmige Modell (die Singepraxis lässt eine Lage in *F* als günstigste erscheinen):

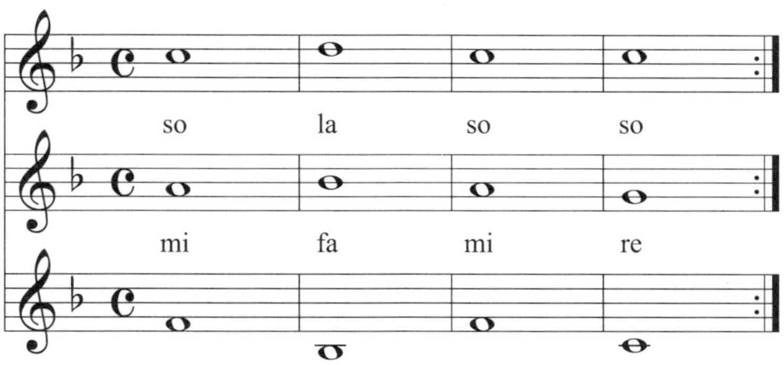

Rhythmisiertes Akkordpattern

Dieses akkordische Modell bauen wir von unten nach oben stimmenweise zusammen, bevor wir ihm einen durchlaufenden Rhythmus geben:

[37] Weitere im Unterricht erprobte Beispiele sind im Kapitel IV, 3. „Stück-Werk“, S. 103 ff. aufgeführt.

Strophe

Dieser einfache kadenzielle Verlauf bildet nun den durchlaufenden Grund für einen Song, dessen ebenso einfache wie pfiffige Melodie wirklich jeder kennt:

Refrain

Jede der drei Strophen benötigt einen wiederholten Durchlauf des harmonischen Modells, ebenso der jeweils vor bzw. nach jeder Strophe folgende Refrain:

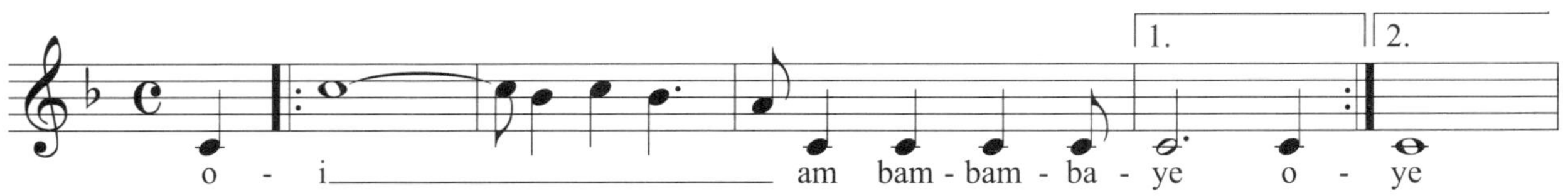

Unisono-Pattern

Ein dem Original entsprechender Unisono-Einschub sei hier ebenfalls mit angegeben; er unterbricht unser Akkordpattern und mit ihm die recht hohe Singelage für die Oberstimme:

In unserem Unterricht setzen wir diese Einzelbausteine schließlich zu der folgenden Liedform zusammen: Die Klasse bildet drei Gruppen, eine übernimmt die Unterstimme des harmonischen Modells, die andere die Mittel- und die dritte die Oberstimme. Jede dieser drei Gruppen ist in sich noch einmal zweigeteilt, je eine Hälfte singt die Liedstrophen, die andere den Refrain. Während der Strophen singt die andere Hälfte ihre Stimme des harmonischen Modells und wenn sie in den Refrain einsteigt, übernimmt die nun freie Hälfte die Harmonik.

Auf diese Weise entsteht ein ansprechender Gesamtformverlauf, der hier als Grafik wiedergegeben ist. Je nach Situation können Veränderungen vorgenommen werden: Die Dreistimmigkeit des harmonischen Modells kann auch auf zwei Stimmen reduziert werden, indem die obere entfällt. Natürlich ist die originale Silbenunterlegung der Harmonietöne typisch für den Charakter des Stückes; die Erfahrung in der Praxis hat aber gezeigt, dass Schüler, die das harmonische Modell mit den Solmisationssilben gelernt hatten, am Ende ebendiese der eleganteren Originaltextur vorzogen.

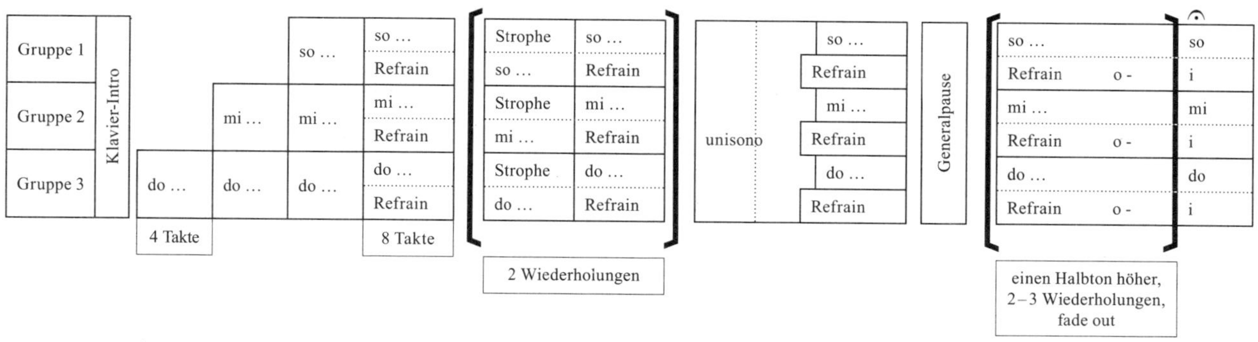

3.5 Musizierszene „Improvisation"

Blues-Style

Weitere authentische Modelle finden wir im 12-taktigen Bluesschema oder mit dem folgenden 16-taktigen Pattern. Beide vermögen mit nachträglicher Rhythmisierung und stiltypischer Silbenunterlegung zu echten vokalen Musiziersituationen anzuregen:

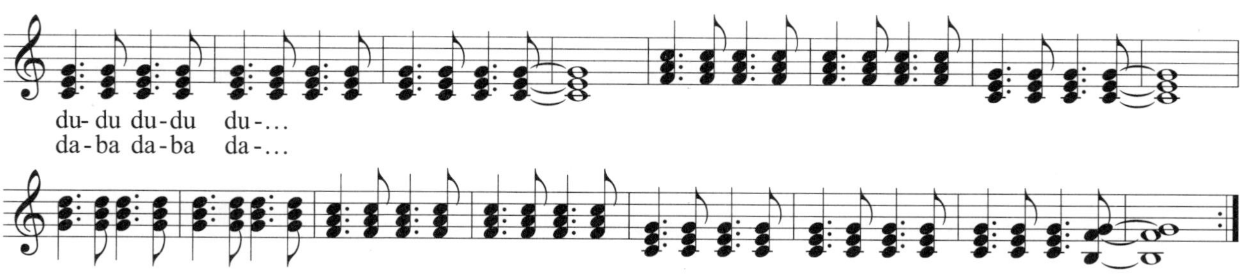

Zu diesem gemeinsam erarbeiteten harmonischen Strophengrund habe ich in einer sechsten Klasse im Blues-Stil auf freie Lautsilben selbst improvisiert und damit ausgelöst, dass sich dann mehrere Schüler mit solistischen Improvisationen aus dem akkordischen Klassenverband zu lösen wagten.

Klangfeld

Etwas Ähnliches können wir auch mit einer ganz anderen mehrstimmig vokalen Improvisationsform erleben: Wir lassen die harmonisch-funktionalen Zusammenhänge und sogar den diatonischen Tonvorrat hinter uns und gehen nur noch vom gesungenen Laut aus. Als Klangmaterial stehen alle konkreten Tonhöhen und -dauern zur Verfügung, zusätzlich wurde als Lautqualität ein oder auch ein zweiter Vokal definiert. Dank ihrer stimmlichen Aufgeschlossenheit konnten die Schüler nach ersten noch befangeneren Versuchen mit der ungewohnten Materialität zu Clusterbildungen und -bewegungen finden, die sie als klangliches Resultat selbst faszinierten. Eine konkrete Klanginszenierung sei hier als Beispiel und Anregung skizziert, in unserem Fall war sie ein Baustein einer Folge von Aktionen:

Wichtig war uns bei dieser Klangaktion, dass zuerst ein homogener Einklang gefunden werden konnte, der als Klang im Raum stand, ohne sich unfreiwillig zu bewegen, sei es durch Farb- oder Intonationsschwankungen. Von hier aus sollte sich jeder zu einem von ihm frei gewählten Zielton bewegen, der dann für eine Zeit auszuhalten war, sodass sich in der Gruppe eine Klangsäule aufbaute. Wichtig war mir im konkreten Fall auch eine fast unmerklich langsame, nicht koordinierte Annäherung jedes Einzelnen an seinen Zielton und eine ebensolche Rückkehr zum gemeinsamen Ausgangston.

Je nach Situation und Intention kann eine dirigentische Gestik lenken, koordinieren, Tempo und Dynamik stützen und die Klangformung beeinflussen oder aber Einzelaspekte freilassen. Auch kann sich der Lehrer auf die Rolle des Hörers und Beobachters einer von Schülern selbst inszenierten und koordinierten Aktion zurückziehen. Oft sind es die Schüler selbst, die neue Spielarten entdecken und ausprobieren möchten.

Derartige Klangaktionen sind nicht neu, längst haben didaktische Konzepte zur Neuen Musik auf solche methodische Möglichkeiten hingewiesen. Ihre Umsetzung aber musste scheitern, solange die jungen Menschen, die diese Umsetzungen leisten sollten, nicht an jene Grundkompetenz herangeführt waren, mit denen diese Aktionen rechneten, nämlich Singen.

4. Noten lesen – oder: Der ganze tonale Raum öffnet sich

4.1 Lesen

Bislang haben wir in unserem Unterricht immer wieder dasselbe Muster bemüht: Ein klangliches Phänomen wird gehört, im auditiven Gedächtnis gespeichert und hernach mit der Singstimme wiedergegeben. Das gesungene Resultat seinerseits ist wiederum ein Hörreiz, der von Neuem aufgefasst, gespeichert und mit dem bereits vorhandenen Speicherinhalt verglichen wird, eine erneute vokale Wiedergabe bestätigt oder gegebenenfalls umformt.

Je nach Defiziten musste vom Lehrer eingegriffen und korrigiert werden, um den in Gang gekommenen Regelkreis aufrecht zu erhalten und vor eigendynamischer Veränderung oder – im naturwissenschaftlichen Sinne – chaotischer Tendenz zu schützen. Ein genaues Beobachten des individuellen Lernverhaltens und seiner Resultate konnte aufzeigen, wo im gegebenen Falle die Defizite zu lokalisieren waren: Hörungenauigkeiten, Flüchtigkeit des Speicherns oder Wiedergabeprobleme mit physiologischer oder auch psychischer Ursache. Je genauer die Probleme einzukreisen waren, desto gezielter und effizienter konnte die Hilfestellung greifen. Lediglich an einigen Stellen sind wir aus diesem Regelkreis oder „Lernloop" herausgetreten, um nach wiederholtem Dreischritt von Hören, Speichern und Machen innezuhalten und dem Klangphänomen einen Namen zu geben. Wie der Name einer Person oder die Bezeichnung eines Gegenstandes war in jeder weiteren Regelkreisschleife dem erinnerten Klangphänomen der Fachbegriff mitgegeben, der sich mehr und mehr mit dem Hörreiz verknüpfte.

In den Lernloop Hören – Speichern – Machen greifen Bilder

Auch die Einführung der Notenschrift, vorerst beschränkt auf das Lesen von Musik, folgt diesem Prinzip und soll nichts anderes sein als eine Erweiterung des inzwischen automatisierten Lernloops Hören – Speichern – Machen. Auch jetzt wird an einer bestimmten Stelle dem intakten Lernloop eine neue Information mitgegeben, welche sich künftig mit der erinnerten Klanggestalt verknüpft und – im Idealfall – allmählich mit ihr verschmilzt.

Gehen wir noch einmal zu unserem allerersten Übungsbeispiel zurück. Es gehört längst zum Repertoirebestand, wenn eines Tages an der Tafel dieses Notenbild erscheinen wird:

Die Solmisationssilbe füge ich erst hinzu, nachdem sich die Schülerinnen und Schüler einen Moment lang mit dem Bild auseinandergesetzt haben. Zudem bedarf es noch des Hinweises auf Linie und Zwischenraum als die beiden grundsätzlichen mögliche Positionsqualitäten einer Note und den stetigen Wechsel beider im diatonischen Auf- und Abstieg. Jetzt ist es für die Schüler möglich, den zweiten und dritten Ton als *re* und *mi* zu erkennen und mit beiden Tönen auch den absteigenden Schluss zu bezeichnen. Weil aber die Bezeichnung der Töne in unserem Unterricht von Anfang konsequent ans klingende Phänomen geknüpft war, assoziiert die jetzt gegebene Folge von Solmisationssilben im Hörgedächtnis eine klingende Gestalt und dies ist der eigentliche Lesevorgang – nicht nur von Musik: Das visuelle Zeichen wird im Kopf in ein akustisches Signal übersetzt.

Noten lesen bringt nun also unseren Lernloop ohne den bislang konkreten Hörreiz in Gang; die Hörvorstellung entsteht jetzt aus dem visuellen Zeichen heraus. Erst ihre vokale Konkretion nimmt die ursprüngliche Regelkreisschleife wieder auf. Auch jetzt wirkt das klangliche Resultat zurück in die Hörvorstellung und wird im Kopf mit dem gedachten Hörbild, zugleich aber auch mit dem notierten Bild verglichen, welches das Hörbild erst ausformte. Im Idealfall beginnt unser Lernloop, allmählich eine visuelle Parallele auszuprägen und damit gleichsam wie ein Schattenwurf abzubilden, was bislang allein auf auditiver Sinnebene ablief.

Visualisierende Parallelbildungen sind für die Schüler nicht gänzlich neu, schon unser Tafelbild zur Dur-Leiter im gebrochenen Terzenaufbau war eine solche visuelle Parallele[38]. Sie ersetzte noch nicht den Hörreiz, sondern begleitete ihn, um zu ordnen, was für die auditive Verarbeitung zu komplex erschien; sie bildete noch keine Notenschrift aus, sondern visualisierte, was den Schülern bereits vertraut war, nämlich die an einzelne Töne gebundenen Silben und damit Tonorte im Leiterystem. Visualisierende Parallelbildungen begleiteten uns aber auch schon jenseits schriftlicher Fixierung: Die gestische Unterstützung wie etwa ein vom Arm gezeichneter Schwungkreis zum auf- und absteigenden Dreiklangsbogen war bereits eine solche Visualisierung. Neu ist nun das Zeichensystem, das als „punctus" notiert, was eigentlich Dauer hat, aber doch mit der Reihung einzelner „puncti" einen gestischen Zusammenhang abbildet: Schon unsere Dreitonübung zeigt Auf- und Abwärtsbewegung und vermittelt damit das Bild eines Bogens, unmittelbar, noch ohne Kenntnis der Zeichenbedeutungen im Einzelnen. Es ist aber auch ein System, das dank seiner einzelnen „puncti" jenen Decodierakt fordert, den treffend der lateinische Begriff „legere" benennt, nämlich das Zusammenfügen der „puncti" und ihrer Lautungen im Einzelnen, wofür es der Kenntnis ihrer klanglichen Bedeutung innerhalb der tonalen Ordnung bedarf. Repräsentierte unser Solmisationssystem bislang stetig eine solche tonale Ordnung, ist es nun der Brückenschlag zwischen Klang und Zeichen.

Einen solchen abstrahierteren Leseakt fordert bereits die folgende Aufgabenstellung: An der Tafel erscheint nicht mehr die vorige Notation unserer Dreitonübung mit ihrem gestalthaften Suggestiv des auf- und absteigenden Gesamtverlaufs, gegeben sind jetzt nur noch diese drei Töne:

[38] S. S. 45.

Den ersten erkennen wir wieder als *do*. Von ihm ausgehend zeichne ich per Fingerzeig zunächst Ton für Ton unsere vorige Übung nach, die Schüler singen einzeln oder gemeinsam entlang meiner Zeigefolge. Auf diese drei Töne beschränkt folgen – immer ab *do* – beliebige Tonreihen mit gleichem Diktatmuster, anfangs noch auf Sekundschritte beschränkt, hernach erst mit Sprüngen.

Das Lesen von Musik changiert unablässig zwischen beidem, gestalthaftem Erfassen und Decodierung des Einzelzeichens, und beides sieht unser Notationssystem vor. Die stetige Dualität zwischen beiden Ebenen fordert die Ausprägung zweier Lesequalitäten, die ich hier als deduktiv und induktiv einander gegenüberstellen möchte[39]. Vom erkannten Gestaltganzen führt im einen Falle die Leserichtung ins konkretisierende Detail, konkrete Einzelzeichen verbinden sich im anderen Falle in der Lesefolge zur klanglichen Geste oder Gestalt. Beide stetig ineinandergreifenden Lesarten erscheinen mir notwendig und spezifisch für die tonale Musik. Und es ist sicher kein Zufall, dass sich unser Notensystem musikgeschichtlich entlang der Tonalität entwickelt hat und an sie letztlich im weitesten Sinne gebunden blieb.

Das Ziel aller unserer Leseaufgaben ist die klangliche Umsetzung eines Bildes, ebenso wie es das Kind mit seinen ersten Leseversuchen intuitiv tut. Und auch das Kind wird nach dem erstem Erkennen der gesamten Wortgestalt immer wieder von ihr aus zum Einzelzeichen zurückkehren, den Entdeckensprozess zurückverfolgen und wiederholen, um ihn zu festigen. An keiner Stelle wird sich aber das Kind zuerst Gedanken machen über Schriftart oder -größe, über Darstellungsform oder Aufmachung des geschriebenen Wortes. Wenn wir im Unterricht beginnen, Noten zu lesen, zielen auch wir auf die klangliche Umsetzung des geschriebenen Textes und berufen uns wie das Kind beim ersten Leseakt auf nichts anderes als unsere musikalische Spracherfahrung, unser musikalisches – oder besser: tonales – Alphabet. So wenig das lesende Kind das Schriftbild analysiert und beschreibt, so wenig tun wir dies mit dem Notenbild. Weder der Notenschlüssel ist an dieser Stelle für die Decodierung relevant, noch die Fünflinigkeit unseres Systems. Beides ist präsent und wird mit erfasst, steht aber (noch) nicht im Vordergrund, schon gar nicht als Benennungs- oder Erklärungsgegenstand. Erst an der Stelle, an der Zeichen und Symbole für unseren unmittelbaren Transferakt zwischen Klang und Zeichen relevant werden, werden auch ihre Benennungen, Eigenschaften und Bedeutungen für den Schüler relevant und deshalb schnell und nachhaltig gelernt.

Lesen ist Umsetzen in Klang

Mit dem Wissen um die figurale Abbildungsqualität der Notenschrift einerseits und ihrer formalen Abstraktion andererseits erweitern wir allmählich unseren Tonbereich analog zu unserem Unterrichtseinstieg am Schuljahresbeginn. Nach und nach ist der Oktavraum inklusive seiner beiden Nebentöne erschlossen und dieser Tonraum reicht für längere Zeit aus, um Lesen zu trainieren. Noch bleiben wir im vorzeichenlosen Stammtonbereich. In dieser Zeit erhalten die Schüler eine Sammlung progressiver Leseübungen, die immer wieder im Unterricht herangezogen werden und auch häusliches Üben ermöglichen[40]:

[39] Im Decodierakt spiegelt sich das Verhältnis von figuraler und formaler Repräsentation.

[40] Das Leseprogramm „Noten lesen“ ist vollständig enthalten im Schülerheft.

Ist der erschlossene Tonraum allmählich für alle zuverlässig lesbar, erweitern wir ihn um einen Ton nach unten: Der Ton *la* und mit ihm der Transfer nach Moll kommt hinzu. Wieder analog zur Einführung des klanglichen Phänomens erscheinen Leseaufgaben vorerst noch ohne Alterationen, nach und nach kommen der Leitton und die erhöhte Sext dazu. Noch immer nicht sind lange Erklärungen zur Alteration relevant fürs Lesen in dieser Tonart. Dem Schüler genügt das Kreuzzeichen, um *si* und *fi* zu erkennen und ihren Klangzusammenhang zu assoziieren:

12.

15.

4.2 Schreiben

Schreiben kehrt den Leseprozess um

Kommen wir noch einmal zurück zu unserem ursprünglichen Lernloop Hören – Vorstellen – Machen. Als Idealfall habe ich die Ausprägung eines zum Hörbild parallelen visuellen Vorstellungsbildes bezeichnet, das immer selbstverständlichere Aufeinanderbeziehen von Hör- und Lesegestalt. Unsere Aufgabe als Lehrende ist es, diese parallele Visualisation immer wieder neu anzuregen und beide Ebenen stetig aufeinander zu beziehen. Indem es eines Tages gelingt, vom Hör- aufs Schriftbild zu schließen, kommen wir unversehens vom Lesen zum – vorerst gedachten – Schreiben von Musik.

Schon eine einfache stimmbildnerische Übung wie etwa der auf- und absteigende Dur-Dreiklang kann zwischendurch die Frage aufwerfen, wie denn die gesungene Gestalt wohl notiert aussähe. Ob diese Frage mit der Beschreibung der einzelnen Tonpositionen im Notensystem bereits beantwortet ist oder schon zur ausgeführten Notation an der Tafel führt, mag der Lehrer situativ entscheiden. Wichtig erscheint mir aber, dass immer klingend notiert wird. Die Frage nach der visuellen Gestalt hätte also auf eine Ausführung in *C* zu folgen, wenn wir vorzeichenlose Notation anstreben.

Vergegenwärtigen wir uns die schülerseitige Lösungsversuche unserer Aufgabe, so wird klar, dass der jetzt beginnende Akt des Schreibens von Musik eine neue Reflexionsebene ihres Zeichensystems fordert. Relevant wird insbesondere die Entscheidung über die einzelnen Tonorte im Liniensystem; wo es für den gedachten oder realen Notationsprozess nötig wird, kommen neue Begriffe hinzu. Beispielsweise ist nun die Position unseres Grundtons *do* nicht mehr einfach nur wahrzunehmen und zu akzeptieren, sie muss vom Schüler im Akt der Notation selbst entschieden, gleichsam definiert werden. Hierfür ist es hilfreich, den Begriff der unteren Hilfslinie einzuführen, vielleicht auch die aufwärts durchnummerierte Bezeichnung der Linien und Zwischenräume. Weiterhin aber gilt das Prinzip, nur die Benennungen einzuführen, die sich aus der Aufgabenstellung notwendig ergeben.

Das Schreiben von Noten ist eine graphische Zeichensetzung zwischen dem Schreiben von Buchstaben einerseits und dem Zeichnen von Dingen andererseits. Der Schüler lernt, Zeichen zu Papier zu bringen, die er zuvor noch nicht kannte und noch nie notiert hatte. Deshalb hängt die Fertigkeit zur eigenen Notation von Musik direkt von der Fertigkeit des Schreibens und Zeichnens überhaupt ab. Jeder weiß, wie viel Zeit allein während der Grundschulerziehung und noch in den ersten Unterrichtsjahren der weiterführenden Schule investiert wird, um die Kulturtechnik Schreiben mühsam zu erlernen und zu trainieren. Für den Musikunterricht stellt uns das Schulsystem nicht annähernd so viel Zeit zur Verfügung, deshalb warte ich eher lange bis zu den ersten konkreten schriftlichen Aufgabenstellungen und kann dann auf fortgeschrittene Schreibfertigkeiten zurückgreifen.

Analog zur Sprache: Diktat

Die unmittelbarste und in Bezug auf das klangliche Phänomen sinnvollste Aufgabenstellung ist das Notendiktat. In demselben eng begrenzten Rahmen, von dem unsere ersten Singe- und Leseversuche ausgingen, beginnen wir nun auch mit der Niederschrift gehörter Tonfolgen, zunächst im Drei-, dann im Fünftonraum, später mit dem Tonvorrat der gesamten Stammtonoktav und ihren Nebentönen und schließlich nach Moll transferiert. Wie für das Lesen ist nun auch das Schreiben einerseits das Aneinanderfügen einzelner Tonereignisse, aber auch das Zusammenfügen tonal sinnvoller Einheiten und Motive. Diese in zweierlei Richtungen offene Aufmerksamkeit stellt nicht nur Anforderungen an das Hörverhalten und -bewusstsein unserer Schüler, sondern auch an unsere Diktiermethode – in der Regel vom Klavier aus und noch ohne Notenwerte.

4.3 Lesen mit Vorzeichen

Die Anordnung *do–mi–so–mi–do* wird immer einen auf- und absteigenden Durdreiklang ergeben; im Schriftbild wird immer dieselbe Notationsgestalt erscheinen – unabhängig von der absoluten Lage des Notats. Für uns als Sänger und auch für unsere Schüler ist diese Tatsache selbstverständlich, gehört doch die Transposition gleicher Klanggestalten zum stimmbildnerischen Grundhandwerkszeug. Und für uns als Lehrer, die wir übers Singen Musikalitätserziehung leisten wollen, liefert dieselbe Tatsache die Rechtfertigung für das relative Benennungssystem, das eine gleiche Klanggestalt immer gleich bezeichnet:

Kaum einem Schüler würde einleuchten, dieselbe Klanggestalt das eine Mal *c–e–g* zu nennen, das andere Mal aber *des–f–as* – schon gar nicht in einer Entwicklungs- und Übungsphase, die darauf bedacht ist, musikalische Figuren im Hörgedächtnis überhaupt erst anzulegen. So, wie wir Menschen und ihre Namen unverrückbar miteinander verknüpfen, auch wenn wir sie an einem anderen Ort und vielleicht nach Jahren erst wieder erkennen, ebenso müssen musikalische Gestalt und Benennung jederzeit verknüpft und aufeinander bezogen bleiben.

Damit wird die Lesefähigkeit, die die Schülerinnen und Schüler im Stammtonraum erwerben, auf alle Tonarten übertragbar. Oder anders ausgedrückt: Noten lesen ist in allen Tonarten so einfach wie im vorzeichenlosen *C*. Vergleichen wir dazu zwei Notationsbeispiele:

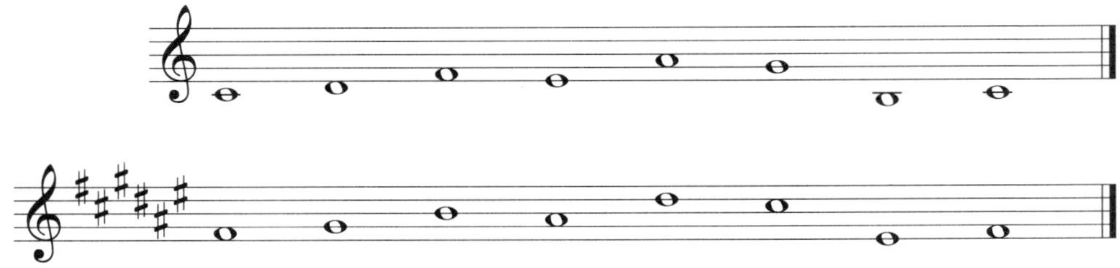

Lesen als ein stets grundtonbezogener Akt

Beide Notate beginnen mit dem Grundton ihrer Tonart, beide enthalten ausschließlich leitereigene Töne und beide Verläufe sind – bezogen auf ihren Grundton – absolut identisch. Die entfernte Tonart *Fis* ist also lesegleich zum vertrauten *C*.

Hier wie dort gilt: Alle Töne sind dem Dur-Tonvorrat entnommen, den unsere Schüler als diatonische Reihe von *do* aus erkannt und verinnerlicht haben. Leiterfremde Töne würden im Textverlauf per Akzidenz besonders angezeigt. Aber auch die Benennung von leiterfremden Töne bleibt mit dem gelernten Muster identisch, wie das folgende Beispiel zeigt:

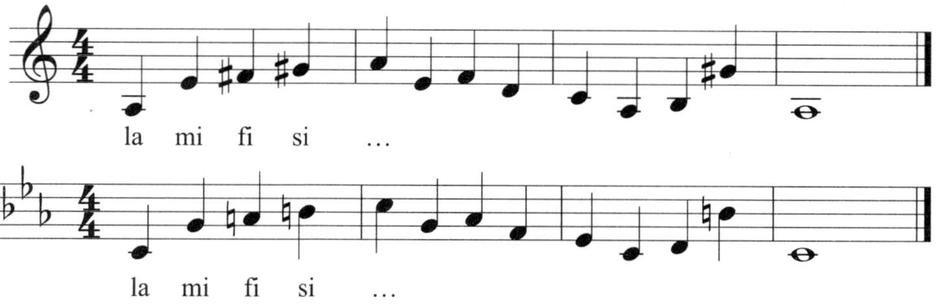

Identisch bleibt auch der Transfermodus zur Mollparallelen und ebenso zu den Modi. Das Einzige, das der Schüler wissen muss, ist die Position des Dur-Grundtones *do* in Abhängigkeit von den gegebenen Vorzeichen. Wenn wir uns vorerst auf Tonarten bis zu drei Vorzeichen beschränken wollen, sind dies für ihn gerade einmal sechs „Lernsätze", mit denen ein großer Teil dur-moll-tonaler und modaler Sätze der Vokalliteratur lesbar ist:

Ein Kreuz: *do* steht auf der zweiten Linie 

Zwei Kreuze: *do* steht unter der ersten Linie 

Drei Kreuze: *do* steht im zweiten Zwischenraum 

Ein Be: *do* steht im ersten Zwischenraum 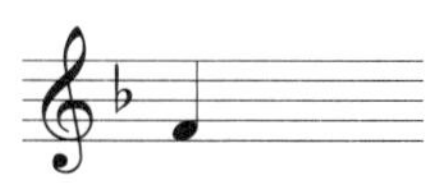

Zwei Be: *do* steht unter der ersten Hilfslinie 

Drei Be: *do* steht auf der ersten Linie 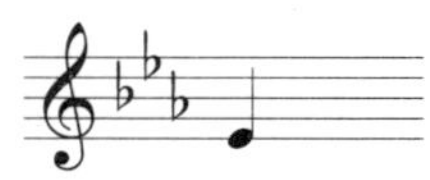

Die Kenntnis allein dieser sechs Konstellationen von Vorzeichen und Grundtonpositionen umfasst bereits den halben Quintenzirkel. Doch auch hier werden wir nicht zuerst systematisieren, sondern in der Praxis lernen. Erst wenn die beschriebenen Tonartenbilder selbstverständlich vertraut sind, macht es Sinn, weitere, vorzeichenreichere hinzuzunehmen. Erst wenn die Vorzeichen und die Ableitungen aller Tonarten voneinander thematisiert sind, lernen die Schüler auch den Quintenzirkel kennen und seinen Aufbau im Ganzen verstehen[41]. Wir widmen ihm sogar eine Seite im Schülerheft. Auf diese Weise wird er für die Schüler verfügbar und bleibt als Bild vor ihnen präsent.

---

[41] Konkretes dazu im Kapitel 4.5 „Quintenzirkel – oder: Das ganze Tonsystem wird lesbar", S. 73.

4.4 Exkurs: Warum relative Solmisation?

Auf diese Frage haben die vorigen Kapitel bereits wesentliche Antworten gegeben. Die Quintessenz ist die Identität von Klang, Notationsgestalt und Namen. Anders ausgedrückt: Was gleich klingt, sieht gleich aus und muss auch gleich heißen. Dieses auch wahrnehmungspsychologische Gebot haben wir zu respektieren, wenn wir junge Menschen „musikalisieren" wollen, wenn wir ihnen helfen wollen, musikalisches Gedächtnis und daraus entstehende Sprechfähigkeit anzulegen und wenn wir ihnen helfen wollen, „etwas als etwas" zu erkennen – also zu verstehen.

Gleiche Namen für gleiche Klanggestalten

Soweit die Sprache Musik eine tonale Sprache ist, liegt es für unsere Arbeit nahe, ein Benennungssystem heranzuziehen, das tonalen Speichervorgängen hilft, indem es den Gesetzmäßigkeiten tonaler Gestalten und ihrer Ordnung folgt. Es ist schon an anderer Stelle betont worden: Der Begriff *do* bezeichnet keine absolute Tonhöhe, sondern die Funktion „Grundton" oder genauer: „Bezugston". Erscheint etwa ein *re*, so impliziert diese Bezeichnung den Großsekundschritt zum Grundton hinab und repräsentiert das entsprechende Klangbild. Die Silbe *mi* suggeriert den Terzabstand zum Grundton hin und bildet die Dreiklangsmitte, impliziert aber auch leittönige Nähe zu *fa*, ebenso wie *ti* zum Grundton hinstrebt. Alle Silben sind letztlich aufeinander bezogen und bilden in den Köpfen unserer Schüler Klänge ab, nämlich das tonale Gefüge unseres dur-moll-tonalen und auch noch modalen Systems.

Besonders in Deutschland ist dieses Silbensystem immer wieder für ein entbehrliches musikpädagogisches Vehikel gehalten worden und auch ich selbst verhehle meine Geringschätzung über Jahre nicht. Andererseits haben Musikpädagogen mit alternativen Systemen versucht, eigene Schwerpunkte zu setzen – durchsetzen konnte sich keines[42]. Der Blick über die deutschen Kulturgrenzen hinaus nach Europa und Amerika muss unsere Vorbehalte relativieren, sind dort doch durchweg solmisierte Bezeichnungen gebräuchlich, und zwar eben nicht nur in der musikalischen Elementarerziehung, sondern auch auf der Ebene der musikalisch-künstlerischen Professionalität wie Filmmitschnitte von Leonard Bernsteins Orchesterproben oder Zoltán Kodálys Engagement für dieses Benennungssystem belegen. Bezeichnenderweise war es mit Edwin E. Gordon wieder ein Amerikaner, der es für die aktuelle Musikpädagogik auch hierzulande wieder ins Gespräch brachte.

Mit der bloßen Tatsache einer Kodifizierung des tonalen Bezugssystems wäre die relative Solmisation noch nicht hinreichend beschrieben, die einzelnen Silbenlaute blieben so immer noch willkürlich und damit austauschbar, was sie eben nicht sind. Vielmehr differenzieren sie sich gegeneinander aus und bilden sowohl aus harmonischer wie auch aus stimmbildnerischer Sicht sinnvolle Lautgruppen – auch wenn solches ursprünglich gar nicht intendiert war[43]:

Zunächst fallen die Vokalgleichungen der beiden Töne *do* und *so* auf; es sind die beiden Ecktöne des Tonika-Dreiklanges, denen gemeinsam der *o*-Laut zugeordnet ist, vielleicht wegen der lautlichen Affinität zur harmonischen Funktionsbezeichnung, vielleicht aber auch als Mitte der phonetischen Flanke des Vokaldreiecks zwischen *u* und *a*. Dagegen setzen sich die beiden Töne *fa* und *la* ab, sie konstituieren Subdominantgrundton und -terz. Mit dem weiten *a*-Klang weist die harmonisch nach unten gerichtete, dunklere Region auch als Lautqualität nach unten – Stimmbildner, Gesangslehrer und Chorleiter wissen um solche weitende, aber auch für

[42] Vgl. Heise 1986.

[43] Seinen Ursprung hat das System bei Guido von Arezzo. Die Silben waren nichts anderes als Versanlaute der stufenweise steigenden Phrasenbeginne seiner Johannes-Hymnus-Vertonung. Die Silbenfolge sollte den Sängern der Schola helfen, die Verstöne zu erinnern und so sicher zu intonieren. Später jedoch wurde das System modifiziert, neuerer ist etwa die Grundtonbezeichnung do.

tiefe Intonation anfällige Eigenschaften des *a*-Vokals. Den Gegenpol hierzu bildet der Leitton *ti* mit seinem hellsten und auch sängerisch höchstsitzenden Vokal. Der helle Hoch- oder genauer Vordersitz gibt ihm auch für die Gesangspädagogik jene wesentliche Eigenschaft, die ihn schon als Leitton auszeichnet, nämlich seine intonatorische Tendenz nach oben.

Vokalklänge stützen die tonale Ordnung

Wie der Leitton *ti* mit seiner vokalen Helligkeit die Durterz der Dominanten färbt, so tut dies auch der Ton *mi* für die Tonikaterz, im Umfeld also *o*-betonter Vokallautung. Unsere Terz ist aber auch der zweite Leitton in der Dur-Leiter, sodass die lautliche Analogie die funktionale Entsprechung bezeichnet. Letztlich weist die Analogie der Schritte *mi–fa* und *ti–do* auf die Identität beider Hälften der Dur-Leiter und wird später Ausgangspunkt, Katalysator gleichsam für das Verstehen des Quintenzirkels. Wenn wir uns an die gleichstimmige Kadenzversion erinnern und die dort unmittelbar am Klangbeispiel gelernte Stimmführungsregel der Dominantseptauflösung[44], so ist nichts anderes als die Umkehrung der Leittonfolge *mi–fa* bezeichnet. Auch hier ist die Vokalfolge nicht ohne Bedeutung: Die kleine Sept mit ihrer *a*-Lautung weist abwärts und dank des hellen Zielvokals streben beide Töne eng aufeinander zu, ziehen einander gleichsam an.

Noch einmal zurück zum Grundton *do*. Von ihm aus hellt sich die Vokalfarbe nach *re* und von hier aus noch einmal zum *mi* hin auf, so wird die spezifische Qualität der Durterz vokalklanglich unmittelbar gestützt. Dagegen führt der Dreischritt abwärts über *ti*, den engstens am Grundton liegenden Nebenton, und von hier aus zur Unterterz *la*. Dieser Dreischritt begegnete uns im Unterricht regelmäßig als Brückenschlag nach Moll. Die Engschrittigkeit zwischen Leitton und Grundton verkleinert nun Sekund und Terz und im Unterricht macht die Gegenüberstellung unseres Brückenschlages mit dem Beginn der Dur-Leiter problemlos die Differenzierung zwischen Groß- und Kleinsekund für die Schüler hörbar und über die Silbenbezeichnung nachvollziehbar[45].

Verlief unsere Molltonart mit dem Material der Dur-Leiter im konstanten Terzabstand, so wird auch der Begriff Parallele aus dem Phänomen heraus sofort greifbar, ebenso unsere Bezeichnung Tp für den parallelen Mollklang zur Tonika, die wir mit unserer Kadenzerweiterung um den Trugschluss einführten. In gleicher Weise sind die Vertreterklänge der übrigen beiden Hauptstufen ableitbar. Die Projizierbarkeit der dur-tonalen Harmonik auf ihre parallele Moll-Tonalität macht evident, dass Parallelität nicht mehr nur auf den Leiterverlauf und die Akkordik im Einzelnen bezogen bleibt, sondern auch komplexere melodische und harmonische Sinnzusammenhänge einschließt.

Sogar die besondere Struktur des Dreiklanges auf der siebenten Dur-Leiter-Stufe liegt nach dem Gesagten auf der Hand, enthalten doch beide übereinanderliegenden Terzen jeweils einen engen Leitton-Grundton-Schritt und erreichen so das Rahmenintervall aller anderen Dreiklänge nicht ganz: Wir dürfen es zwar Quint nennen, geben seine Besonderheit aber mit dem Begriff „vermindert" an. Einfachst sichtbar wird dank unserer Silben auch, dass die bloße Zufügung des Tons *so* unseren verminderten Dreiklang zum Dominantseptakkord vervollständigt.

Das Solmisationssystem hat nicht nur den Brückenschlag nach Moll und seine Parallelität transparent, leicht ausführbar und verstehbar gemacht, sondern ermöglicht auch einen singepraktischen und kognitiven Transfer auf die modalen Tonsysteme. Hilfskonstruktionen, die mancher angehende Hochschulstudent noch für seine Aufnahmeprüfung heranziehen musste, werden entbehrlich: Dorisch – um nur ein Beispiel zu nennen – ist nicht Moll mit großer Sext, sondern dank seiner spezifi-

---

[44] S. S. 58.

[45] S. S. 48 f.

schen Finalis-Setzung auf *re* ein im Stammtonraum eigenes Tonsystem mit eigener, unverwechselbarer Charakteristik. Alle an Moll und Dur geknüpften Definitionen verkehren den musikhistorischen Entwicklungsverlauf, verschleiern das unmittelbares Erfassen modaler Strukturen und verhindern so letztlich auch authentische Rezeption dieser hochdifferenzierten Klangsprache.

Thema Handzeichen

Zum Schluss dieses Kapitels soll noch auf die Handzeichen eingegangen werden. Schon früh in der Entwicklungsgeschichte der relativen Solmisation sind den Silben Handgesten zugefügt worden, die im Moment der vokalen Ausführung tonweise das auditive Erinnern unterstützten und sogar eine koordinative Funktion übernahmen. In einer Zeit noch vor tonal genau fixierten Notaten haben die Handzeichen sicher auch als Notationsersatz gedient. Die Handzeichen sind später mit Kodálys Systematik wiederaufgenommen worden. Wir haben in unserem Unterrichtsansatz bislang auf Handzeichen verzichtet, sind aber dabei, in einer der Schule angeschlossenen Kinderstimmbildungsgruppe Erfahrungen mit ihrem Einsatz zu sammeln.

Für unseren Verzicht gab es bislang organisatorische, aber auch konzeptionelle Gründe. Zunächst sind die Handzeichen nichts anderes als ein Zeichensatz, der das tonale Ordnungssystem visualisiert. Analog zu den Solmisationssilben definiert jede Geste – oder genauer: Handstellung – einen Ton der Leiter und damit natürlich die Leiter im Ganzen. Die Intention ist, dass Schülerinnen und Schüler der gestischen Sprache allein folgen lernen und danach größere musikalische Zusammenhänge singen können. Die Erarbeitung eines solchen zusätzlichen Zeichensatzes und die Einübung seiner Anwendung kostet Zeit – hier liegt der erste organisatorische Grund für unseren Verzicht bislang. Die Hinzunahme der Handzeichen und ihre Einflechtung in unsere zentralen Lernloops bedeutete zunächst zusätzlichen Lernstoff und komplexere Lernvorgänge und damit einen zusätzlichen Zeitbedarf.

Visualisieren Handzeichen Klang, so sind sie letztlich der Notenschrift funktionsgleich; hier zeigt ein gestisches, dort ein grafisches Symbol Tonorte im tonalen System an. Noch mit Blick aufs schmale Zeitkontingent schien uns bislang sinnvoller, statt des gestischen Zwischenschrittes sogleich das grafische Visualisierungssystem heranzuziehen – zumal wir mit ihm das normierte klangliche Visualisierungssystem einüben. So, wie wir Noten lesen lernen, setzen wir den Schüler in den Stand, Klang unmittelbar aus dem Bild herzuleiten, ohne eine vermittelnde Person. Im Gegensatz zu deren Handzeichenverlauf besitzt die Schrift zudem eine Eigenschaft, die für unsere Arbeit fundamentale Bedeutung hat: Sie vermittelt den musikalischen Verlauf im Ganzen. Der Lesende sieht den nächsten Ton, er kann Binnengestalten wie etwa eine Dreiklangsbrechung vorweg erkennen und so tonale Gestaltzusammenhänge als solche im Hörgedächtnis formen. Die Bedeutung dieses Arguments verschiebt sich sicher, wenn wir mit Kindern vor dem Lesealter arbeiten. Und es sei hinzugefügt, dass hierhin eigentlich die Erziehung musikalischer Denk- und Sprechfähigkeit gehört, jedoch kaum stattfindet.

Thema Dirigat

Wenn unsere Arbeit in der beginnenden Sekundarstufe Stimmen aufschließen und schließlich an Vokalmusik heranführen soll, kommt der gestischer Visualisierung von Anfang an eine andere Funktion zu als die der Tonhöhendefinition: Sie muss energetische Bewegung und Zustände abbilden, singefunktionale Körpervorgänge und Artikulationscharaktere suggerieren, Dynamik und Tempo koordinieren, strukturiertes musikalisches Agieren organisieren – wir nennen es Dirigat. Gestische Visualisierung in diesem Sinne ist die Inszenierung der musikalischen Gestaltung und so, wie die Gestik eines Sängers ihre selbstsuggestive Kraft entwickelt, tut dies die dirigentische Gestik einer Lerngruppe gegenüber.

Man mag einwenden, die gestische Sprache sei sehr viel komplexer als tonhöhendefinierende Handzeichen und benötigte noch mehr Lernzeit. Indes wird hier kein eigener Zeichencode gelernt, sondern mit gleichsam natürlicher Gestik auf musikalische und singefunktionale Vorgänge stützend Einfluss genommen. Und wenn dann doch eines Tages als eigener Zeichencode Taktfiguren ins Spiel kommen, sind sie ein zweites Mal nicht Zwischenschritt, sondern wieder normierte gestische Organisation, die auch noch im sinfonischen Orchester gilt.

An dieser Stelle ist ein Wort zu unserer Methodenpraxis angebracht: Wenn dirigentische Gestik auf natürlicher Gestik gründet und das stützt, was der Schüler beim eigenen Singen an sich selbst erfährt und was er gelegentlich sogar selbst gestisch beim Singen mitvollzieht, dann liegt hierin die Möglichkeit, ihn gelegentlich selbst in die „dirigentische" Rolle zu setzen. Von Zeit zu Zeit sind es immer wieder einzelne Schülerinnen und Schüler, die sich vor die Klasse wagen, eine einfache Übung der Gruppe in Gang bringen, so ihre suggestive Wirkung auf die Gruppe ausprobieren und ein erstes Gefühl für das Wechselspiel zwischen Auslösen und Reagieren bekommen[46]. Nach einigen solchen, freilich angeleiteten Versuchen reagiert die Lerngruppe im Ganzen auf mein Dirigat wacher, sensibler und bewusster. Aber auch die Beobachtung etwa eines Chorleiters oder Kapellmeisters bei seiner Arbeit verändert sich. Und nicht zuletzt lernen die Schüler auf ein fremdes Dirigat zu reagieren, das sie dann unmittelbar betrifft, wenn sie sich in musikalischen Großprojekten der regionalen Kulturinstanzen wiederfinden.

4.5 Quintenzirkel – oder: Das gesamte Tonsystem wird lesbar

Wir haben bereits einen Blick auf die Identität der beiden Dur-Leiterhälften geworfen. Eines Tages hören die Schüler vom Klavier die folgende Viertonreihe und sollen die Töne bestimmen:

Die Entdeckung gleicher Leiterhälften

Die meisten Schüler werden die Tonreihe spontan als Folge *do – re – mi – fa* identifizieren. Sowie ich mich mit der gefundenen Lösung nicht zufrieden zeige, kommt ein weiteres Mal schülerseits der Vergleich dieser Viertonfolge mit dem in der Vorstellung gespeicherten Leiterverlauf in Gang. Nach wenigen Momenten erneuten „Abhörens" wird ein Schüler sie als *so – la – ti – do* erkennen. Und wo der Gestaltvergleich im Kopf diese zweite Leiterhälfte nicht schnell erkennen mag, können wir helfen, indem wir für die Schüler die zur Frage stehende Gestalt auf dieselbe Weise verstärken oder bezeichnen, wie wir es immer taten: mit unserer Harmonisierung am Klavier. Sie weist eindeutig auf die Unterschiede hin, die unsere Viertonfolge als Leiterbeginn oder -schluss auszeichnen:

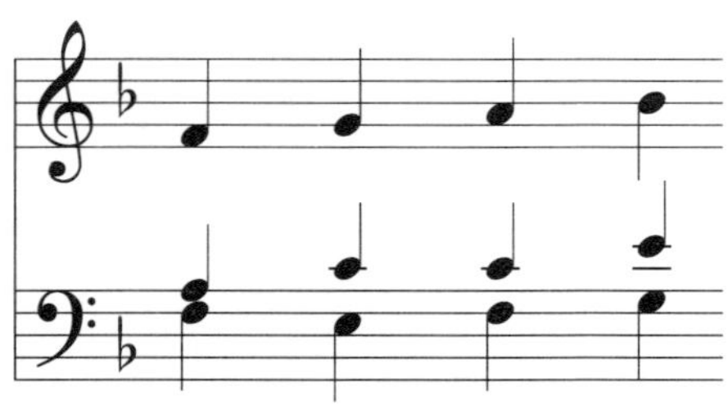

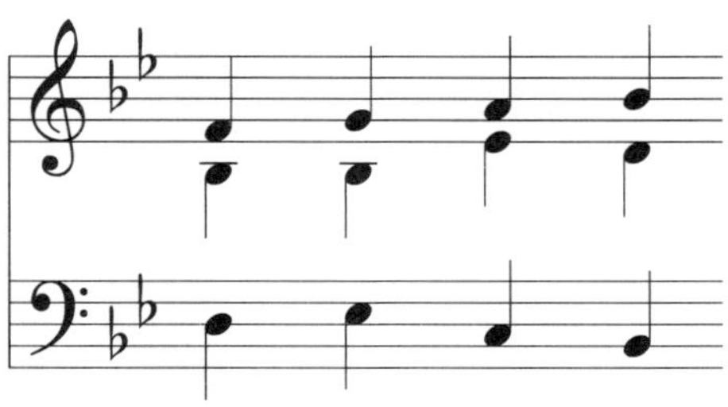

Den Schülern wird klar, dass die beiden Viertonfonfolgen unserer Dur-Leiter identisch sein müssen, die Dur-Leiter also aus zwei gestaltgleichen Hälften besteht. Dem Lehrer bleibt es überlassen, bei dieser Gelegenheit den „Tetrachord"-Begriff

[46] S. im Kapitel IV, 1.2, „Singesituationen", S. 99.

als Arbeitsbegriff einzuführen. Der Gestaltgleichheit beider Hälften ist zu verdanken, dass eine neue Dur-Leiter auch mit dem bislang zweiten Tetrachord beginnen, eine andere dagegen mit dem bislang ersten enden könnte. Und unser Solmisationssystem trägt dazu bei, dass die Schülerinnen und Schüler musiktheoretische Sachverhalte aus unmittelbarer Klangerfahrung verstehen können:

Nehmen wir zuerst die zweite Leiterhäfte *so–la–ti–do* und ergänzen sie um weitere vier Töne bis zur vollständigen Leiter. Was entsteht, kennen wir bereits als mixolydischen Modus. Wir singen – der Lage wegen nach unten transponiert – einige Male diesen Modus und benennen dann denselben Leiterverlauf um: *so* wird *do*. Die Schüler merken schnell, dass der vorletzte Ton, das vorige *fa*, nicht mehr als neues *ti* brauchbar ist. Wohl aber wäre die neue Leiter von *so* aus als Dur-Leiter singbar, wenn aus *fa* das uns längst geläufige *fi* würde. Es wird klar: Wenn aus der zweiten Leiterhälfte ein neuer Leiterbeginn entstehen soll, bedarf es der Erhöhung des neuen siebenten Tones. Den Übergang von der ursprünglichen Stammtonleiter zur neuen kann ein Tafelbild als Prozess entwickeln:

Derselbe Vorgang kommt auch in umgekehrte Richtung in Gang: Unser ursprünglicher Leiterbeginn als neuer Schluss fordert die Ergänzung abwärts bis zum Ton *fa* und auch diese Leiter kennen die Schüler bereits, nämlich als lydischen Modus. Die Umbenennung ihres Anfangstons nach *do* exponiert jetzt den vierten Leiterton als „Fremdkörper“. Er wäre in der neuen Leiter *fi*, ist also zu hoch. Jetzt gilt: Wenn aus der ersten Leiterhälfte ein neuer Leiterschluss entstehen soll, bedarf es der Erniedrigung des neuen vierten Tones. Wiederum kann ein Tafelbild den Prozesss visualisieren. Mit der Stimme werden alle Schritte auch singend nachvollzogen.

Die neu entstandenen Tonarten sind den Schülern bereits bekannt, gelernt hatten sie unter anderem als „Leseschlüssel“, dass bei einem Kreuz *do* auf der zweiten Linie steht und bei einem Be im ersten Zwischenraum[47]. Neu ist jetzt die Begründung für den gelernten Sachverhalt. Aus dieser geht aber auch hervor, dass von jeder Dur-Leiter aus eine solche Ableitung möglich sein muss, und zwar mit der Gesetzmäßigkeit: Wird die zweite Hälfte der Leiter zum neuen Beginn, muss unser vorletzter Ton erhöht werden, im anderen Fall wird der vierte erniedrigt. Spielen wir diesen Vorgang in Aufwärtsrichtung einmal bis zu sechs Vorzeichen durch, so wird für die Schüler sichtbar, dass jedes neue Kreuz den jeweils siebenten Ton betrifft; alle bislang gültigen Vorzeichen bleiben erhalten.

Die Merk-Melodie

Als Merkhilfe für die Reihenfolge der Grundtöne des rechten Quintenzirkelbogen sei hier eine Klanggestalt vorgestellt. Ausgehend von der ursprünglichen Stammtonleiter gibt sie den Schülern eine schnelle Orientierung der neuen Grundtonpositionen. Und weil sie eine klangliche Übung ist, ist sie nicht allein als Zeichen- oder Begriffsfolge speicherbar, sondern als „Melodie“. Setzen wir unserem Singebeispiel alternativ auch noch den Grundton der ersten Be-Tonart voran, erhalten wir diese Gestalt:

Das Beispiel gibt nicht nur die Grundtonpositionen der neuen Tonarten an, sondern auch ihre Folge nach steigender Vorzeichenanzahl. Längst können die Schüler aber auch von jedem Stammton aus Intervalle bestimmen und benennen, die Quintfolge liegt so alsbald auf der Hand. Unterlegt das Klavier die entsprechenden Akkorde, so prägt sich die Melodie desto leichter ein[48]. Wir würden diese Formel oder „Eselsbrücke“ nicht einführen, fiele die Benennung ihrer Einzeltöne nicht aus der regelmäßigen Übepraxis ohnehin an. Für die Be-Tonarten liegt eine ähnlich einfache Formel leider nicht vor, da die relative Solmisation über *fa* hinaus zwar Benennungen vorsähe, diese jedoch nicht unserem praktischen Gebrauch entstammten.

Im Folgenden werden wir die Systematik des Quintenzirkels verlassen, da es hier nicht um eine umfassende Darstellung gehen sollte, sondern um jene besonderen Punkte, an denen das relative Benennungssystem ein Herangehen und Verstehen ermöglicht, das stets den Bezug zur Hörvorstellung, zur auditiven Repräsentation heranzieht und behält.

4.6 Exkurs: „Und wann kommen die ‚richtigen‘ Tonnamen?“

Die Antwort auf diese Frage ist einfach: Ehestens jetzt. „Ehestens“ will Entbehrlichkeit andeuten. An keiner Stelle wären bislang diese „richtigen“, also die absoluten Tonbezeichnungen für unsere musikalitätserziehende Arbeit nötig, dringend oder vorteilhaft gewesen. „Ehestens“ hat aber auch eine temporale Bedeutung. Frühestens jetzt, mit unserer systematischen Analyse des Quintenzirkels also, nähern wir uns absoluten Tonart- und damit Tonbezeichnungen. „Ehestens jetzt“ will aber auch ausdrücken, dass hier nicht polarisiert werden soll, sondern Verknüpfungen dort aufgezeigt werden sollen, wo sie fürs Verstehen des Phänomens hilfreich sind.

---

[47] S. S. 69.

[48] In leicht veränderter Gestalt verwendet der SWR diese Tonfolge als Signet für sein zweites Hörfunk-Programm.

Für unseren vokalerzieherischen Zugang, für den Aufbau eines vitalen tonalen Gedächtnisrepertoires und für das Erschließen und Verstehen tonaler Zusammenhänge hat sich in unserer Praxis das relative System sehr bewährt, weil es unabhängig vom gerade eingenommenen Ort innerhalb der chromatischen Skala tonale Bezüge in den Vordergrund stellt. Absolute Nomenklatur dagegen definiert stets zuerst den Ort jedes Tones im chromatischen Total, sein tonales Bezuggeflecht leitet sich erst mittelbar hieraus ab. Damit kommt sie der unmittelbaren Umsetzung auf einem Instrument entgegen, nicht aber der unmittelbaren vokalen Umsetzung. Für den professionellen Musiker verschmelzen später diese Unterschiede, für den elementaren Unterricht sind sie entscheidend: Im einen Fall sieht der Lernende in den Notenzeichen zuerst Ausführungshinweise wie etwa Fingersatzangaben, im anderen Fall hört er Tonzusammenhänge, Motive, Klanggestalt und leitet von ihnen aus die Ausführung ab. Vielleicht könnte man sogar sagen, dass das absolute Benennungssystem ein instrumentaltypisches, das relative ein spezifisch vokales sei – letzteres wiese damit direkt auf seinen Ursprung zurück.

Absolute Tonnamen verweisen auf Instrumente

Zwischen beiden Systemen gilt es zu vermitteln. Der Quintenzirkel gibt uns Gelegenheit dazu, vermittelt er doch letztlich zwischen tonalem Ordnungsgefüge und chromatischem Total. Er zeigt uns die allmähliche – in tonalen Schritten organisierte – Entfernung vom Stammtonraum. Beide Benennungen verfolgen wir parallel und mit der Klaviatur kommt uns eine dritte, visuelle zur Hilfe. Sie steht im Zentrum unserer Betrachtung, weil sie unmittelbar ans klangliche Ereignis gebunden bleibt, weil sie dessen zeitlichen Fluss „einzufrieren", also statisch darzustellen vermag und weil sie plastischer noch als das Notenbild die sukzessive Entfernung vom Stammtonvorrat darstellt: *fis* und *be*, *cis* und *es*, die neuen „anderen" Töne treten als schwarze Obertasten plastischer hervor als es ihre Akzidenzien im Notenbild signalisieren.

Das folgende Bild fasst mehrere Grafiken zusammen, die den Schülern mit dem Schülerheft vorliegen. Dort sind die Tonarten bis zu zwei Vorzeichen anhand der Tastatur mit beiden Benennungssystemen angegeben:

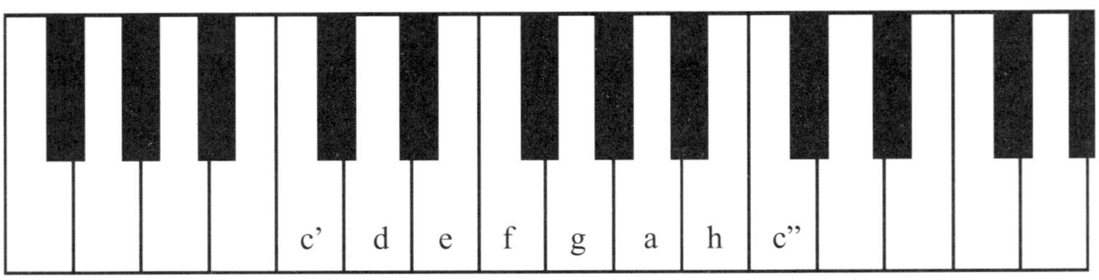

In *C*: do re mi fa so la ti do

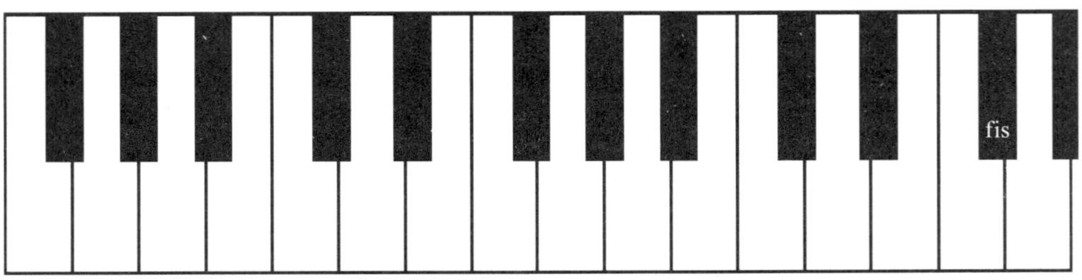

In *C*: so la ti do re mi fi so

In *G* (ein Kreuz): do re mi fa so la ti do

Das Ganze ist freilich wieder durch den gesamten Quintenzirkelgang durchführbar, in der Praxis genügt indes eine Beschränkung auf zwei bis drei Vorzeichen. Es ist unser stetes Anliegen, die Anzahl von Begriffen und Bezeichnungen möglichst überschaubar zu halten und dort, wo sie erscheinen, ans klingende Ereignis zu knüpfen. Deshalb genügt uns auch hier das vorerst beschränkte Tonartenrepertoire. Wichtiger erscheint uns, dass das begrenzte Begriffsrepertoire jederzeit begründet herleitbar sein soll. Aus dem Bild leitet sich hier die Bezeichnung „*G*-Dur“ unmittelbar ab.

Die Gegenüberstellung der beiden Benennungssysteme an der Klaviatur zeigt auch, dass G-Dur gegenüber C-Dur keine neue Art, sondern lediglich eine Transposition darstellt. Unterschiedliche Arten von Tonsystemen wären eigentlich Dur und Moll. Die sicher treffendere Bezeichnung für das, was wir üblicherweise Tonart nennen, findet sich mit dem englischen Begriff „key“: Letztlich ist es der Grundton, der das tonale Gefüge innerhalb des chromatischen Totals „entschlüsselt“.

Wir haben gesehen, dass das relative Solmisationssystem auch das Erkennen und Identifizieren von Intervallen leicht machte, und zwar vom Grundton wie von jedem anderen Leiterton aus; Grundlage blieb stets das tonale Gedächtnis. Abseits solchen Zuganges tun noch Oberstufenschüler und sogar Musikstudenten nichts anderes, wenn sie zur Intervallbestimmung den Brückenschlag zu tonalen Patterns wie Lied- oder Stückanfängen oder prägnanten Motiven suchen. Ins tonale Gefüge „relativiert“ bleibt die Intervallbestimmung etwa auch in *Fis* so einfach wie in *C*, *fis'–eis"* wird immer als *do–ti* und damit als große Sept erkannt werden. Sowie Vorzeichen an einen oder mehrere Töne angreifen und sie aus ihrer Leitereigenheit herausheben, verändern sie das differenzierende Attribut des Intervalls, niemals aber den Intervallnamen selbst. Auf diese Weise bedarf es – um nur ein Beispiel zu nennen – keiner langwierigen Halbtonzählung, um etwa *asas'–d"* im Schriftbild als doppelt übermäßige Quart zu identifizieren.

4.7 Nicht erst jetzt: der Rhythmus

In der Tat: Bislang war allein von tonaler Arbeit die Rede, nicht von rhythmischer. Diese Schwerpunktsetzung hat immer wieder zu Fragen und gelegentlich auch zu Kritik geführt, die wir ernst nehmen und auf die wir reagieren.

Die unterrichtspraktische Arbeit über Jahre hat mir immer wieder bestätigt, dass die jungen Menschen, die zu uns kommen, zum gesungenen Motiv ein völlig anderes Verhältnis als zum rhythmischen Pattern haben. Die Dreitonfigur unseres Einstiegs etwa ist nicht ohne Weiteres für jeden singbar. Das Klatschen oder Klopfen einer rhythmischen Impulsfolge gelingt leichter. Hier gibt es für die Hände etwas zu tun und Distanz zur persönlichen Innenseite ist in mehrfacher Hinsicht noch gewahrt: Es ist sichtbar, nach außen verlagert und vom Ausführenden selbst kritisch beobachtbar, zudem ist manuelles Tun aus dem Alltag vertraut. Vielleicht liegen hierin die Gründe, weshalb das auditive Gedächtnis unserer jungen Generation mit rhythmischen Phänomenen zunächst leichter umzugehen vermag als mit melodischen. Möglicherweise übt hier die allgegenwärtige Rhythmisierung unseres Alltages einen stärkeren Einfluss auf die Wahrnehmung aus als uns bewusst ist. Wenn wir aber unsere Arbeit als kulturerschließenden Auftrag ernstnehmen, so tut musikalische Erziehung gut daran, sich der historischen Entwicklungslinien bewusst zu sein. Ursprung und Keim dessen, was unsere abendländische Kultur über mehr als tausend Jahre entfaltete, ist das, was wir ehestens mit dem Begriff „Melos“ fassen können und was im gregorianischen Choral musikalische Ausdrucksform fand: die Verschmelzung der beiden Kategorien Rhythmus und Melodie zu einer vom Sprachfluss ausgehenden Ganzheit.

Wir sind weit davon entfernt, Tonalität und Rhythmus gegeneinandner ausspielen zu wollen. Die rhythmische Arbeit geht mit unserem tonalem Lernen immer ineins und auch mit unserem konsequenten Fokus auf Tonalität ist der Rhythmus beileibe nicht nur „Anfallprodukt“. Schon allein als Aktion in der Zeit ist tonale

Artikulation untrennbar an Rhythmus geknüpft. Indes steht der Rhythmus in unserem Unterrichtsansatz selten isoliert im Vordergrund, weitgehend bleibt er ans Melodische geknüpft.

Tonalität und Rhythmus folgen denselben Gesetzen des Lernens

Wie sensibel und grundlegend Melodik und Rhythmus einander bedingen, weiß jeder Sänger und jeder Chorleiter, wenn er die Intonation über den metrisch-rhythmischen Fluss beeinflusst und zu korrigieren versucht. Aber auch dort, wo rhythmisierte Atemimpulse der klanglichen Arbeit vorausgehen, sind sie nicht selbstbezogene Rhythmusübung, sondern letztlich Funktional für das nachfolgende Singen.

Wo nötig und möglich, nutzen auch wir jederzeit die Systematik rhythmischer Strukturierung, wie sie zur tonhöhenordnenden Qualität der relativen Solmisation parallel läuft. Alle rhythmischen Unterteilungen stehen in Relation zum „beat"– E. Gordon spricht vom Verhältnis zwischen „macrobeat" und „microbeats"[49]. Analog zur tonalen Relativität, die nicht die absolute Tonhöhe in Blick nimmt, sondern das Bezugssystem innerhalb einer tonalen Ordnung, definiert die rhythmische Solmisation nicht Tonlängen, sondern Impulsorte in Bezug auf den Grundschlag, den „macrobeat". Er muss nicht notwendig mit dem vorgezeichneten Taktschlag identisch sein, sondern ist oft ein Vielfaches des vorgegebenen Grundwertes – jeder kennt aus einer Vielzahl von Kompositionen den musikalisch zusammenhangstiftenden Sinn solcher metrischen Großformatierungen.

Diesen Grundschlag bezeichnen wir als „du", seine einfache Unterteilung als „de". Dazwischenliegende, also aus weiterer Unterteilung entstehende Impulse erhalten die Bezeichnung „te". Dieses System differenziert nicht nur nach Länge, sondern auch nach Betonungsqualität, wie das folgende Beispiel zeigt:

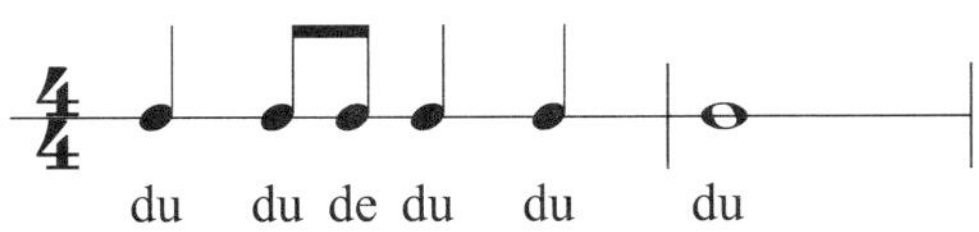

Veranschlagen wir als „macrobeat" den doppelten Wert, so liest sich derselbe Rhythmus noch differenzierter:

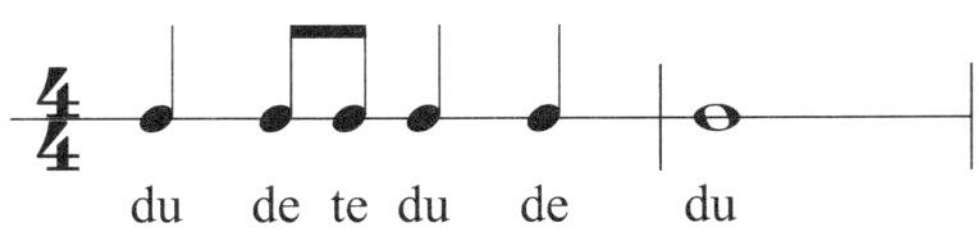

Dieselbe rhythmische Gestalt kann aber auch so geschrieben werden – und auch hier heißt gleich, was gleich klingt:

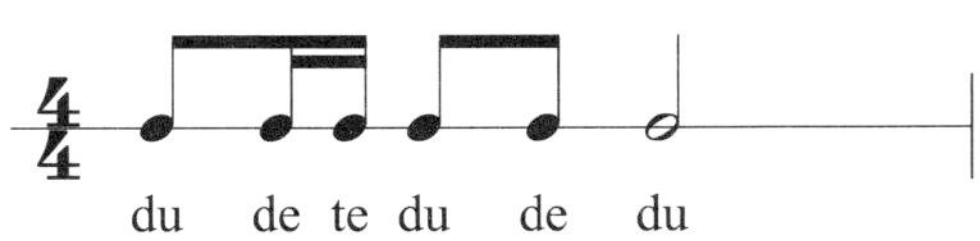

Nehmen wir noch als triolische Unterteilungen des „macrobeats", die Silbenfolge „du–da–de" hinzu, so sind alle gängigen rhythmischen Erscheinungsformen codiert, und zwar als Laut- und als Lesesystem:

Diese bereits recht schwierige Übung mag die Plausibilität des rhythmischen Bezeichnungssystems belegen. Eine Hilfestellung erscheint sinnvoll: Unausgefüllte „beats" ergänzt man in der Vorstellung. Auch fürs rhythmische Lesen ist das auditive Gedächtnis eine unabdingbare Voraussetzung. Im Gegensatz zur vergleichbaren

[49] S. Gordon 1997.

Komplexität des tonalen Systems sind es hier aber vom Grundschlag aus nur zwei, mit den Triolen drei Bezugsqualitäten, die zu lernen sind:

	du	du							du
1.	du	du	–			de			du
2.	du	du	–	te	–	de	–	te	du
3.	du	du		da			de		du

Zur Ausprägung ihrer langfristigen Repräsentation im Hörgedächtnis müssen natürlich auch diese Übungsformen regelmäßig erscheinen, sie tun dies in unserem Unterricht aber immer dem tonalen Lernen nachgeordnet. Gelegentlich bietet es sich an, stimmbildnerische Übungen insbesondere zur Weckung rhythmischer Zwerchfellaktion so anzulegen, dass ihr Rhythmus im Anschluss an die unmittelbare vokale Ausführungssequenz an der Tafel gemeinsam visualisiert, also ins Notenbild gebracht wird. Methodische Varianten, die zwischen den Lernaspekten changieren, gibt es reichlich; wichtig ist der stetige und auch für die Schüler stets transparente Bezug untereinander sowie der situative Sinn der Aufgabenstellungen.

4.8 Lesen im Bassschlüssel

Der Bassschlüssel wird nicht eigentlich eingeführt, sondern fällt gleichsam mit dem sich ankündigenden Stimmwechsel an. Haben die Schüler ausreichende Leseerfahrung erlangt, so ist die Decodierung eines Notentextes im neuen Schlüssel keine neue Aufgabenqualität, sondern allein eine Ausweitung des bisherigen Leseraumes in den Raum hinein, der sich auch als Singeregister nach und nach erschließt. Wir gehen noch einmal zum vorzeichenlosen Tonraum und zum ersten Ton zurück:

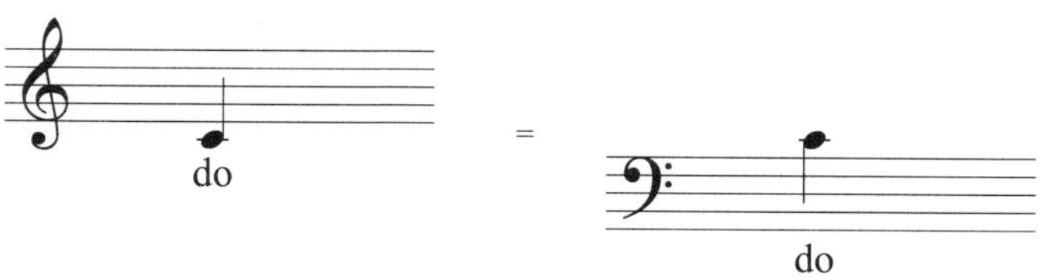

Lag unser Grundton *do* im bisherigen Schlüssel auf der ersten unteren Hilfslinie, so liegt er nun auf der ersten oberen Hilfslinie. Dies ist der einzige Transferakt zwischen den beiden Schlüsseln. Der Lesemodus bleibt unverändert und die Töne folgen im diatonischen Fortlauf weiterhin dem Wechsel zwischen Linie und Zwischenraum:

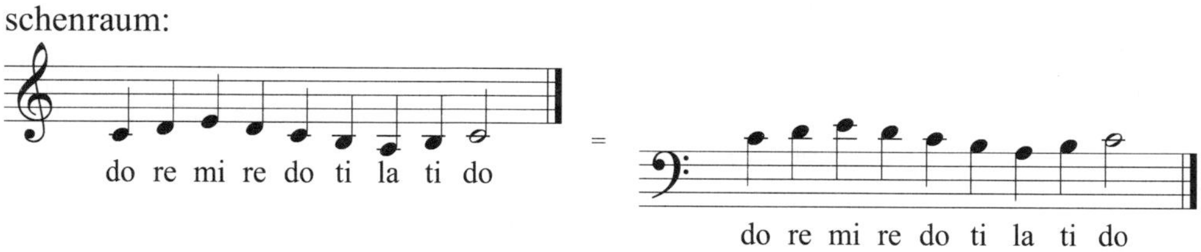

Dieselbe Notengestalt lässt sich schließlich wie folgt schreiben und in einer Teilung nach Jungen- und Mädchenstimmen ausführen:

Mit den Stimmen weitet sich der Tonraum

Nach und nach erscheinen unsere bislang im Diskantsatz gesungenen Kadenzmodelle in gemischter Vierstimmigkeit[50]. Die zuvor erlangte Beherrschung aller vier Stimmen für alle Schülerinnen und Schüler erlaubt es nun allen, die Veränderungen im Satz – in der Regel bloßer Stimmentausch – leicht auszuführen. Einstimmige Leseübungen in beiden Schlüsseln, gelegentlich auch mit Schlüsselwechsel und mit ersten Vorzeichen kommen hinzu[51]. Auch ein bekanntes und vorzeichenlos gut beherrschtes Kadenzmodell kann jetzt erstmals etwa in *D* statt in *C* als Lese- bzw. Singeaufgabe an der Tafel erscheinen.

Aus der Praxis heraus wird der neue Schlüssel ganz selbstverständlich den bislang bekannten nach dessen Eigenschaften und vielleicht sogar Namen fragen. Dann ist der Zeitpunkt gekommen, im Unterricht über die Position und vielleicht die historische Herkunft der beiden Schlüsselzeichen ein Wort zu verlieren. Weil das, was jetzt befragt und benannt wird, einen praktischen Bezug zu den Schülern hat und weil das Neue vergleichend ans Bekannte herantritt, sind die Schüler offen für solche Informationen und vermögen sie nachhaltig zu speichern. Sie werden die bislang fraglos akzeptierte Gestalt auf einer neuen Ebene wahrnehmen – ein Verstehensakt im aristotelischen Sinne als „Erkennen von etwas als etwas“[52].

5. In der Phase des Stimmwechsels[53]

Die in diesem Buch bislang aufgeführten Übungen gehen vom Einstieg in unsere vokal- und musikalitätsbildende Arbeit aus. Im Wesentlichen bauen sie aufeinander auf und bilden so im eigentlichen Sinn ein curriculares Programm, um das sich Lernzirkel ranken, die sich unmittelbar aus den Übungen ableiten oder zu ihnen hinführen, etwa zur Stimmbildung, Gehörbildung und Musiktheorie.

Mit zunehmenden Alters- und Leistungsfortschritten werden flexiblere inhaltliche und methodische Entscheidungen nötig. Die Gründe hierfür liegen in der zunehmenden persönlichen Individualisierung der Schülerinnen und Schüler. Am auffälligsten zeigt sich eine solche Entwicklung am Stimmwechsel, der für den einen früher, für den anderen später einsetzt und aufs Klassenganze mehrere Jahre einnehmen kann. Zudem prägt jede Klasse ihre eigenen Profile und Probleme, Stärken und Schwächen aus, jede Klasse hat ihr eigenes Lerntempo und ihren eigenen intellektuellen, psychosozialen und nicht zuletzt musikalischen Charakter. Unser Unterrichtsprogramm muss sich zunehmend flexibel an diese je unterschiedlichen Bedingungen anpassen: die Übungsfolgen, die Auswahl der Stücke, die Themenschwerpunkte und die Formen der Erarbeitung werden flexibler.

Deshalb zeigt dieses Kapitel gegenüber dem bisherigen curricularen Gang ein etwas verändertes Gesicht: Zunächst erscheinen die hier vorgestellten Übungen zumeist im gemischten drei- oder vierstimmigen Satz, was allein schon die neue Phase unserer weiterhin mehrgleisigen Arbeit signalisiert. Sie bauen nicht mehr unmittelbar aufeinander auf, sondern sind eigenständige Patterns, die im Unterricht regelmäßig zyklisch wiederkehren, variieren oder direkt auf situative Bedingungen reagieren. Die dargestellten Übungen schreiten also nicht mehr so stringent sukzessiv

---

[50] Vgl. dazu Kapitel III, 5.2. Wenn es die Größe oder Leistungsfähigkeit einer Lerngruppe erfordert, sind die Kadenzmodelle auch dreistimmig denkbar. Unsere Übungssammlung im Schülerheft bildet dreistimmige Versionen für gleiche Stimmen und für zwei Diskant- und eine Männerstimme ab.

[51] S. im Schülerheft: Kap. IV, 2. „Noten lesen“.

[52] S. Gruhn 1998, ²2005. In diesem Zusammenhang sei hingewiesen auf den plötzlichen Wahrnehmungs- und Erkennensübergang in unserem Gehirn von gestalthafter Abbildung zu bedeutungstragender Symbolik, den Gordon als Sprung von „figuraler“ in „formale Repräsentation“ bezeichnet.

[53] Zu diesem Kapitel s. insbesondere die Filmsequenzen der Klassen 7, 8 und 10 auf der DVD.

voran wie zuvor, sie sind eher als Materialsammlung zu verstehen, wenngleich auch jetzt noch einzelne Gruppen sinnvolle Zusammenhänge untereinander behalten.

Sobald einige Jungen die unteren Töne der kleinen Oktave ohne Druck erreichen, verändern wir unsere Sitzordnung. Die neuen „Bässe" kommen geschlossen in die rechte Mitte des Halbkreises, links von ihnen alle Jungen, die sich noch im Diskant wohlfühlen. Die linke Halbkreisflanke bilden fortan die Mädchen, die sich eher im hohen Register wohlfühlen, rechts ordnen sich die tieferen, dunkleren Timbres an. In der Jungenmitte wird nach und nach der eine und andere nach rechts in die Bassgruppe rücken, andere bleiben lange noch im Übergangsregister und singen mühelos die tenorale Lage[54]. Auf diese Weise ist eine chorische Sitzordnung mit ausreichender Flexibilität für Übergänge im Individualfall angelegt.

5.1 Patternarbeit in der Übergangsphase

Flexible Übungspattern

Eine erste Gruppe von Übungen geben wir vorerst im Violinschlüssel wieder. Ihrer Machart nach sind sie noch gleichstimmig ausführbar, sie alle lassen sich aber auch ohne Probleme mit oktavparallelen Männerstimmen ausführen. Ihrem Anspruch nach aber stehen sie über dem bislang für die Unterstufe vorgestellten Programm, daher erscheinen sie erst hier. Je nach Klassensituation kann aber gerade die erste auch schon früher eingeführt werden:

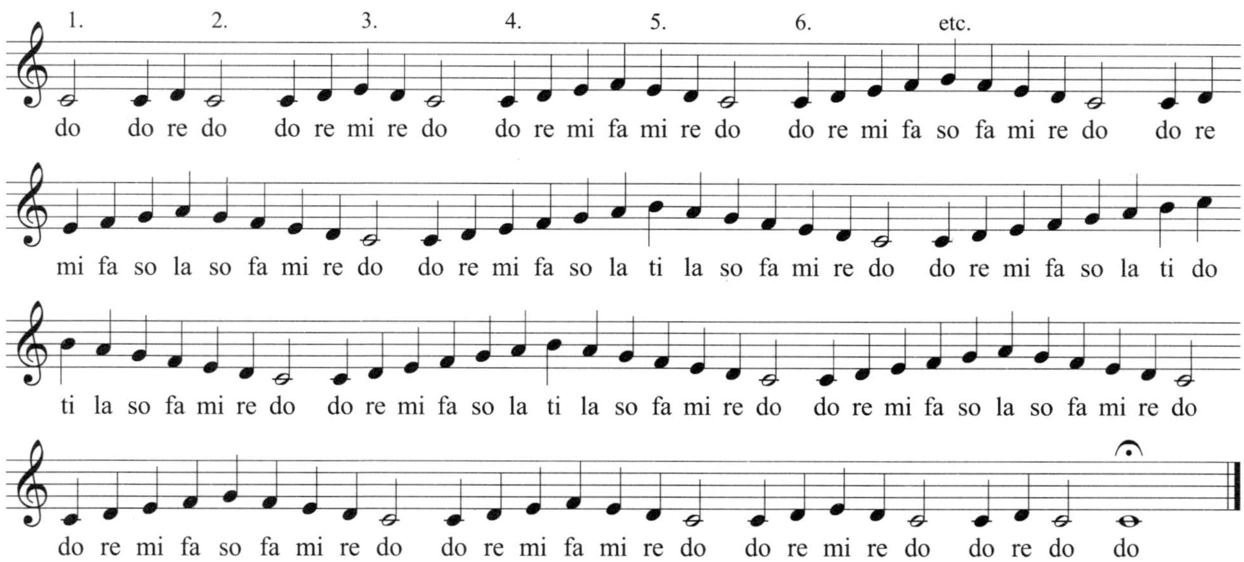

Diese Übung ist schon in ihrer Einstimmigkeit eine Herausforderung für die Schüler. Insbesondere die unvollständigen Leiterverläufe bis *la* und *ti* bedürfen der sicheren Verfügbarkeit des diatonischen Materials und der entsprechenden Benennungssilben. Unsicherheiten werden sich hier in erheblichen klanglichen und intonatorischen Verlusten niederschlagen. Wie sehr unsere Schüler Gestaltzusammenhänge lernen, zeigt sich, wenn nach solchen unvollständigen Leiteransätzen die gesamte Dur-Leiter in der Übungsmitte wieder strahlend und sicher intoniert erscheint.

Beherrschen alle die einstimmige Version sicher, teilen wir die Klasse in zwei stimmlich ebenbürtige Hälften und versuchen eine erste, zweistimmige Kanonversi-

---

[54] Die Erfahrung hat gezeigt, dass Jungen mit frühem Stimmwechselbeginn häufig später tiefe Männerstimme singen werden. Ein später Eintritt des Stimmwechsels geht oft einher mit einer langsamen und geringeren Senkung des Registers. Mit unserem Vorgehen erreichen wir konstant stabile Tenorbesetzungen, ohne die Stimmen unnatürlich zu überfordern. Siehe hierzu auch Kapitel II, 7. „Stimmwechsel", ab S. 29.

on. Später kann eine dreistimmige folgen, bei anfänglicher Männerstimmenminorität bietet sich hier an, eine Männerstimme zwei Frauenstimmen gegenüberzustellen. Spätestens in Klasse 9 probieren wir die Teilung nach gemischter Vierstimmigkeit, darauffolgende Klassenstufen haben auch schon 6- bis 8-stimmige Versionen durchgehalten. Die Übung ist so beschaffen, dass letztlich so viele Stimmen möglich sind, wie die Gruppe Personen hat. Je nach Tages-, Klassen- oder einfach situativer Spannungssituation und je nach konkreter Intention im Unterrichtsmoment transponieren wir die Übung um bis zu einen Ganzton auf- oder abwärts.

Diese Kanonübung verbleibt noch vollständig bei der solmisierten Artikulation. Wir haben schon beim Unterrichtseinstieg gesehen, dass daneben stets auch freie Lautungen oder Silben zur Stimmbildung im Spiel sind, so, wie dies jeder Sänger kennt. Eine solche freie Übung ist unsere Sextakkordkette, die – vor allem auf den Vokalen *u* und *i* – hervorragende Dienste für Hörkontrolle, Helligkeit des Klanges und Intonationsstabilität leistet[55]:

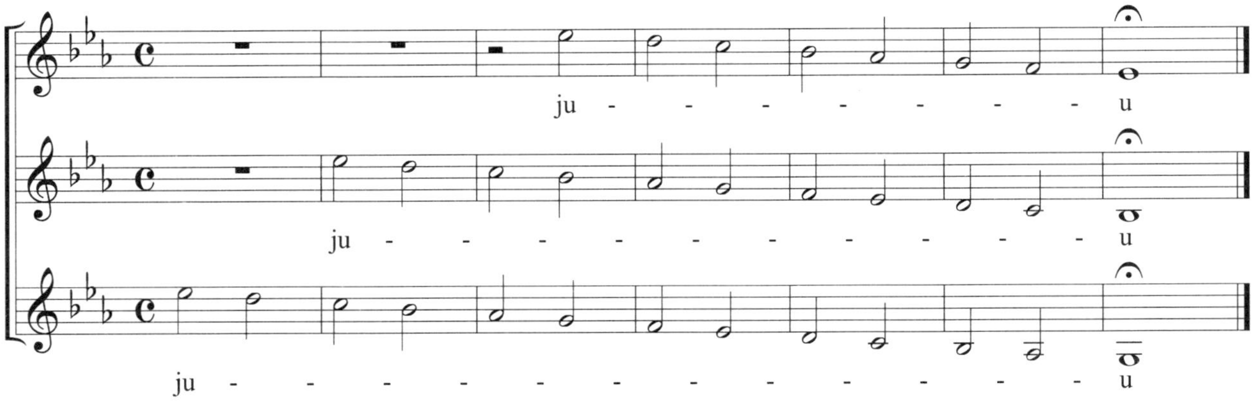

Zunächst wird nur ein abwärtsführender Dur-Leiterverlauf erarbeitet, der im Weiteren um drei und dann noch einmal um zwei Töne nach unten fortgeführt wird. Auch diese Übung legen wir gerne schon in der Gleichstimmigkeit der Unterstufe an, sie begleitet uns aber auch später bis hin zum reinen Männerstimmensatz. Sie wird in sehr langsamem Tempo und möglichst auf einen einzigen Atemstrom ausgeführt. Auf diese Weise schult sie die Atemführung enorm und entfaltet dabei nach aller Erfahrung in der Mehrstimmigkeit einen klanglichen Reiz, der die Schülerinnen und Schüler immer wieder aufhorchen lässt und für die Arbeit an „ihrem" mehrstimmigen Klassenklang motiviert.

Wie die Sextakkordkette ist auch die nächste Übung aus der unmittelbaren Unterrichtspraxis heraus entstanden, in einer späten Vormittagsstunde mit einer – nicht nur klanglich – müden achten Klasse. Auf der Suche nach klanglicher Weite und strahlendem Schwung insbesondere der beiden Frauenstimmen entstand die folgende Linie, die zweistimmig kanonisiert den Klang plötzlich aufweckte und seither immer wieder dieselbe klangbelebende Wirkung entfaltet. Regelmäßig führen wir sie auf dem Vokal *u* ein, bevor wir sie dann zum *a* hin weiten und öffnen. Zugefügt haben wir auch eine generalbassartige Männerstimme, die parallel zu den Frauenstimmen ebenfalls kanonisiert werden kann. Ihrer reminiszenten Eigenschaft wegen rangiert sie als „Pachelbel-Übung" in unserem Repertoire:

[55] Immer wieder fügen wir unseren Vokalen gerne den *j*-Anlaut an. Er hilft, einen hellen Ober- bzw. Vordersitz für den nachfolgenden Vokal zu finden; s. hierzu auch Kap. IV, 1. „Stimmbildnerisches", ab S. 91.

5.2 Harmonielehre im gemischten Satz

Die Übertragung der Kadenzen in den gemischten Satz knüpft wiederum unmittelbar an unsere Solmisationspraxis, aber auch an bereits bekannte Übungsgestalten an. Für die einfache Kadenz müssen lediglich die beiden Mittelstimmen der ursprünglichen Diskantversion miteinander vertauscht werden. Haben alle Schüler alle Stimmen der Ursprungsversion gelernt, wird diese Adaptation auf Anhieb gelingen:

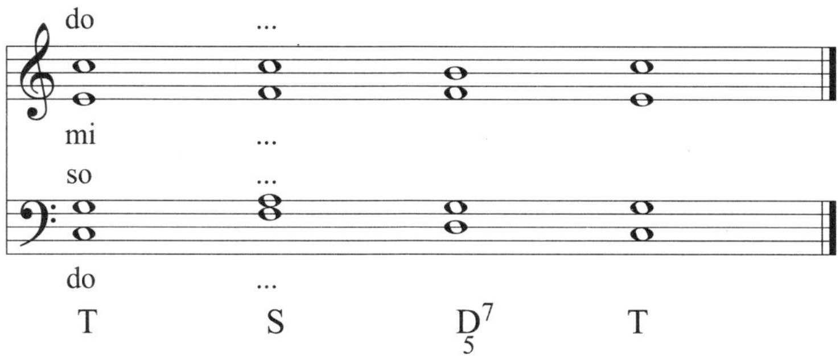

Gemischte Vierstimmigkeit

Hier nun wollen wir damit beginnen, die Akkordfunktionen genau wiederzugeben und die Solmisationssilben nach und nach auszusparen.

Im Beispielfall unserer Trugschlusserweiterung genügt zur Übertragung in die gemischte Vierstimmigkeit gar die bloße Oktavversetzung zweier oder dreier Basstöne am Anfang und Schluss:

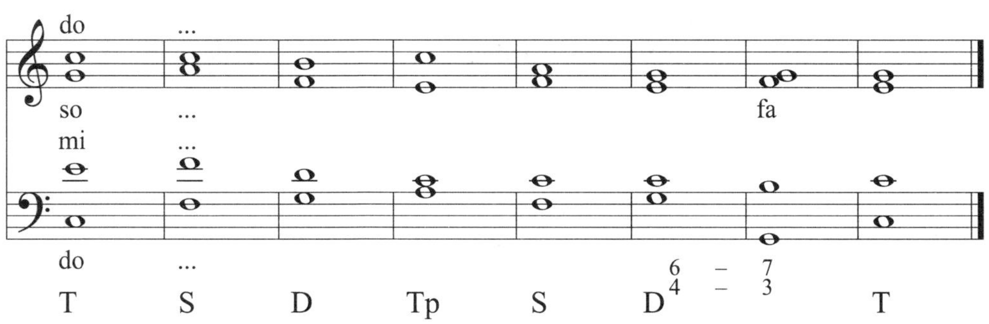

Unsere Beispiele in Moll sind völlig analog in die Gemischtstimmigkeit adaptierbar, wir verzichten hier deshalb auf ihre Notendarstellung. Stattdessen wollen wir noch einmal bei unseren gleich- und sogar einstimmigen Übungen der vorigen Kapitel anknüpfen: Akkordumkehrungen und Kadenz haben den Weg von der Einstimmigkeit der gebrochenen Akkordik hin zur Mehrstimmigkeit, zur drei- und schließlich vierstimmigen Ausführung aufgezeigt. Jedesmal war vor der Erklärung und Benennung die klingende Gestalt im Raum, jedesmal waren es die Schüler selbst, die sie erzeugten und hierdurch Strukturen bis hinein in Stimmführungsdetails durchschauen lernten. Analog zu solchem Vorgehen führen wir hier nun wenigstens zwei weitere harmonische Phänomene beispielhaft ein. Obwohl vorerst reine Diskantübungen, erscheinen sie jetzt erst, weil sie harmonisch und intonatorisch komplexer als die bisherigen sind und anspruchsvollere gehörbildnerische wie theoretische Zusammenhänge aufgreifen. Beide sind aber flexibel handhabbar und auch in die Männerstimmenlage verdoppelbar.

Die erste überträgt den bereits bekannten Übungsmodus zu den Dreiklangsumkehrungen auf den Dominantseptakkord. Dabei greift eine vorbereitende Variante eine Umkehrungsform vorweg heraus und stellt sie in einen stimmlich günstigen Kadenzzusammenhang. Für die anschließende systematische Umkehrungsfolge muss möglicherweise zuerst die Tonika gefestigt werden und von ihr aus der abwärtsgerichtete Brückenschlag *do – ti – la – so* zum Übungsbeginn hinführen:

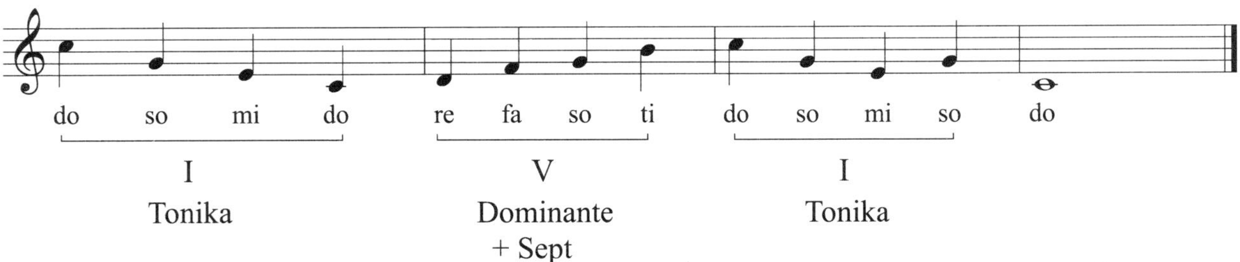

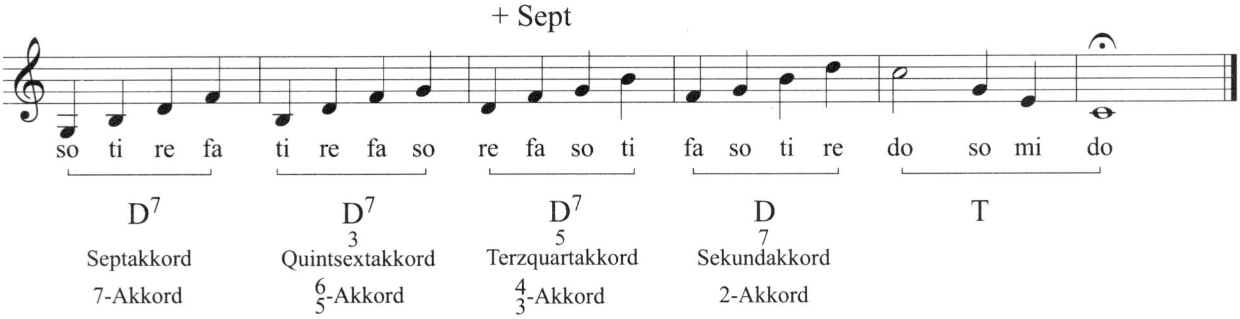

Die zweite Übung ist nichts anderes als die Harmonisierung der gesamten Dur-Leiter. Mit ihr steht die funktionale Bezeichnung aller Leiterstufen an und auch eine erste Sicht auf den Akkord der siebenten Stufe. In der Praxis haben sich dabei die Männerstimmen als grundtonhaltende Unterstimme bewährt:

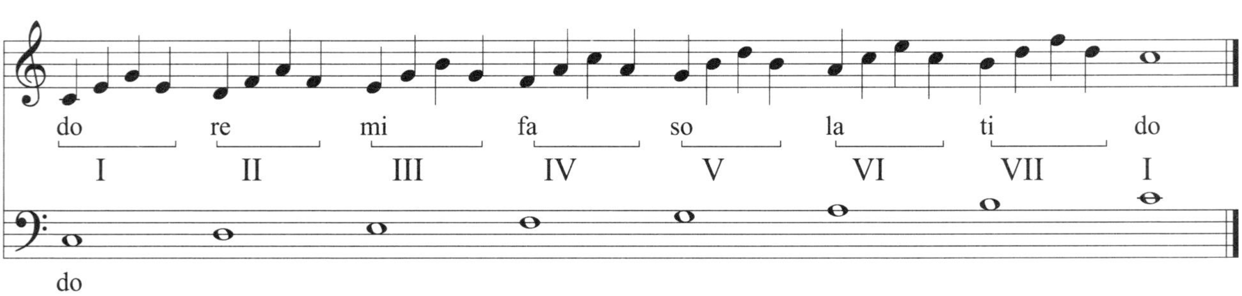

Sobald ihre dreiklangsgebrochene Ausführung in eine echte Dreistimmigkeit mündet, kehren bekannte Leiterverläufe wieder, die die auditive Repräsentation stützen und den Schülern so die Ausführung erleichtern:

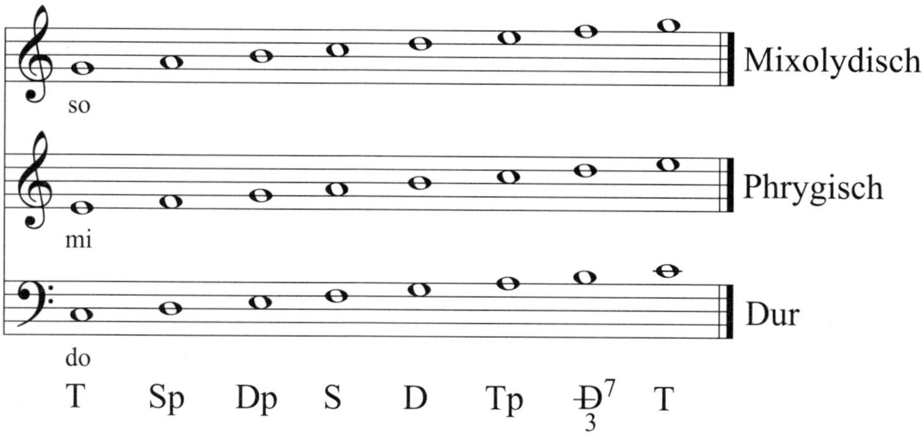

Wie stringent aus unserer Erarbeitung der einfachen Kadenz auch stilistisch gebundene Modifikationen herleitbar sind, mag das folgende Übungsbeispiel zeigen, ein Beispiel freilich, das mit seiner spezifischen Gestalt ehestens in der Mittel- und Oberstufe Platz findet. Zur Vermeidung zusätzlicher Bezeichnungen übertragen wir zunächst unser gemischtstimmiges Kadenzmodell auf die neutrale Vokalise *u* oder – je nach Intonationsqualität – auch *ü*. Die Solmisationssilben bleiben jedoch im gedachten Hintergrund bewusst. Diese Version wird im Anschluss um einen Akkord erweitert:

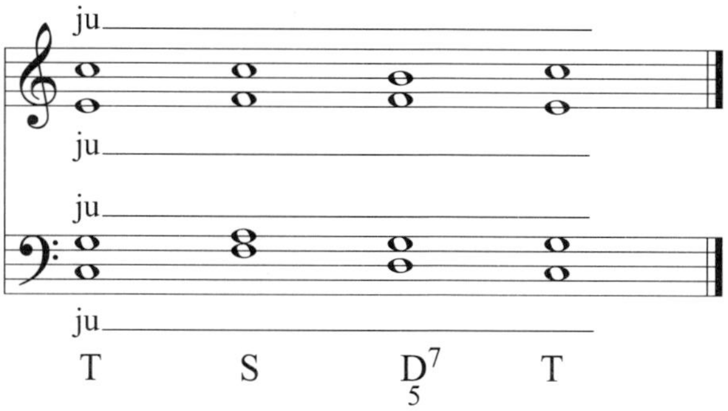

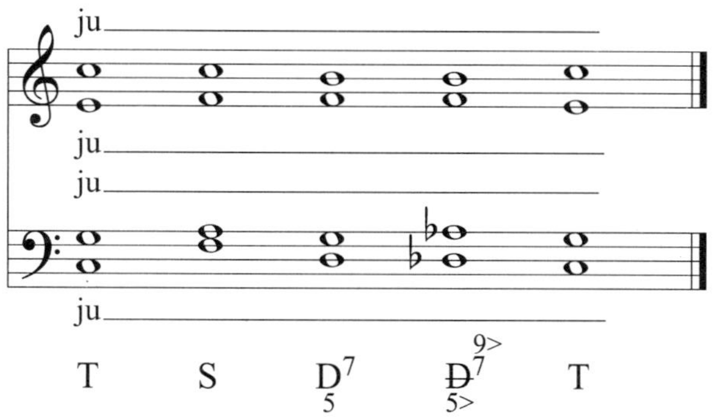

Komplexere Strukturen werden sing- und verstehbar

Ein eigentlich doch recht komplizierter funktionaler Sachverhalt, wie er mit dem übermäßigen Quintsextakkord entsteht, wird ohne größeren Erklärungsumfang ersichtlich: Unser *re*, die Quint der Dominante, wird im Bass tiefalteriert, der Akkordgrundton dagegen rückt um die Kleinsekund nach oben und erzeugt zugleich Akkordverkürzung und eine tiefalterierte None. Auf diese Weise ist für einen Schüler der neunten oder zehnten Klasse mühelos vermittelbar, was der komplizierte Begriff des „verkürzten Dominantseptnonenakkordes mit tiefalterierter Quint im Bass" meint. Auf den ersten Blick zeigt das Bild auch, was eine Quintparallele ist und weil das Beispiel immer klingendes Beispiel ist, gibt der Höreindruck eine erste Vorstellung davon, warum das, was hier als „Mozartquint" stiltypisch geworden ist, eine andere Ästhetik vermied: Die beiden Stimmen sind in einfachem Obertonabstand aneinandergekoppelt und rücken so in der Wahrnehmung gegenüber den anderen in den Vordergrund.

5.3 Hin zu chorischer Klangkultur

Zum festen Übungsrepertoire gehört auch eine Reihe von Übungen, deren Funktion nicht in erster Linie aufs harmonische Erkennen und Verstehen, sondern auf den unmittelbaren Musizierakt selbst zielt, aufs harmonische und – spezifischer noch – aufs chorklangliche, intonatorische Hören, auf das Spannungsverhältnis zwischen

Hör- und Klangbildung an Pattern

eigener Vokalintonation und gesamtem Klanggefüge. Eine erste Übung bildet das Gerüst für vielfach variable Vokalisen und Rhythmisierungen:

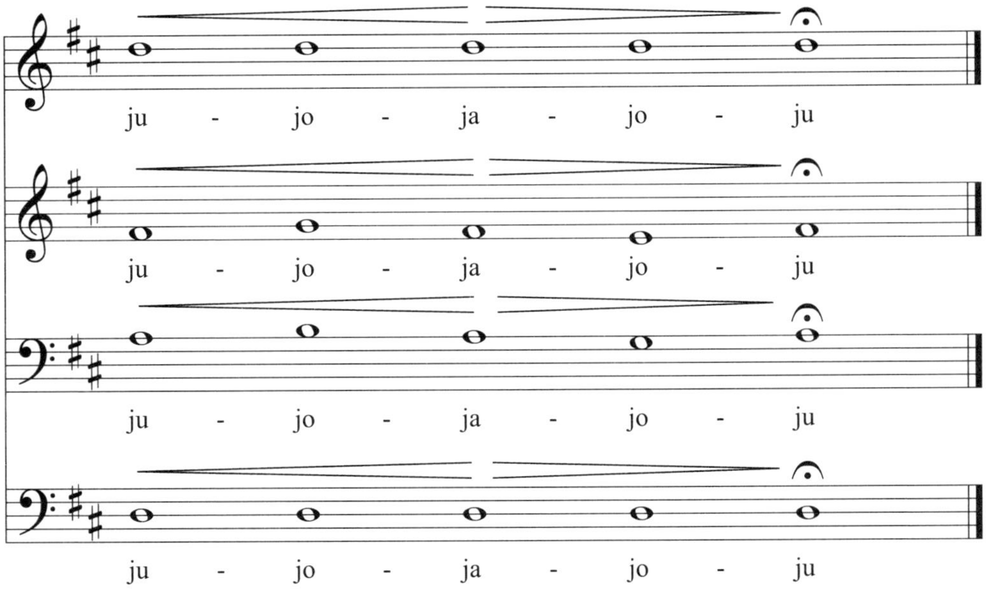

In unserem Unterricht hat sich hieraus die folgende Version entwickelt, die gerne gesungen wird und ab der Mittelstufe fast überall zum Standardrepertoire gehört. Über ihre Rhythmisierung begünstigt sie die Vitalität der Stimmgebung aus dem Körper heraus und macht – besonders, wenn sie a cappella ausgeführt wird – den Einfluss rhythmischer Qualität auf Klang und Intonation unmittelbar erfahrbar:

Chromatik und Sequenzen

Im Gegensatz dazu steht die nächste Übung, die wesentlich von Atemspannung und Vokalsitz lebt. Sie fordert wirksam die gegenseitige auditive Aufmerksamkeit der Schüler und sensibilisiert für die eigene Intonation im Gesamtklang. Als Abfallprodukt gleichsam konkretisiert sie, was uns in der Harmonielehre als Quartsextvorhalt wiederbegegnet. Changierte die Dynamik der vorigen Übung je nach Wahl der Sprachlautung zwischen piano und forte, ist diese nun ein echtes Piano- oder gar Pianissimo-Training:

Sehr gute Klassen, die schon an das Niveau eines Vokalensembles heranreichen, sind in der Lage, auch die folgende Übungsvariante zu singen: Der Einstieg über den Dur-Klang, die Dynamik und das halbtönige Fortschreiten bleiben unverändert, anstatt zweier Stimmen zugleich bewegt sich auf mein Zeichen nunmehr eine. Wir verändern, verschieben, verzerren, verengen oder weiten auf diese Weise das harmonische Gefüge sukzessive, erlangen neue Dreiklangskonsonanzen – tonale Inseln gleichsam – und verlassen diese allmählich wieder.

Eine weitere Ableitung dieser in Halbtönen fortschreitenden Klangfolge führt uns in den Grenzbereich der funktionalen Harmonielehre. Der Einstieg ist ein Ausschnitt aus einer Kadenz:

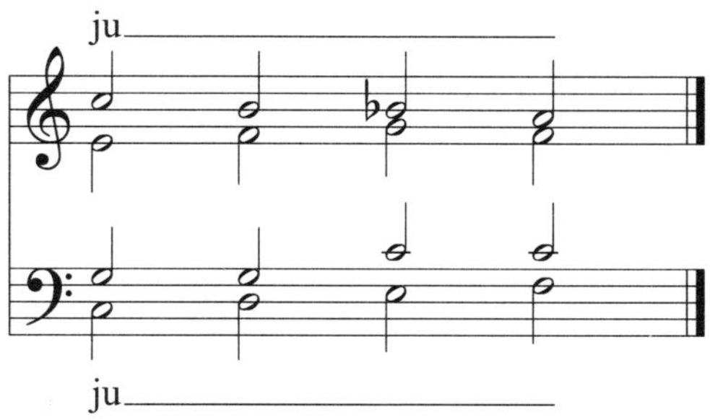

Über dem fortschreitenden chromatischen Anstieg der Bassstimme entwickeln die Schlussklauseln der übrigen Stimmen eine reale Quintschrittsequenz. Um die gemeinsame Schrittfolge deutlicher zu markieren, aber auch die ansteigenden Sprünge zu erleichtern, ersetzen wir den durchlaufenden Vokal durch tonweise anlautende „d"-Impulse:

Ob sich eine solche Sequenzbildung auf die abgebildete Gestalt beschränkt, ob sie zum Ausgangspunkt für tonale, fallende oder andersschrittige Sequenzgestalten wird, ob und wie weitgehend sie theoretische Betrachtung auslöst – all dies hängt einmal mehr von der konkreten Unterrichtssituation ab. Jedenfalls verbindet sich mit dem Begriff „Sequenz" eine Klangvorstellung und dank ihrer ein Verstehen dessen, was das lateinische „sequi" hier meint.

Stimmicals und Improvisation

Patterns wie die abgebildeten können auch Loopcharakter erhalten; als „Stimmicals" für die vokale Arbeit mit Jugendlichen sind sie populär geworden[56]. Sie seien hier genannt und mit einem Beispiel dokumentiert, weil sie in unserem Unterricht ein wesentliches Glied in der Kette vom Aufwärmen am Stundenbeginn hin zur Arbeit am Stück sind. Wenngleich sie aus minimalem Material zusammengefügt sind, eröffnen sie doch einen größerformatigen Musizierzusammenhang mit den spezifischen Merkmalen eines Stückes:

Das Ausgangsmaterial ist nichts weiter als die stufenweise Abwärtsbewegung vom Tonika- zum Dominantakkord in Moll. Diese Akkordfolge kann in einem ersten Schritt unrhythmisiert auf durchgehende, hellfärbende Vokalise gelernt werden. Mit der Rhythmisierung kommen unsere Lautsilben hinzu, ihre Art und Qualität soll die leichte, wieder impulsbetonte Synkopenrhythmik auszulösen helfen.

In unserem Unterricht entsteht die fertige Gestalt aus dem Unisono der Grundtonfolge heraus: Zunächst singen alle vier Stimmen die Basslinie. Sobald die Wiederholungsschleife einige Male durchlaufen ist und der Rhythmus sich dabei stabilisiert hat, löst sich der Tenor vom Unisono und spurt beim nächsten Patternbeginn mit seiner Stimme, also der Quint ein. Das Gehör wird nach und nach mit dem Reiz dieses quintparallelen Stufenganges vertraut und nach mehreren Wiederholungen löst sich auch der Alt vom Grundton und folgt fortan ab der Terz der gemeinsamen Parallelbewegung. Bewegte sich dieser Einstieg bis zur Dreistimmigkeit im zarten Piano und anfangs gar Pianissimo, so muss in den jetzt folgenden Loops ein allmähliches Crescendo ins Mezzoforte beginnen, das dem Sopran die Klangbasis für den Absprung in die oktavversetzte Lage bietet. Auch jetzt braucht das Ohr wieder einige Durchläufe, bis die neue Vierstimmigkeit zum vertrauten Klangbild geworden ist. Wieder wechseln wir mit dem Beginn des Pattern den Vokal. Mit dem offeneren a-Laut erreichen wir den Forte-Bereich. Die nächsten Loops verweilen im erreichten Modus und beginnen dann, die Intensität und – je nach stimmlichem Potential – auch die Lautstärke weiter zu steigern. Ab jetzt fügen wir plötzliche Piano-Durchläufe ein; denkbar sind auch eingeschobene Liegetonversionen oder Generalpausen für eine exakte Patternlänge oder -hälfte – falls die Gruppe dies umzusetzen in der Lage ist. Schlussklang ist der Anfangsakkord, der akzentuiert angesungen wird, noch einmal ins Piano zurückfällt und in einem großen Crescendo unvermittelt endet.

[56] Diese Musizierform hat Uli Führe mit initiiert.

Diese Ausführungsbeschreibung ist lediglich eine Ideenskizze, die sich in der Praxis bewährt hat und mit dem latenten Walkingbass-Charakter ihres Patterns sogar dazu taugte, das Auftreten auf die Konzertbühne zu verklanglichen. Im konkreten Fall diktierte der lockere Schritt das Tempo und die Gruppe blieb solange beim Unisono, bis alle auf ihrem Platz standen. Aus dem Unisono-Fluss fächerte sich der beschriebene Gesamtklang auf und mein Dirigat begann, die weiteren Loopgestalten zu organisieren. Mit solchen Musizierformen berühren wir – erst recht in der Konzertsituation – ein weiteres Mal das weite Feld der Improvisation, die hier aber nur dann funktionieren kann, wenn ihr Freiraum nicht mit Beliebigkeit verwechselt wird, sondern per Vorabsprache genau definiert wird. Hierzu sei ein Beispiel skizziert, das in einer zehnten Klasse bis zur Präsentation führte: Der Ausgangspunkt war ein von den Schülern selbst ausgewähltes „Wunderhorn"-Gedicht[57], welches vom Suchen, Finden und Verlieren eines für den Geliebten stehenden Sternes am Nachthimmel erzählt. Mit seinem Vokabular wurde allgemeine Unterhaltung inszeniert und simuliert, Wortfetzen fanden zu rezitierten Sinneinheiten zusammen und fielen wieder auseinander. Derselbe Gedanke inspirierte invertiert die musikalische Unterlegung der Wortszene: Ein allmählich aus dem Einzelton entstehender Dreiklang veränderte sich unmerklich, zerfiel gleichsam zum Cluster und fand sich allmählich wieder. Dem Ganzen stand die Kanonform eines afrikanischen Liebesgedichtes[58] gegenüber, dessen statische Dreiklangsharmonik sich des bereits stehenden Dreiklangs nach und nach bediente und das „Wunderhorn"-Vokabular verdrängte, um alsbald seinerseits wieder zu zerfallen.

Notenlesen bleibt Übekontinuum

Über die Unter- und frühe Mittelstufe hinaus setzen wir unser Notenlesetraining fort, im Rahmen der knappen zur Verfügung stehenden Unterrichtszeit. In dem Maß, in dem sich die Klasse allmählich an die vierstimmige gemischte Besetzung, an die in diesem Kapitel aufgezeigten Übungsmuster und auch an vierstimmige Literatur und deren Klangbild gewöhnt, verändern sich auch die Leseübungen. Sind es zunächst lediglich Transkriptionen in den Bassschlüssel, die zwischendurch auftauchen, so weitet sich nach und nach auch der Tonvorrat der einzelnen Beispiele in Richtung Chromatik aus, immer noch allerdings im Rahmen der gelernten relativen Tonbezeichnungen. Erst nach und nach lösen wir uns auch von ihnen, die in der Vorstellung angelegten auditiven Strukturen sollten dies inzwischen zulassen. Verschwiegen sei allerdings nicht, dass nur stetiges Training verfügbar erhält, was angelegt ist und auch hier sehen wir Parallelen zum sprachlichen und insbesondere fremdsprachlichen Lernen. Verschwiegen sei ebenso wenig, dass die Nachhaltigkeit der auditiven Verankerung eng von einem frühen Beginn des Lernens abhängt und unser Einstieg in der weiterführenden Schule schon reichlich spät ist. Desto mehr muss regelmäßiges Üben eine Geläufigkeit auch im Umgang mit dem tonalen Gedächtnis und dem Decodiervorgang des Lesens trainieren, mehr noch, als es das enge Zeitbudget unseres Regelunterrichtes zulässt. Gerade deshalb steht die Übungsserie für die Mittel- und Oberstufe den Schülern als Lernmöglichkeit auch an den schuleigenen Computern zur Verfügung.

Über die genannten Erweiterungen hinaus kommen jetzt auch Leseübungen vor, die unmittelbar der Literatur entnommen sind, und zwar auch der Orchesterliteratur. Einfache les- und damit singbare Beispiele etwa sind das Kopfthema aus Beethovens „Violinkonzert" oder das Hauptthema – besser: Soggetto – aus Bachs „Kunst der Fuge"; weitere Beispiele ließen sich zahllos anfügen[59]. Wichtig ist neben der kulturtechnischen Lernleistung als solcher die Berührung mit den dahinterstehen-

[57] Die Improvisation kam zur Aufführung im Rahmen des „Heidelberger Frühlings 2006", der sich thematisch auf die 1806 in Heidelberg erschienene Gedichtsammlung „Des Knaben Wunderhorn" bezog.

[58] Der Kanon ist im Schülerheft wiedergegeben, s. S. 14.

[59] S. im Schülerheft, Kap. IV, 2.: „Noten lesen", S. 44.

den Kompositionen. Aus dem eigenen Lese- und damit Umsetzungsvorgang entsteht ein Zugang schon zur thematischen Gestalt, der deren Qualitäten und Besonderheiten, Spannungslinien und Brüche deutlicher erfahrbar machen kann als jede bloße Rezeption. Ein solcher Zugang über den hauptthematischen Kern oder Keim eines Werkes kommt der kompositorischen Intention authentischer auf die Spur als eine von außen angelegte Formschablone.

IV. Um den curricularen Kern herum

1. Stimmbildnerisches

1.1 Konzeption

Die Darstellung unseres Übungsprogrammes und die Beschreibung konkreter Unterrichtssituationen haben es in den vergangenen Kapiteln schon gezeigt: Unser Unterrichtsalltag und seine Stundeninhalte bilden ein untrennbares Gefüge aus Stimmbildung, Gehörbildung und Solmisation (die theoretischen und lesetechnischen Anteile lassen wir hier einmal beiseite). Die Übergänge sind fließend und keiner der Teilaspekte ließe sich vom anderen lösen. Deshalb ist dieses Buch kein Buch zur Stimmbildung, keines zur Gehörbildung und keine Abhandlung zur relativen Solmisation, sondern der Versuch, die relevanten Einzelaspekte zu einem tragenden Lernprogramm zu verbinden. Stimmbildnerisches Übungsmaterial alleine bieten uns diverse Anleitungen an und es ist hier nicht die Absicht, zu paraphrasieren, was anderswo in engerem Sachzusammenhang einleuchtend dargestellt ist.

Aufzuzeigen sind hier vielmehr die Spezifika einer stringenten und effizienten stimm- und letztlich musikalitätsbildenden Arbeit an der allgemeinbildenden Schule. Deshalb müssen sowohl die besonderen stimmlichen Bedingungen der Klassensituation und ihrer Teilnehmer als auch die daraus folgenden Methodenentscheidungen zur Sprache kommen.

Viele unserer jungen Schülerinnen und Schüler haben zu Beginn ihrer weiterführenden Schullaufbahn keinen besonderen Bezug zu ihrer Singstimme. In manchen Fällen ist sie ihnen im Kindheitsverlauf gänzlich fremd geworden. Andere dagegen pflegen einen selbstverständlichen Umgang mit ihrer hellen, klar intonierenden Kinderstimme. Für die einen das verloren gegangene Organ wiederzuentdecken und für die anderen das offenliegende Material zu formen und auszubauen, das ist unsere Aufgabe. Über die Synergieeffekte gerade dieser heterogenen Klassensituation haben wir bereits gesprochen.

Atmung

Innerhalb des gesamtkörperlichen Vorganges Singen rücken zwei Aspekte für unseren stimmbildenden Zugriff ins zentrale Blickfeld: Atmung und Stimme. Atmung ist für fast alle ein anfangs völlig unreflektierter, unbewusster Vorgang, der manchmal schon die Tendenz zur Kurzatmigkeit aufweist. Auch das Verständnis von Stimme ist oft nur insoweit bewusst, als es mit der unmittelbaren eigenen Lautäußerung einhergeht, allem voran das Sprechen. Dieser Ist-Zustand weist uns den Weg für unseren stimmbildnerischen Ansatz: Zu wecken ist zuallererst das Gefühl und Bewusstsein für eine geführte Atemlinie, die sich nicht nur aus dem Lungenvolumen des alltäglich unbewussten Atmens speist, sondern das gesamte Atemvolumen nach und nach erschließt. Zu wecken ist aber auch das Bewusstsein für die Arbeit des Zwerchfells, dessen Senkung den Einatemstrom auslöst und dessen Impulsenergie beim Singen zum Einsatz kommen muss. Beide Funktionen sind, wie jeder Sänger und Stimmbildner weiß, für eine funktionale Hygiene des Singens grundlegend.

Klangraum

Aber auch das Bewusstsein für die Stimme selbst oder genauer für alle Körperanteile, die mit ihr in Schwingung kommen, gehört zu den Prioritäten. Vom Erfahren und Erfühlen aller möglichen Resonanzorte geht letztlich die Lösung sprachbedingter Verkrampfung aus und von hier aus gelingt mehr und mehr eine sängerische Öffnung, Lautformung und Artikulation. Mit einer solchen Entwicklung einher geht die allmähliche Expansion des Umfanges zur Höhe hin, die Entdeckung des eigentlichen Singeregisters weit über der sprachlichen Interferenzlage. Und von dort aus wirkt der sängerisch formende Einfluss wieder zurück in die Sprechtonlage.

Vokalausgleich

Eine zentrale Funktion für unsere klangbildende Arbeit hat – neben dem Vokal *u* – das *i*. Nicht nur in Zusammenhang mit der Leittonsolmisation haben wir auf die besondere Eigenschaft des *i*-Vokals hingewiesen: Sein Sitz in der vorderen Maske gibt ihm den hellsten Klang unter allen Vokalen, er besitzt den größten hochfrequenten Klanganteil. So, wie diese hell zeichnende Qualität für die Singstimme verfügbar wird, sendet sie eine Reizqualität ans eigene Ohr, die vorerst Intonation kontrollierbar und differenzierbar macht. Für unsere Erziehungsarbeit am auditiven Gedächtnis ist hoch relevant, dass unsere Hörerinnerung einen hochfrequenten Klangreiz nicht nur genauer, sondern aufgrund seiner Transparenz auch nachhaltiger speichert. Diese Vokalqualität – und das ist ein zentrales stimmbildnerisches Anliegen in unserem Unterricht – ist auf alle Vokal- und Lautfarben zu übertragen und je mehr das gesamte Lautspektrum eine derartige Helligkeit gewinnt, desto mehr wird das Instrument Stimme zum musikalisch gestalterisches Medium: Helligkeit lässt Klangschattierungen erst zu, Helligkeit ist der Schlüssel für stimmhygienische Intensität und Größe jenseits von Druck und schließlich trägt Helligkeit bis ins Pianissimo Klang- und Körperspannung. Ich vergleiche gerne den hellen *i*-Anteil im Gesamtklang mit dem Trageseil einer Seilbahn, an dessen Durchgängigkeit sich alle anderen Lautqualitäten aufhängen und fortbewegen. Auch eine verantwortungsvolle Stimmerziehung im professionellen, vor allem aufs Lied gerichteten Bereich wird immer von der Suche nach diesem klanghellen Aufhänger ausgehen.

Freilich darf dieser Fokus nicht zu der Einseitigkeit führen, dass die Helligkeit des *i*-Vokals unversehens auch dessen natürliche Tendenz zur nasalen Eingeengtheit transportiert. Der weitende Vokal *a* steht gegenüber und soll dazu dienen, das *i* zu weiten und mit ihm seine eigene Tendenz zur kehligen Dunkelung umzukehren. An dieser Flanke des Vokaldreiecks, in dessen Mitte der Vokal *e* anfällt, fährt unser stimmbildnerischer Ansatz zunächst hin und her, nicht ausschließlich, aber doch unablässig. Die zweite auszugleichende Flanke ist der Übergang vom *u* übers *o* zum *a*. Mit zunehmend erschlossener Höhe der Singstimmen erhält er wachsende Bedeutung und Aufmerksamkeit. Ein weites, vorbehaltlos geöffnetes *a* fällt nach unserer Erfahrung den meisten Schülern anfangs schwer. Intuitiv erfahren sie die Öffnung zum *a* als Öffnung ihrer selbst, zu der die noch unsichere Person und Stimme zunächst und oft über einen langen Zeitraum nicht bereit ist. Der in der Maske sitzende *i*-Klang wird als zugänglicher und besser zu kontrollieren empfunden. Neben der vokalausgleichenden Funktion erklärt dies psychologisch, weshalb wir in unserer Übungspraxis immer wieder den *j*-Anlaut bemühen, um von hier aus jeden nachfolgenden Vokal zu öffnen, ihn einzuhängen oder einzufädeln.

Klangsitz

Natürlich nehmen auch die Klinger *m*, *n* und *l* wesentlichen Raum in unserer Stimmbildungsarbeit ein, auch ihnen kommt die Einhängefunktion, aber auch eine eigenständige Lautbedeutung zu. Wie die drei Vokale *i*, *u* und *a* rufen auch ihre unterschiedlichen Lautbildungsorte unterschiedliche Klangfarben hervor, die des Ausgleichs untereinander bedürfen. Der offenste und weiteste Klinger ist das *m*, man könnte diesen Klinger als Pendant zum *a*-Vokal sehen. Das l liegt seiner Formung nach näher beim *u*, das *n* setzt wie das *i* am klarsten vorne in der Maske an. Diese Eigenschaft des *n*-Klingers nutzen wir analog zum *i*, um wieder zwischen entgegengesetzten Ansatzorten zu vermitteln. Insbesondere das Wort „nein[60]" in schneller Wiederholungsfolge auf einer Tonhöhe oder einem auf- und absteigendem Leiter-

[60] Vgl. dazu auch „Singesituation" Nr. 31, S. 96.

ausschnitt hilft dem Vokal *a*, von der sprachgewohnten Kehligkeit wegzukommen und seine Aufhängung in der vorderen Maske zu finden. Ähnliche Funktion übernehmen auch das stimmhafte *s* und *sch* und vor allem das *w*. Aus „nein" wird etwa das zweisilbige „weinen", weitere Varianten aus dem allgemeinen Wortschatz der Kinder finden sich mühelos.

Linie und Impuls

Diesen Lauten ist gemeinsam, dass sie von Schwingungen der Stimmlippen ausgehen, die sich auf resonierende Membranen und Räume übertragen. Im Unterricht verwenden wir immer wieder Zeit dafür, Resonanzräume im Kopf- und Rumpfbereich abzutasten und zu erfühlen. Gleichsam als Gegenpol zu diesen Lautungen und Klängen erfahren die Schülerinnen und Schüler die Gruppe der Zisch- und Verschlusslaute, jener Laute also, die keinen Klang, sondern Geräusche (ohne Schwingung der Stimmlippen) entwickeln. Jetzt wird stärker die Arbeit des Zwerchfells erfahrbar, dessen Luftschub zusammen mit der Engspaltformung von Lippen, Schneidezähnen und Zunge einen schmalen Überdruckstrom und damit Laute wie *f*, stimmloses *s* und ebensolches *sch* erzeugt. Schließt sich der Engspalt völlig, wird aus der Geräuschdauer reiner Impuls, und zwar in dem Moment, wo die Verschlussspannung von Lippen oder Schneidezähnen oder Zunge dem Überdruck erliegt. Besonders an rhythmisierten Lautfolgen wir „p - t - k" wird die vom Zwerchfell ausgehende Impulsqualität erfahrbar. Auch diesen Vorgang tasten wir mit den Händen regelmäßig an Bauch, Flanke, Rücken – und im Falles des p-Lautes auch an den Wangen – ab. Ist den Schülern die Zwerchfellfunktion erst einmal bewusst und damit gezielt aktivierbar, übertragen wir sie bald auch auf Vokale und Klinger und helfen so diesen Lauten, einen gesunden sängerischen Sitz zu finden.

Körperbasis und Klangsäule

Spätestens jetzt wird der sängerische Klang als dynamische Säule begreifbar, die immer von unten abgestützt, getragen, belebt, innerviert und nach oben schwingungsfähig offen, gelöst und geweitet sein muss. Ein stetiger vitaler Kontakt zwischen Körpermitte und kopfig hellem Klangstrahl, zwischen Impuls und Resonanz, zwischen tragender Stützung und schwebender Schwingung – dahin zielt unablässig unsere stimmbildnerische Arbeit. In der Praxis lässt einen immer wieder die Motivation erstaunen, mit der die jungen Menschen dabei sind, ihre singefunktionalen und damit stimmlichen Möglichkeiten zu entdecken und auszuweiten. Der physiologische Rahmen für diese Arbeit ist jederzeit das Körperganze. Und mit zunehmender Erfahrung der Aktionszusammenhänge und klanglichen Resultate werden auch jene unbequemen Anforderungen als Hilfestellung angenommen, die allzu oft als bloße Disziplinierung gelten: ausgewogen guter Stand, aufrecht gerade und dabei doch lockere Körperhaltung, Ausgleichen des – leider fast schon zum Standard gewordenen – Hohlkreuzes, aufgerichtetes Brustbein und andere, die gesamtkörperliche Spannung stützende Hinweise. Das Personenganze als Singeorgan fordert andererseits aber auch Rücksicht: Unser Unterricht muss reagieren auf Tageszeit, psychische Dispositionen, Müdigkeit und nicht zuletzt auf die Bedingungen des muskulären Apparates Stimme selbst: Wie jeder Muskel und jedes Gelenk muss auch er zuerst beweglich gemacht und aufgewärmt werden, bevor er belastet werden kann. Die Vorbereitung zum Singen beginnt auch bei uns mit Atem, Bewegung, bequemem Mittelregister und begrenzter Amplitude, mit vorsichtigem Ausfühlen der Tiefe und mittleren Höhe, mit natürlicher und unforcierter Dynamik, mit knappen, aber freundlich-motivierenden Wortbotschaften und hohem Singeanteil und erst am Schluss mit dem Ausleuchten auch der extremeren Höhe.

So viel zu einer stimmbildnerischen Grundkonzeption, die sehr viel zu tun hat mit einer vokalen Ästhetik, deren Ideal ein jugendlich natürlicher, freier, heller und strahlend weiter, dabei aber doch sängerisch geformter Klang ist. Nirgendwo will dieses Klangideal ein manieristischer Selbstzweck sein, sondern ein reiches Ausdrucksmedium für die musikalische und emotionale Gestaltungsenergie der jungen Menschen. Letztlich ist die freie Durchlässigkeit zwischen emotionaler Unmittelbarkeit und klingender Gestalt unser oberstes stimmbildnerisches Anliegen.

1.2 „Singesituationen"

Die zuvor skizzierte stimmbildnerische Konzeption ist keine Neuerfindung, vielleicht ist es aber der konsequente Versuch ihrer Umsetzung im üblichen Klassenunterricht. Viele unserer Übungen schöpfen unmittelbar aus dem gängigen Repertoire der chorischen Stimmbildung oder gesangspädagogischer Methodik und müssen deshalb an dieser Stelle wohl nicht gesondert aufgeführt werden[61]. Andere jedoch reagieren unmittelbar auf die besondere Situation, sind aus ihr heraus entstanden, sind aber auch Resultat der konzeptionellen Verschmelzung von Stimm-, Gehör- und musikalischer Vorstellungsbildung. Gemäß ihrer situativen Genese sind sie weniger „Übungen", sondern „Singesituationen" – wie wir sie nennen –, auch wenn einige von ihnen gänzlich ohne gesungenen Ton auskommen. Ihnen allen gemein ist, dass sie in irgendeiner Weise für das sensibilisieren, was mit uns geschieht, wenn wir singen. Manche dieser „Singesituationen" machen uns Körperhaltung und -vorgänge bewusst, manche lassen uns Lockerheit und Spannung, Atem und Klang spüren. Andere spielen mit Klangfiguren, Wörtern, Lautimitaten oder gar Bildern, wieder andere inszenieren Rollen oder Interaktionen untereinander. Was über Jahre entstand, von den Schülerinnen und Schülern gerne angenommen wurde und Nutzen brachte, soll hier als Erfahrungswert und – freilich unfertige – Ideensammlung aufgelistet und erläutert werden. Und weil so viele dieser kleinen Szenen und Aktionen mehrere Aspekte zugleich in sich vereinen, erscheinen sie hier nicht systematisch sortiert, sondern lediglich in locker geordneter Abfolge – zum spontanen Ausprobieren, Verändern und Ergänzen im Unterricht einladend.

Alle „Singesituationen" sind nachfolgend mit einem für sie typischen Stichwort, Namen oder Tätigkeitsbegriff bezeichnet und, wo es nötig erschien, mit sehr kurzen Ergänzungen. Der Leser soll sich auf diese Weise rasch und ohne komplizierte Erklärungen eine Vorstellung davon machen können. Sie alle sind aber noch einmal im gleichnamigen Kapitel des DVD-Leseteils wiederzufinden, dort mit ausführlicheren Vorgangsbeschreibungen, Erläuterungen zu Sinn und Nutzen sowie manchen methodischen Hinweisen für jeden, dem sich die einzelne Situation oder deren unterrichtspraktischer Brückenschlag übers rasche Stichwort nicht erschließt. So viel Orientierungshilfe sei aber vorweg gegeben: Ihrer Natur gemäß stehen unsere „Singesituationen" zumeist am Stundenbeginn, in Zusammenhang mit der Vorbereitung von Körper und Stimme fürs Singen. Standardformation ist zunächst die lockere Halbkreisaufstellung, wie sie hernach auch für die Singearbeit gilt.

1. *Wir „betrommeln" unseren Körper*
   mit lockeren, leicht zur Faust geschlossenen Händen; vom oberen Brustbereich bis in die Unterschenkel wandernd und zurück
2. *Wir strecken uns bis in die Fingerspitzen und lassen uns dann gelenkweise fallen*
   mit zwei Varianten des Aufrichtevorganges:
   a) Aufrichten Wirbel für Wirbel
   b) mit periodischem Einatemschwung, Impulsgeber sind kurze, energische f-Stöße

[61] Noch immer ist die „Praxis der chorischen Stimmbildung" von Kurt Hofbauer aus dem Jahre 1978 eine hervorragende Übungssammlung. Weitere Literatur ist im Literaturverzeichnis angegeben.

3. *Wir nehmen den Kopf in die Hand*
   Ausbalancieren und Gewicht erfühlen zur Muskellockerung
4. *Räkeln & Summen*
5. *Summen & Joggen*
   Laufbewegung lockert Mund-Rachenbereich aus; laufen auf der Stelle oder frei im Raum
6. *Wir kauen den Ton*
   m mit Kaubewegungen, dadurch bewegte Resonanzorte und Klangfarben
7. *Dreiklang mit Hüpfen*
   gebrochener Staccato-Dreiklang auf und abwärts auf i; gemeinsames Hüpfen auf jeden Tonimpuls; der Klavierrhythmus koordiniert
8. *Tonleiter im Gehen*
   solmisierte Leiter, je Ton ein Schritt, Klavier koordiniert Tempo, Ausführungsvarianten im DVD-Leseteil
9. *Singeübung mit Armgesten*
   Nach- bzw. Mitzeichnen von Melodiebögen, auch mithilfe von Bildern und Imagination; kann schon beim auf- und absteigenden Dreiklang beginnen
10. *Der Glöckner*
    Zug am Glockenseil als weitende Gegenkraft zum schnellen Melodiebogen
11. *Nikolaus-Sack*
    Dreiklang auf- und abwärts, Nikolaussack auf dem Rücken, Körper neigt sich zum Hochpunkt etwas nach vorn
12. *Singen in der Hocke*
    macht Körperbasis und -energie bewusster und verankert den Klang dorthin
13. *Singen in „halber" Hocke*
    Ellbogen stützen sich auf Oberschenkel, Kopf hängt; Spiel mit der Schwerkraft verändert Muskelspannungen und Klang
14. *Singen mit Armkreis*
    Ineinanderhaken der Hände vor dem Körper, Veränderung der Zugspannung synchron zum Singebogen zur Unterstützung der Körperflanken
15. *Gabelstapler*
    Klang als Gewicht auf den geöffneten Armen, evtl. hilft ein echter Gegenstand; Ziel: Bewusstsein für die Arbeit der Körpermitte
16. *Partnerübung zur Körperspannung*
    Nr. 14 und Nr. 15 als Partnerübungen; gemeinsamer Armkreis zwischen den Partnern; Ausführungsdetail und -varianten im DVD-Leseteil
17. *Kerzen ausblasen*
    Inszenierung von Atem- und Körperimpulsen; ebenso wirksam: imitiertes Schluchzen
18. *Singen und Boxen*
    ähnlich wie Nr. 17; mit härteren „f-s-sch"-Impulsen und synchronen Boxstößen; später mit gesungenen Lauten
19. *Ans Ohr singen*
    schon im Buchtext benannte, hochwirksame Hilfe für den sog. Brummer[62], ein sauber intonierender Nachbar singt ihm direkt ans Ohr; oft gelingt eine Korrektur unmittelbar
20. *Bogenschießen*
    Auslösen des Tones entspricht dem Loslassen des imaginären Pfeiles; Ziel: Kör-

---

[62] S. im Kapitel II, 6. „Unmusikalisch!", S. 28.

perliche und mentale Tonvorstellung; aus der Unterrichtssituation heraus entstandene Szene, s. Kommentar auf der DVD

21. *Wir sind ein Schlauchboot mit einem winzigen Loch*
kaum hörbarer f-Spalt, das Bild hilft bewusster Atemkonstanz; macht vielfältig variiert die Funktionalität zwischen Atem und Artikulation bewusst, mehr dazu im DVD-Teil
22. *„Affenstand"*
Knie etwas gewinkelt, leichtes Körperwippen, Arme hängen locker, Summen auf m; Stand lindert Hohlkreuz, lockert Mund- und Rachenraum, aber auch die Körpermitte
23. *„Sängerkorken"*
Weinkorken (Ersatz: zwei Finger) zwischen den vorderen Schneidezähnen zwingt zu Minimalöffnung, konstanter Mundstellung und ebensolcher Lautformung
24. *Wir formen unsere Mundöffnung mit den Händen*
Handrücken stützen die Wangen und Mundformung. Zudem: Aktion öffnet Arme und ganzen Oberkörper. Effekt: Klang rundet sich merklich
25. *Wir fühlen mit den Händen Bauch und Flanke*
Bewusstseinshilfe und Kontrolle, Körperspannung und -impulse werden spürbar; stetige Hilfe in unserem Unterricht!
26. *Unsere Hände bilden eine Resonanzmuschel*
Klangreflektor zum Ohr hin, der hilft, optimale Klangformung zu finden; sensibilisiert zugleich sängerisches Hören; mehr dazu auf der DVD
27. *Wir ertasten unsere Resonanzen*
gemeinsamer „Endlos"-ton, sukzessives Abtasten aller Resonanzräume, Lehrer macht vor, Schüler übernehmen synchron im Tonverlauf
28. *Wortspiele mit Tonleiter*
absteigende Dur-Leiter mit auftaktigem Oktavanstieg; Rhythmisierung folgt den verwendeten Wörtern; Ausführungsbeispiele im Notenbild sowie Methodentipps im DVD-Leseteil
29. *Wortspiele mit Dreiklang*
fallender Dur-Dreiklang, dreifach von der Quint aus angesetzt, Wörter mit Explosiv-Anlauten geben „Sprungenergie"; Notenbild und singetechnische Hinweise im DVD-Leseteil
30. *Wir lernen das „Zungen-R"*
kleiner „Zungenbrecher" mit hohem r-Anteil, r wird ersetzt durch rasch repetierendes d; zunächst nur gesprochen; weitere Anleitung im DVD-Leseteil
31. *Wir „entsolmisieren" I*
Übungsgestalt von S. 46; Solmisation wird ersetzt durch Vokalisen oder Klinger; auch als Staccato-Übung auf i, evtl. mit Hüpfen; vgl. dazu auch die Ausführungshinweise auf S. 47
32. *Literaturausschnitte*
Beispiele: Koloratur aus der „Rachearie" und Offertorium-Phrase aus Verdis „Requiem"
Methodenhinweise und Notenbilder im DVD-Teil
33. *„Lückentext"*
solmisierte Übungsgestalt von S. 46 oder S. 49 mit Tonlücken: jeder gerade Ton wird nur gedacht; Varianten und weitere Hinweise im DVD-Teil
34. *Wir „entsolmisieren" II*
Solmisationssilben werden ersetzt durch Zahlen, do = „eins" etc., auch in geläu-

figen Fremdsprachen oder – verkürzt – mit lateinischen Ordinalzahlen (Intervalle!)

35. *Mehrklänge*
beschrieben ab S. 54, weitere Varianten auch im DVD-Leseteil
36. *Improvisation*
Ideenvorschläge, Spielregeln:
a) Frage-Antwort
dreitönige Motive im Fünftonraum ab do mit öffnendem und schließendem Charakter
b) Ein einziger Ton
Spielfeld sind Lautstärke, Artikulationsform, Länge etc. sowie Interaktionsformen zwischen solo und tutti.
c) Ein Laut
Bsp.: u-Vokal, alle übrigen Parameter sind frei, auch die Tonhöhe
d) Szene:
Bsp.: „Straßenkreuzung in der City", oder „Opernhaus", jeder denkt sich „seinen" Lautbeitrag, gemeinsame „Inszenierung" evtl. mit anschließender Tonaufzeichnung
37. *Personenkreis*
Kreis, Gesicht zur Kreismitte, Augen geschlossen, Schulterkontakt; Beginn gemeinsamen Hin- und Herwiegens; Ziel: gemeinsame Schwingungsbewegung
38. *Personenkreis mit Singen*
Schulterkontakt wird gelöst, Augen sind geöffnet; selbstorganisiertes Anstimmen eines von allen gut beherrschten Stückes; spannende Variante mit Blickrichtung Oberstufe: gleiches Stück, Stand jetzt mit Blickrichtung nach außen; weitere Erläuterungen im DVD-Leseteil
39. *Der Ton wandert*
Unterstufe, Halbkreis; ein Ton wandert von Schüler zu Schüler; Varianten:
a) Der Ton nimmt zu
jeder singt seinen Ton weiter, nachdem er ihn weitergegeben hat
b) Der Ton verwandelt sich
Variante a) wird fortgesetzt: ein zweiter Ton dringt nach gleichem Muster in den ersten ein
c) Wir bauen Cluster
ein dritter, ggf. auch vierter Ton dringt in den Verlauf der Variante b) ein
40. *Stehende Klangflächen*
jeder denkt sich seinen Ton, vorgegeben: gemeinsamer Vokal; Ansingen und Aushalten des Tons auf Einsatz; ab hier auch möglich: Klangveränderungen auf Dirigierzeichen
41. *Sprechspiel: Klangflächen mit Sprache*
stetig wiederholtes Wort, Zahl, Satz o. Ä., zwischen Flüstern und Rufen oder zwischen Sprechen und Singen
42. *Singen ohne zu sehen*
Augen schließen nach Beginn der Übung oder des Stücks; Sensibilisierung auditiver Wahrnehmung ohne „Ablenkung" durch Sehreiz
43. *Improvisieren ohne zu sehen*
Kreis, Rücken zur Kreismitte, geschlossene Augen; jeder denkt seinen Ton; Lehrer in der Kreismitte, löst Töne durch Antippen o. Ä. aus; Spielarten und Erläuterungen im DVD-Kommentar

44. *Wir verändern unsere Selbstwahrnehmung*
situative Hilfen für die Arbeit an Intonation und Klang, detailliertere Erläuterungen im DVD-Teil:
a) Wir halten uns ein Ohr zu
eigene Intonation tritt in den Hörvordergrund; wichtig: nicht das Ohr neigt sich in Richtung Hand, sondern die Hand und der geöffnete Arm gehen zum Ohr
b) Wir halten beide Ohren zu
der Außenreiz tritt zurück, das eigene Singen passt sich an; oft erstaunliche Verbesserungen von Intonation und Klanghomogenität
c) Resonanzmuschel hinter den Ohren
zu b) entgegengesetzt; Zunahme des Außenreizes, v. a. im hochfrequenten Bereich; transparenteres Hörbild verändert klangliche Zielvorstellung
d) Geschlossene Nase
totales oder teilweises Zuhalten der Nase, dadurch veränderte Resonanzwahrnehmung in der Maske; sensibilisiert das Bewusstsein für den Vordersitz der Stimme
45. *„Oktopus"*
f-Spalt, m oder u; Vorstellung: der Ton erzeugt einen leichten, stetigen Rückstoß; Arme um-„spielen" wie Tentakeln den imaginären Rückstoß; Klang erhält Raumgefühl, Richtung
46. *Singen wie auf der Opernbühne*
Idee: ganzheitliche Vorbildkopie, Ursprung: spontane Schülerkopien abseits intendierter Singeleistungen; Näheres im DVD-Leseteil
47. *Bellen und Muhen*
gegen „wau"- und „muh"-Klischee erzeugte Lautkopien; Bellen befreit spontanen Zwerchfellimpuls und falsettartige Höhe, Muhen weite Resonanzräume
48. *Das Klavier fällt aus der Rolle*
die Klasse übernimmt die Rolle des „Motors", dynamisch und metrisch; Klavier hängt sich an, statt zu führen; auch wirksam: gelegentliche „Lücken" in der Begleitung
49. *Dirigieren – Reagieren*
Herauslösen von Details aus dem Musizierzusammenhang, v. a. Einatemvorgang, Einsätze, Schlüsse; isolierte „Betrachtung" schärft Wahrnehmung der Vorgänge
50. *Partnerübungen zum Lockern und Aufrichten*
Ursprung: Einzelunterricht; auch als Partnerübungen durchführbar, abhängig von der Klassensituation; s. Bemerkungen im DVD-Teil
a) Rücken massieren
Hände liegen auf den Schultern des Partners, Daumen massieren leicht die Schulterblattkanten, der Wirbelsäulenbereich bleibt frei von Berührungen
b) Senkrechte Messlatte
Arm und Handfläche als Senkrechte am Rücken des Partners; Oberkörper richtet sich auf, bis der Hinterkopf die Handfläche leicht berührt
c) Wir schütteln unseren Partner
Oberarme oder Schultern fassen und Körpersäule schütteln, während der Partner singt; Ergebnis: Lockerung und hörbare Befreiung von Farben und Resonanzen
d) Rücken lehnt an Rücken
gegenseitiges Erspüren von Klang, Schwingungen und synchronen Atemvorgängen; bedarf besonderen Vertrauens der Partner zueinander

51. *Wir sind ein Glockengeläut*
periodische „bong“-Laute, individuelle Tonhöhen und Tempi; sukzessive Einsätze und sukzessives Verlassen des Gesamtklanges
52. *bewegter Cluster*
Wiederholte Durleiter auf- und abwärts, solmisiert, später auf Vokalise; „Cluster-Spirale“ entsteht durch gestaffelte Einsätze neuer Stimmen nach jedem Ton; bereits ab zwei Stimmen spannend
53. *Schüler dirigieren*
ab Klasse 5; Schüler übernehmen Dirigierrolle in kleinen Übungen; Dirigieren sensibilisiert Reagieren
54. *Kontrapunkt*
ab der Mittelstufe; Zweistimmigkeit; Beginn auf gemeinsamem do; wechselweises Fortschreiten nach Absprachen, zunächst nur Sekundgänge; jede neue Fortschreitung wird notiert und probiert; Erläuterungen im DVD-Leseteil
55. *Tonleiter-Dialog*
solmisierte Dur-Leiter, Frauen- und Männerstimme im Wechsel über fortlaufendem harmonischen Gang, Notentext und Ausführungsvarianten im DVD-Teil

Soweit die Auflistung unseres offenen, unfertigen und stetem Wandel unterliegenden „Singesituationen“-Repertoires. Insbesondere mit Blick auf die ausführlicheren Erläuterungen im DVD-Leseteil sei betont: Manches wird sicher subjektiv erscheinen und genau deshalb soll sich niemand scheuen, seinen Erfahrungen, seiner Situation und seinem Gespür folgend zu modifizieren oder zu ergänzen, was er hier vorfindet. Indes – auch wenn manches zwischendurch vielleicht anspruchsvoll oder realitätsfern anmutet: Alle beschriebenen „Situationen“ sind praxiserprobt. Dies mag ermutigen und belegen, welche konstruktive Offenheit, Lernbereitschaft und Experimentierfreude Schülergruppen entfalten, wenn Stimme und Singen konsequentes Unterrichtsthema sind.

2. Netzwerk Musik – Organisatorisches

„Wie fange ich es an?“ – Immer wieder taucht diese Frage auf, wenn Kollegen das Eppelheimer Modellkonzept oder Teile daraus übernehmen wollen. Gelegentlich sind es gar Schulleitungen, die vorweg nach dem organisatorischen und finanziellen Aufwand, nach Durchführungsmöglichkeiten und Akzeptanzerwartungen fragen.

Gerne gebe ich als Rat und Antwort meine eigene Erfahrung weiter: Das Modell hat sich entwickelt, niemand hat es je von außen verordnet oder Strukturen vorgegeben. Darin liegt nach meiner Überzeugung der Schlüssel zum Erfolg. Eine Singe- oder Gesangsklasse braucht nicht zuerst äußere Bedingungen, sie beginnt im Unterricht, am besten in einer Einstiegsklasse, ab der ersten Stunde und mit der Konsequenz, wie sie in diesem Buch dargestellt ist. Wenn die jungen Menschen, die erwartungsvoll vor uns stehen, nach der ersten, zweiten und dritten Stunde zu Hause begeistert von ihrem Musikunterricht erzählen (und mehr noch: wenn sie zu Hause weitersingen), was sie im Unterricht gelernt haben und wenn dies nicht nach wenigen Wochen nachlässt, dann ist der Anfang gemacht. Ab jetzt tragen überraschte Eltern unsere Arbeit aktiv mit und helfen einem allmählichen Struktur- und Bewusstseinswandel: Im Gespräch untereinander, im Eltern-Lehrer-Gespräch, im Ort und nicht zuletzt in Gesprächen mit der Schulleitung wird ohne bemühtes Engagement kommuniziert, was der Rede wert erscheint. Aber auch die Schüler selbst multiplizieren ihre Erfahrungen unverstellt, unter Freunden, Mitschüler, hin zur Parallelklasse. So haben wir angefangen und aus der Keimzelle einer zunächst unauffälligen Unterrichtsarbeit hat sich das Ganze entwickelt: ein von der Schülermehrzahl akzeptiertes und geschätztes Unterrichtskonzept im Fach Musik, eine vielfältige vokale Ensemblearbeit bis an die Grenze zur Professionalität, Kooperationen mit Kulturträgern weit über die Region hinaus und manches mehr. Diese Strukturen sind niemals aus einem ehrgeizigen Vorhaben heraus entstanden, sondern immer aus konkreten Impulsen heraus, die beileibe nicht nur von mir kamen: Es waren auch die Schüler und deren Eltern, die Ideen einbrachten, aber auch Kollegen und Vertreter außerschulischer Kulturinstitutionen. Strukturelle Veränderungen ergaben sich dort, wo wir Impulse und Ideen aufgreifen wollten. Von diesem Moment an benötigten wir die Hilfe der Schulleitung und Schulaufsicht.

Handeln, nicht fordern!

Die erste konkrete Hilfestellung war zunächst stundenplantechnischer Natur: Nach ersten Präsentationserfolgen im Klassenverband kam der Wunsch der Parallelklassen, am neuen Konzept teilzuhaben. Bald wurde der Musikunterricht dieses Jahrganges parallel geführt, sodass alle nachhaltig singemotivierten Schüler dieser Klassenstufe sich für diese erste Singklasse oder aber für den konventionellen Musikunterricht entscheiden konnten. Schließlich wählte mehr als die Hälfte des Jahrgangs das Singen. So war es leicht, die Bedenken einiger Eltern, es werde eine neue Elitebildung eingeführt, auszuräumen. Die Schülerakzeptanz war es auch, die die Vorbehalte gegen das Vorsingen im Unterricht zerstreuen konnte. Nachdem das Experiment „erste Singklasse" zu einem Erfolg wurde, meldete alsbald der nächstfolgende Jahrgang seinen Wunsch nach einer „Singklasse" an. Die Schulleitung entsprach dem Wunsch. Auch die Petition einer 7. Singklasse an die Schulleitung, über die Stundentafel hinaus eine zweite Wochenstunde Musik in Klasse 8 behalten zu dürfen, hatte Erfolg. Mit dieser Klasse wuchs die durchgehende Zweistündigkeit dieser Form des Musikunterrichts in die Stundentafel der oberen Klassen hinein.

Für die Einstiegsklassen hat es sich bewährt, den Musikunterricht im normalen Klassenverband zu belassen. Die Schüler erhalten so die Möglichkeit, sich zu orientieren, um sich nach einem Jahr grundlegender Musikalisierungsarbeit via Stimme begründet für oder gegen den Singeschwerpunkt entscheiden zu können. Es sei betont, dass die Schüler diese Entscheidung selbst treffen, ich gebe im Zweifelsfall lediglich Empfehlung und Rat. Möglich ist dann ab Klasse 6 zum Halbjahr auch der Querumstieg in beide Richtungen. Grundlegend wichtig ist freilich, dass das ganze Fachkollegium das Konzept auf der Einstiegsstufe mittragen kann und will.

Schulinternes Netzwerk

Mit einem Lernprogramm, das Singen als musikalische Grundkompetenz systematisch aufschließt, verändern sich in der Folge auch Anspruch und Zuschnitt der Arbeit in den vokalen Arbeitsgemeinschaften. Hierin sehe ich schulintern den ersten Strang eines aus dem Unterricht erwachsenden „Netzwerkes Musik". Singen als Tätigkeit, die Freude macht und Selbstbewusstsein befördert, wird niemals mehr als „uncool" gelten und diese Dynamik unterstützt uns in unserer AG-Arbeit. In unserem Fall kam der Moment, an dem die Schüler für den Eintritt in den Unterstufenchor eine Eintrittskarte benötigten, die hieß: Vorsingen. Allen Prognosen zum Trotz, die den Unterstufenchor damit vor dem Scheitern sahen, war dies für die Schüler eine Herausforderung: Der Chor wuchs auf über hundert Teilnehmer; Konzentration, Leistungsfähigkeit und Professionalität der Arbeitsweise nahmen zu. Zur gleichen Zeit öffneten wir auch den Mittel- und Oberstufenchor für Eltern, Kollegen und Freunde, sodass es möglich wurde, auch größere Chorliteratur zu erarbeiten. Damit wuchs sowohl die Bedeutung unserer Konzerte im Ort und in der Region als auch das Selbstwertgefühl der Beteiligten. Mein Anliegen war immer auch, beide Chöre zusammenzubringen, weil ich hoffte, dass für die jungen Menschen im Unterstufenchor das Klang- und Musiziererlebnis mit den „Großen" zusätzliche

Motivation auslösen würde. Aus dieser Überlegung heraus kamen Orffs „Carmina burana" auf die Bühne, in weiteren Konzertprojekten ersetzte die Unterstufe solistische Rollen, etwa in F. Mendelssohns Motette „Hör mein Bitten, Herr", in L. Bernsteins „Chichester Psalms" und in B. Brittens „Te Deum in C". Die Programme zeigen, dass plötzlich attraktiv wurde, worüber wenige Jahre zuvor noch kollektiv die Nase gerümpft worden wäre.

Netzwerk aus der Schule heraus

Freilich bekamen auch die Singklassen ihre Präsentationsmöglichkeiten mit Programmen, die aus drei oder vier kleinen, stilistisch möglichst vielfältigen Stücken bestanden. Andere Gelegenheiten kamen in Fülle hinzu: Schulveranstaltungen, gesellschaftliche Anlässe im Ort, öffentliche Feiern und Ehrungen, kirchliche Feste, aber auch konzertante Anlässe. Hier nun entspann sich ein zweiter tragender Faden unseres „Netzwerkes Musik": Die Schule etablierte sich zunehmend mit ihren Vokalgruppen als Kulturträger im Ort und kooperiert bis heute eng mit der Stadt. Mit derartigen Vernetzungen erfüllt sich ein wesentlicher Sinn nicht nur unseres Unterrichtskonzeptes, sondern letztlich von Musik überhaupt: Sie will aufgeführt und gehört werden.

Mit der öffentlichen Präsenz wächst die öffentliche Aufmerksamkeit, es entstehen neue Kontakte und Ideen. In unserem Falle war es zunächst der Heidelberger Madrigalchor, der zusammen mit dem Unterstufenchor J. S. Bachs „Matthäuspassion" aufführte. Der große Chor erhielt die Chance, zusammen mit dem Mannheimer Orchester der Musikhochschule G. Verdis „Requiem" und zwei Jahre später L. Janáčeks „Glagolitische Messe" aufzuführen. Auch das Heidelberger Theater lud ein: Die szenische Schlossfestspielproduktion der „Carmina burana" lief über zwei Jahre mit 25 Vorstellungen und doppelt besetzten „Ragazzi" aus Eppelheim. Damit sind längst nicht alle Kooperationen mit Institutionen und Ensembles der Region benannt, entscheidend ist für unser musikpädagogisches Anliegen aber, dass und wie solche Kooperationen junge Menschen an Schlüsselwerke der Musikliteratur heranführen: integrativ, nicht rezeptiv. Und zu den musikalischen Erlebnissen und Erfahrungen kommen für die Beteiligten noch die Rückmeldungen aus Publikum und Presse mit regelmäßigem Staunen über Engagement, Leistung und musikalisch anrührende Botschaft insbesondere der jungen Leute.

Aber auch im Ort ist auf Impulse von außen ein weiterer kooperativer Faden unseres „Netzwerkes Musik" gezogen worden: Der örtliche Sängerbund regte die Gründung eines neuen Jugendchores an und stellte alle Freiheiten der Ausgestaltung in Aussicht. Entstanden ist so ein Kammerchor, der die fortgeschrittensten Schüler unserer Schule mit stimm- und chorerfahrenen Erwachsenen zusammenbringt und auf hohem Niveau arbeitet (diese Unternehmung wird inzwischen vom Land Baden-Württemberg als „Dauerkooperation Schule-Verein" – wenngleich bescheiden – gefördert). Wenig später wurde im Rahmen dieser Kooperation ein Stimmbildungsprogramm für Kinder ab sechs Jahren ins Leben gerufen, das in einen Kinderchor mit zwei Leistungsstufen einmündet. Auf diese Weise ist aus der Keimzelle Unterricht eine musikalische Bildungs- und Erziehungsmöglichkeit gewachsen, die noch vor dem Eintritt in unsere Schule beginnt und über das Schulende hinaus offen steht.

Der Kontakt zu den Eltern ist uns wichtig, nicht nur weil wir aufs Elternengagement angewiesen sind. Immerhin sind ihre Kinder in unseren Händen und unsere Arbeit mit Stimme und Musik geht mitten hinein ins Zentrum ihrer Persönlichkeit. Deshalb bieten wir zum Schuljahresende in der Unterstufe immer wieder offenen Unterricht an, in dem die Eltern zusehen können, was wie gelernt wird. Zuerst also versuchen wir, Eltern an unserer Arbeit teilhaben zu lassen, bevor wir mit gutem Gewissen ihr Engagement beanspruchen dürfen.

Zurück zu den schulorganisatorischen Anforderungen. Nach jahrelanger Erfahrung mit der Singklassenarbeit steht fest, dass in jeder Jahrgangsstufe zwei Wochenstunden Musikunterricht stattfinden müssen. Ohne diese zeitliche Ausstattung kann es weder Lernfortschritte noch Erfolge geben. Keine Sprache ist mit nur einer Wochenstunde zu erlernen, auch die Sprache „Musik“ nicht. Erst ab zwei Wochenstunden beginnen Singklassen attraktiv zu werden, weil die Schüler eigene Fortschritte an sich und der Klasse sehen. Und sie bleiben bis hin zur 11. Klasse motiviert bei der Sache, obwohl die zweite Wochenstunde eine Zusatz- und „Randstunde“ ist. Wenn wir erkennen, in welchem Maße die Singklassenkultur eine Schule im Ganzen verändert und wenn wir die Größe dieser Lerngruppen sehen, dann sind Stunden aus einem schulintern verfügbaren Zusatzkontingent hier wirklich sinnvoll und effizient investiert.

Probleme könnte die Raumsituation der Schule aufwerfen. Sobald zwei oder drei Lerngruppen parallel zu unterrichten sind, bedarf es der entsprechenden Anzahl geeigneter Räume. Immerhin sind Singklassen nicht existenziell auf die üblichen Medien angewiesen, aber ein ausreichend großer Raum, ein Klavier und für manche Stunden eine (mobile) Tafel sind unentbehrlich.

Immer wieder äußern vor allem junge Kolleginnen und Kollegen die Sorge, ob denn das „Singklasse“-Konzept kompatibel sei zu den Vorgaben der Schulaufsicht und der Lehrpläne. Oft hatte ihnen die fachdidaktische Ausbildung alles andere vermittelt als das, was „Singklasse“ zu verheißen scheint.

Zu dieser Problematik sei angemerkt, dass die fachdidaktische Ausbildung immer so konservativ ist wie diejenigen, die die Seminare leiten. Leider muss man feststellen, dass die künftige Lehrergeneration oft mit Methoden und Inhalten der letzten Generation konfrontiert wird – wider jede aktuelle lernpsychologische und musikpädagogische Erkenntnis. Wir wollen aber auch betonen, dass das Modell „Singklasse“ nicht gegen, sondern in steter Kooperation mit der Schulaufsicht wuchs: Sobald das Experiment der ersten Stunde über die Schule hinaus auf sich aufmerksam machte, erschien der Fachvertreter der Schulaufsicht, der dann die Schulmusikabteilung der Musikhochschule auf unser Konzept als zukunftsweisendes Modell aufmerksam machte und im Kultusministerium den Status als Modellprojekt erwirkte. Nach aller Erfahrung bin ich überzeugt davon, dass auch eine Schulaufsicht ermutigende Innovationen aus der Unterrichtspraxis willkommen heißt – wenn sie konzeptionell tragfähig sind und im Alltag funktionieren. Freilich braucht ein eigenes Konzept eine glaubwürdige Begründung und Darstellung, auch gegenüber kritischen Fragen und Einwänden. Die mir auferlegte Pflicht, den Entwicklungsfortschritt zu protokollieren, hat sicherlich zur selbstkritischen Reflexion und hier und dort zu Modifikation des eigenen Konzepts geführt, hat aber auch entscheidend die aktuellen baden-württembergischen Lehrpläne mitgeformt und -gestaltet.

Vorgaben sollen nicht verunsichern, sondern eigene Impulse anstoßen

Jungen Kolleginnen und Kollegen möchte ich gerne mitgeben, dass, wer sich nur in der Pflicht sieht, äußere Vorgaben zu erfüllen, seine eigene Energie und Persönlichkeit verleugnet. Wer allerdings allein auf eigenen Überzeugungen beharrt, handelt willkürlich, stur gar, und erzeugt Konflikte. In der Mitte, im stetigen Ausloten der Möglichkeiten und Grenzen liegt das fruchtbare Energie- und Entwicklungspotential, auf das die Schulaufsicht hier und unsere Schüler dort angewiesen sind. Nicht die Rahmenbedingungen garantieren Handlungserfolg, die Keimzelle ist das Handeln selbst, aus dem heraus Rahmenbedingungen befragt und gegebenenfalls verändert werden.

Handeln als Keimzelle prägt ja auch unseren didaktischen Ansatz. Aus der Praxis heraus entstehen für unsere Schüler Fragen an ihre Handlungsergebnisse. Reflexion, Theoriebildung folgt also dem Tun. Auch hier können solche Fragen nicht von außen diktiert werden, Relevanz und damit Interesse erhalten sie nur, wenn sie von den Schülern ausgehen. Wo aber das fragende Interesse entsteht, brauchen die Schüler ein Forum, das ihre Fragen aufgreift und Lösungen anbietet. Über den Unterricht hinaus stellt etwa unsere Musiktheorie-AG ein solches Forum bereit, das von Schülern ab Klasse 9 gerne angenommen wird.

Es gibt noch einige unerfüllte Wünsche, zumal für eine Schule, die über das praktische Tun, über Stimme und über Singen eine so positive Offenheit für das Phänomen Musik gefunden hat. Alle Ideen gehen in die Richtung, Schüler unauffällig einzuladen, selbständig, eigenverantwortlich und jenseits des verordneten 45-Minuten-Taktes musikalische Lernerfahrungen machen zu können. Zunächst denken wir an das Training der Gehörbildung in den Computerräumen, wofür wir die benötigte Hard- und Software bereitstellen wollen. Aber auch ganz andere, weniger aufgabengesteuerte Lernsituationen sind denkbar: Ich stelle mir einen nur wenig erhellten Raum vor, geschützt vom üblichen Schullärm, in dem während der Pausen nichts als ein täglich wechselndes Hörangebot zur Verfügung steht. Oberstufenschüler könnten die Auswahl der Musikstücke und die Betreuung des Raumes selbst organisieren. Oder stellen wir uns vor, statt der neutralen Schulglocke erklänge montags früh ein kurzer Ausschnitt aus der Gregorianik und freitags nach der letzten Stunde ein ebenso kurzer Ausschnitt aus einem zeitgenössischen Werk. Und im Wochendurchlauf hätten wir an die hundert solcher kurzer Klanginseln, die uns durch die gesamte Musikgeschichte begleiteten, Woche für Woche. Utopisch oder gar verrückt? Schule ist ein Lernort, weil junge Menschen immer lernen, ob sie es wissen oder nicht, ob sie es wollen oder nicht, auch jenseits unseres Unterrichts. Vieles davon bleibt vorerst unbedacht und ungenutzt, freiem Kräftespiel der Kinder untereinander überlassen. Der Unterricht hat dann oft erst einmal die unglücklichen Folgen solcher „Freiheit" aufzuarbeiten, bevor er wirklich beginnen kann.

3. Stück-Werk

Nachdem im bisherigen Verlauf die vokale Literatur und ihre Problematik an unterschiedlichen Stellen thematisiert worden war, sollen hier nun konkrete Hinweise auf die Stücke folgen, die in unserem Singklassenunterricht musiziert werden. Aufgenommen in die Zusammenstellung sind ausschließlich Stücke, die in unserem Unterricht bereits gut „funktionierten" – nichts anderes. Aus der eigenen Unterrichtspraxis heraus kann die Sammlung natürlich weder vollständig noch systematisch sein, sie kann aber immerhin Ideen und Mut auslösen, Stücke anzupacken, die man bislang nicht erwogen hatte. Und sie kann neugierig machen, Stücke auf die hier gegebene Anregung hin neu kennen zu lernen und auszuprobieren, vielleicht gar selbst zu schreiben. Und sie kann Wegweiser sein dem, der entlang der angegebenen Erscheinungsorte nach weiterem Material suchen möchte.

Fast alle der nachfolgenden Stückvorschläge haben wir mithilfe des Klaviers erarbeitet, oft behielten wir das Instrument auch in der Aufführung bei. Dabei ermöglichte der flexible Einsatz der Klavierbegleitung, wie abschnittweise Unterlegung, Reduktion auf wenige Stimmenausschnitte oder gar Entwicklung eines eigenen Klaviersatzes, den fließenden Übergang zum A-cappella-Gesang.

Die Zusammenstellung ist wie folgt gegliedert: Stücke unmittelbar aus unserer Solmisationspraxis heraus, Stücke zwischen Aufwärmphase und Probenarbeit, Kanonformen und einige Beispiele von Lied- und Songarrangements. Erst im Anschluss folgen eigentliche Stücke, dabei spiegelt die Zusammenstellung eines meiner Prinzipien für den Unterricht: Ernste und populäre Musik wechseln sich ab, halten sich die Waage.

Wie bei den „Singesituationen" gibt auch hier der Kommentartext nur kurze Stichworte zu den einzelnen Titeln, deren Besetzung, Zielgruppe, Singeanforderung, Ambitus und Erscheinungsort. Wieder soll damit eine schnelle, erste Orientierung möglich sein, die mithilfe des gleichnamigen DVD-Leseteils vertieft und konkretisiert werden kann.

3.1 Aus der Solmisation heraus

Zwei Beispiele seien hier benannt, das erste erschien in diesem Buch bereits im Notenbild. Unmittelbar aus solmisierten Kadenzformeln heraus gelangen wir zum Stück, die Arrangements selbst sind fast baukastenartig flexibel. Insbesondere im Pop-Bereich sind zahllose Stücke so versatzstückartig einfach gearbeitet, dass Arrangements auf der Grundlage solmisierter Kadenzpatterns gelingen.

The Lion sleeps
: s. S. 61; Vereinfachungsmöglichkeit: Oberstimme der Kadenzfigur fehlt vokaliter und wird vom Klavier ergänzt; diese Version gelingt problemlos schon in Klasse 5

Mary had a baby
: Notenbild und Ausführungsmöglichkeiten im Schülerheft, S. 31; anspruchsvollere Kadenzpattern bis zur Vierstimmigkeit; machbar etwa Ende der 6. Klasse

3.2 „Stimmicals"

Der Begriff Stimmicals geht auf U. Führe[64] zurück. Zwei-, vier- oder achttaktige Phrasen verbinden sich zu einer Endlosschleife; von einer Basisstimme aus baut sich im ständigen Schleifendurchlauf sukzessive die Mehrstimmigkeit auf. Auch hier beschränken wir uns auf wenige Beispiele.

„du dup" und „du bn"
: vierstimmige Standards aus unserem Mittel- und Oberstufenunterricht; Notenbild von „du bn" im DVD-Leseteil, von „du dup" auf S. 88 und im Schülerheft, S. 50

Chromatik
: aus „du dup" weiterentwickelt, mit verdoppelter Schleifenlänge; Notenbild im DVD-Teil und im Schülerheft, S. 50

Mr. Sunshine
: beliebter vierstimmiger Loop mit originellen Einzelparts und flexiblen Besetzungsmöglichkeiten; Notenbild im Schülerheft, S. 51

3.3 Kanons

Kanon singen ist nicht der einzige Weg zur Mehrstimmigkeit, aber doch eine Zugangsmöglichkeit mit besonderem Gewicht in unserem Unterricht. Über Kadenzformeln oder „Stimmicals" hinaus fordert der Kanon jetzt die auditive Repräsentation einer schon recht komplexen musikalischen Gestalt. Von Anfang an thematisieren wir am auftretenden Problemfall die parallelen Abläufe und beginnen so, ein Bewusstsein zu wecken für die Fähigkeit unseres Hörgedächtnis zur „Mehrspurigkeit". Bleibt diese Fähigkeit unentdeckt, folgen Gehör und Gesang intuitiv dem intensivsten, unmittelbarsten Reiz: die schwächere Stimme gleicht sich der stärkeren an. Auch wenn die nachfolgenden Beispiele nach Stil und Charakter sehr unterschiedlich sind, versucht die folgende Auflistung eine progressive Ordnung:

---

[63] Führe, 1999 und 2002

Friendship Song
„Einstiegsstück“ im Sextumfang und ohne Sprünge, bis zu vier Stimmen

Spring
einfacher, beliebter Kanon im Nonenumfang von Thord Gummesson, songartig mit einfachem harmonischem Muster; Notenbild im Schülerheft, S. 15

All Praise to thee
bis zu achtstimmiger Kanon von Thomas Tallis; eher erst in Klasse 6 machbar; beeindruckende Materialbeschränkung und Melodiearchitektur; Ausführungshinweise und Notenbild im DVD-Teil und im Schülerheft, S. 30

Viva la musica
sängerisch nicht ganz einfach, aber unter stimmerzieherischem Aspekt lohnend; s. DVD-Leseteil; Schwerpunkt: gut gestützte Artikulation

Dona nobis pacem
zum vorigen gegensätzlicher Arbeitsschwerpunkt: weiträumige Legatobögen

Hashivenu
dreistimmiger, israelischer Kanon, hrsg. von Doreen Rao; eindrucksvolle Melodik, aber stimmlich nicht ganz leichte Entwicklung im Verlauf; Ideen zur Ausführung im DVD-Leseteil; Notenbild im Schülerheft, S. 30

Boyce, William: Alleluja
zwischen Syllabik und barocker Melismatik, dreistimmig mit stimmlich nicht unproblematischem Schluss; Noten in: „ars musica“, Band III

Telemann, Georg Philipp.: Ich will den Herrn loben
Standard in unseren 5. und 6. Klassen; dreistimmig mit kompakter Einsatzfolge und intonatorischen Hürden in den Spitzentönen; Noten in: „ars musica“, Bd. IV

Kickstat, Paul: Soli Deo Gloria
dreistimmig, mit bislang virtuosester Melismatik (bis f’’); sehr beliebt schon ab Klasse 5; optional: Männerstimme mit Generalbassgrund; Noten im Schülerheft, S. 14

Führe, Uli: Hallo Djano und **Dubadap da**
attraktive Jazzkanons; Rhythmik und Artikulation erfordern aber stimmliche Beweglichkeit und gute Spannung zur Höhe hin

Banuwa
Beispiel für zunehmend populär werdende afrikanische Vokalstilistik im europäischen Repertoire; vierstimmig mit überschaubarem Anspruch und Umfang; Noten im Schülerheft, S. 14

Berlin, Irving: Play a Simple Melody
drei Patterns: Melodie, „Umspielung“ und Walkingbass“; lassen sich kanonartig oder als echte Dreistimmigkeit übereinandersetzen; erfordert in der Höhe stimmliche Beweglichkeit; Noten in: „333 Lieder“, Stuttgart 1986

In dulci jubilo
Beispiel für auskomponierte kanonische Zweistimmigkeit aus der „Weihnachtskantate“ von Hans Lang; thematisch nahe liegend: dreistimmige Liedfassung des Adventsliedes „Engel haben Himmelslieder“ mit imitierender Unterstimme im Refrain; in der Unterstufe sehr beliebt; Notenbild im DVD-Teil

Mendelssohn-Bartholdy, Felix: Lerchengesang
aus op. 48, auskomponierter Doppelkanon für die Oberstufe mit hohem stimmlichen Anspruch, ggf. mit Klavierunterlegung

3.4 Eigene Arrangements

Immer wieder äußern Schüler Wünsche nach bestimmten Songs oder Stücken. Wenn wir solche Impulse aufgreifen wollen, kommen wir oft nicht umhin, die Vorlagen in der Besetzung, Singbarkeit und Akkordik der Gruppensituation anzupassen. Gelungene Arrangements werden aber regelmäßig zu „Klassenhits", an denen eine äußerst motivierte Gestaltungsarbeit jenseits bloßen „Spaßfaktors" möglich ist. Letztlich haben wir etwas Ähnliches schon mit den aus solmisierten Kadenzpatterns heraus entwickelten Stücken getan.

O happy day und **I'll follow him**
Vokalarrangements aus dem Film „Sister Act II", angefertigt zusammen mit einer siebten Klasse; über die Unterstufe hinaus sehr beliebt; auch in diversen gemischtstimmigen Fassungen erhältlich; gleichstimmiges Arrangement im Notenbild im Schülerheft, S. 34

Volks- und andere Lieder:
Arrangements helfen, mit Liedmaterial eigentliche Musiziersituationen zu schaffen. Möglichkeiten:

a) Unterlegung solmisierter Kadenzpatterns: Beispiel „Nehmt Abschied, Brüder", dreistimmiges Kadenzpattern samt Ausführungshinweisen im DVD-Teil als Notenbild; das Verfahren eignet sich auch gut für jeden Kanon
b) Unterlegung einer ostinaten Basslinie oder Pendelmelodik bzw. -harmonik: Kanonbeispiel „Heho, spann den Wagen an" mit Pendelmotiv aus dem Melodiebeginn; s. auch „Engel haben Himmelslieder" (s. „In dulci jubilo", S. 105), geeignet sind oft auch Lieder aus Osteuropa oder im Chassidischen; einfaches deutsches Kinderliedbeispiel: „Es klappert die Mühle", Notenbild hierzu im DVD-Teil
c) kanonische oder imitatorische „Antworten" oder „Gegenrufe": Mehrstimmigkeit aus der Liedmelodik heraus, Beispiel noch einmal „Engel haben Himmelslieder"; in „Grüß Gott, du schöner Maien" lassen sich einzelne Liedteile kanonisch führen; auch die Praxis des Quodlibet entspringt der Idee des „Gegenrufs"
d) quasi improvisatorischer Einstieg: Wort, Grundrhythmus, Klangfläche, Motiv, Grundton, Grunddreiklang oder ostinater Dreiklangswechsel können ins Lied hinein führen; Ausführungsideen zu Beispielen im DVD-Teil

And so it goes (Billy Joel)
einstimmige Melodieversion für die Einstiegsklasse im Stammtonraum, ggf. mit Mehrstimmigkeit am Schluss; wird von den Schülern sehr gut an- und später gerne mehrstimmig aufgenommen; Noten im Schülerheft, S. 15

Girl (The Beatles)
einstimmige Melodieversion, ebenfalls gut zur Zwei- und Mehrstimmigkeit ausbaubar; Noten im Schülerheft, S. 21

Mensch und **Halt mich (Herbert Grönemeyer)**
einstimmige Diskantversionen mit Instrumentalunterlegung; regelrechte Hits bei Schülern bis in die Mittelstufe und beim Publikum; erfordern allerdings aufgeschlossene Singstimmen in der Höhe und rhythmische Genauigkeit

Stand by me (Paul Cook)
Pop-Arrangement wieder vom solmisierten Kadenzpattern aus, von Schülern angeregt; Ausführungshinweise und „Bausteine" im Schülerheft, S. 53

Killing me softly (Roberta Flack)
wiederum auf Schüleridee hin entstandenes, beliebtes Arrangement über kadenziellem Loop; recht einfacher stimmlicher Anspruch, Besetzung: drei Frauen- und eine Männerstimme; Noten und Ausführungsidee im Schülerheft, S. 54

3.5 Pop, Jazz und Spiritual

Gerade im Bereich von Jazz und Popularmusik können wir auf eine Vielzahl brauchbarer bis hochinteressanter Stücke und Arrangements zugreifen, die vor allem bei amerikanischen Verlagen erschienen sind. Dabei haben oft die Chöre unserer amerikanischen Partnerschulen mit ihren Programmen den Impuls gegeben: Deren Aufführung in unseren Austauschkonzerten begeisterte unsere Schüler so sehr, dass sie dieselben Stücke in der Folgezeit auch selbst singen wollten.

An dieser Stelle stehen nicht mehr Patterns, Module oder populäre Vorlagen im Vordergrund, aus denen eigene Musiziergestalten zu gewinnen sind. Ins Blickfeld rückt für die Schüler das Stück als gegebene Gesamtgestalt mit seiner gestalterischen Herausforderung. Deshalb erscheinen in der folgenden Zusammenstellung vermehrt Hinweise zu Besetzung, Anforderung, Charakter und Besonderheit, aber auch zum Erscheinungsort der einzelnen Stücke. Sie sollen demjenigen, der Literatur für seine Situation und Lerngruppe sucht, Orientierung und Einschätzung geben. Einigen der Stücke ist eine eigene Klavierstimme unterlegt, andere sind als A-cappella-Stücke gedacht. Letzteren aber ist der Chorsatz fast immer auch als Klaviernotation mitgegeben, um die Probenarbeit zu erleichtern. Mit etwas improvisatorischem Geschick taugt er im Bedarfsfall aber auch für eine zurückhaltende, eigenständige Klavierbegleitung.

Besig, Don: Hope and Freedom!
für SA und Klavier, erhältlich bei Shawnee Press, Inc.; machbar etwa in Klasse 6; beliebtes und musikalisch einfaches Stück; Ambitus d' – es'' und h – c''; Schlusskadenz optional höher; melodisch und rhythmisch sehr eingängig, deshalb einfach erreichbare Zweistimmigkeit

Estes, Jerry: Musica Dei
für SA und Klavier; Ambitus c' – d''; erhältlich bei Heritage Music Press inklusive Audiomaterial; einfache Einführung von Mehrstimmigkeit, auch über Motivimitationen; für Klasse 5 bis 6

Donnelly, Mary: I have a Dream (arr. G. L. O. Strid)
sehr beliebtes Stück in Klasse 6 und 7, einfache SA-Mehrstimmigkeit mit Klavier, aber bis zur Fünfstimmigkeit und g'' ausgeweiteter Schluss; musikalisch lebendiger und origineller als die vorigen; erhältlich bei Alfred Publishing Co., Inc., auch mit Audiomaterial

Porterfield, Sherri: Something told the wild Geese
reizvolles, musikalisch recht originelles Herbstlied abseits des typischen Popsongs; SA mit Klavier, Umfang e' – e'' und c' – h'; samt Audiomaterial erhältlich bei Heritage Music Press Ohio, und zwar in der „New Horizons"-Serie

Gillis, Ron: Listen! Do You hear the Music?
sehr beliebter, einfacher Popsong, SA mit Klavier, beide Stimmen zwischen d' und d''; zweite Stimme als a-Vokalise über der Strophenwiederholung eingeführt; erhältlich bei Alliance Music Publications, Inc., in Texas

Somebody's knocking at Your Door (arr. Cr. C. Miller)
Spiritualarrangement für zwei Diskantstimmen (a – es'') und Klavier, stößt regelmäßig auf Begeisterung in Klasse 6 und 7; am Schluss optional dreistimmig; auch als SAB-Version; Noten im Schülerheft, S. 39

I'm goin' home on a Cloud (arr. S. Taylor-Howell)
musikalisch dichtes, anspruchsvolles Spiritualarrangement für SSAA a cappella, Ambitus bis f''; machbar ehestens ab der späten Unterstufe; erschienen bei Boosey&Hawkes

Mackeben, Theo: Bel ami (arr. W. Parten)
Gleichstimmigkeit für Mittel- und Oberstufe aus der deutschsprachigen Popsongkultur des frühen 20. Jahrhunderts; anspruchsvoller Vokalsatz mit Klavier

I'm gonna sing (arr. S. Kalmer)
einfaches SAB-Arrangement, abgedruckt in: „Chor aktuell", Gustav Bosse Verlag; nötig für anhaltende Motivation ist ein Musizierarrangement über bloßen fünfstrophigen Durchlauf hinaus

We go together" (arr. Ed Lojeski)
SAB-Arrangement mit Klavier aus dem Film „Grease"; erhältlich bei Hal Leonard; stößt regelmäßig auf Begeisterung, besonders mit (eigener!) Choreographie; verfügbar auch als SA- und SATB-Versionen, Audio- und Videomaterial; Ambitus bis f'', recht hochliegende Männerstimme

Althouse, Jay: Sing we Alleluja
SAB mit Klavier, übliche Popsongfaktur, wieder mit Unisono-Beginn und imitatorischen Ansätzen; gemäßigter Umfang (Männer d – d', Frauen b – d''), einfache Motivik; erschienen bei Alfred Publishing Co., Inc.; in der 7. und 8. Klasse machbar und beliebt

Estes, Jerry: Sing Jubilate Deo
wie im vorigen Stück: SAB mit Klavier, Popsongstil mit geistlichem Text, am gleichen Ort erschienen; enger Ambitus der Männerstimme (f – c'), Frauen b – b' und d – d''; ein solistischer Sopranwurf reicht bis f''

Estes, Jerry: Three Songs of Nature
ähnliche Stilistik wie im vorigen Stück, gleiche Besetzung und ähnlicher sängerischer Anspruch, erschienen beim gleichen Verleger; geistlich eingefärbte „Naturbetrachtung"

Sprunger, David: Come away with me
eher alte englische Liedhaftigkeit als Popstilistik, mit melancholisch-meditativem Schluss; recht hohe, aber im leichten Liedtonfall erreichbare Lage (Bass bis e', Sopran bis fis''); erschienen bei Alfred Publishing

Good News (arr. W. Kelber)
beschränkt auf den bloßen Chorsatz mit Strophe und Refrain; jetzt echte Vierstimmigkeit SATB, für aufgeschlossene junge Stimmen recht tief, in: „Chor aktuell", Gustav Bosse Verlag

Sprunger, David: Give me Wings
eines der beliebtesten Stücke unserer 8. Klassen; SATB mit Klavier, Unisono-Einstieg und paarweise Zweistimmigkeit vorab; tendenziell hohe, aber von der musikalischen Energie getragene Lagen (Sopran bis f''); Noten im Schülerheft, S. 56

Feldman, Jack: River in Judea (arr. J. Leavitt)
äußerst attraktives Gospelarrangement, SATB mit Klavier, ab Klasse 9; übliches, wirkungsvolles Formmuster; recht hohe Lagen; erschienen bei Shawnee Press, Inc.

Sleeth, Natalie: Jazz Gloria
anspruchsvoller SSATB-Satz mit Instrumenten, aus periodischer Patternreihung entstehende Polyphonie; dank der Patternwiederholungen gut lernbar, aber stimmlich anspruchsvoll (Sopran I bis a''); ab etwa Klasse 9 machbar; erschienen bei Carl Fischer, Inc., New York

Huff, Mac / Jacobson, John: We are one!
effektvoller Song mit balladesken und hymnischen Elementen und Tendenz zu forcierter Stimmgebung. SA oder SATB mit Klavier, Instrumenten oder Soundtrack-Ersatz; erschienen bei Hal Leonard Publishing Corp.

Parker, Alice / Shaw, Robert: My God is a Rock
SAATBB mit Baritonsolo; eigentlich a cappella, Klavierunterlegung gut möglich; stimmlich und musikalisch anspruchsvolles Gospel-Arrangement, sehr beliebt ab Klasse 9 bis 10; erschienen bei Lawson Gould Music Publishers, Inc.

Stonehill, Randy: Shut de do (arr. M. Hayes)
SATB mit gelegentlichen Teilungen, ohne Klavier, aber mit einfachen Rhythmusinstrumenten; Gospelarrangement mit hohem Sopran-Solo am Ende; sehr beliebt mit seinen Unisono-Strophen, seiner patternartigen Motivik und rhythmisch durchgängigen Energie; erschienen bei Word Music

Jabula Jesu (arr. S. Hatfield)
Zulu-Lied, SSATB a cappella, mit Sopran- und Tenor-Soli; sehr wirkungsvoller, anspruchsvoller Satz für die Oberstufe; hohe Anforderungen an rhythmische Präzision; Chorpartitur und optionale Schlagzeugstimmen bei Boosey & Hawkes erschienen

ABBA: Thank you for the Music
SATB, eigentlich a cappella, Klavierpart gut unterlegbar; sehr beliebt, ab etwa Klasse 9 machbar; erhältlich bei Novello

The Beatles: Yesterday (arr. L. Klohs)
SATB-Arrangement in: „Chor aktuell", Gustav Bosse Verlag, mit Baritonsolo; ab 9. Klasse machbar, aber etwas artifizieller Satz

3.6 „Ernste" Musik

Mit dem Anspruch stilistischer Breite und musikalisch umfassender Bildung muss natürlich auch die eigene, abendländische Kulturgeschichte musikalisch „zur Sprache" kommen. Das zahlenmäßige Gleichgewicht zur populären Stückliste ist dabei nicht erzwungen. Unsere Erfahrung hat gezeigt, dass die Schüler, die gerne singen und schon ab der Unterstufe mit „alter", ernster und auch geistlicher Musik konfrontiert werden, sich auch in späteren Entwicklungsphasen selbstverständlicher auf sie einlassen können. In der folgenden Zusammenstellung tauchen wieder altbekannte Stücke auf, aber auch solche, die vielleicht überraschen: Manche mögen auf den ersten Blick zu schwierig erscheinen, manche im Zusammenhang mit Schule kaum denkbar, andere wiederum sind echte Entdeckungen – insbesondere neuere und neueste Stücke am Ende der Liste.

Gregorianik
modale Musizierbeispiele aus einer in der Schule oft unterrepräsentierten Epoche; Möglichkeit erster A-Cappella-Erfahrungen; im DVD-Leseteil aus dem „liber usualis" der Erzdiözese Rottenburg in moderne Notation übertragen (s. auch Schülerheft, S. 38)
vier Ordinariumssätze (Kyrie – Sanctus – Benedictus – Agnus Dei)
Alleluja und Cantate Domino (mit Ausführungshinweisen)

Othmayr, Caspar: Ein Lied in Fröhlichkeit des Geistes zu singen
dorischer SA-Satz, mit stellenweise kanonischer Führung; wird ab 6. Klasse gerne gesungen, harmonische Klavierstützung nötig; gute Schule für zwerchfellaktivierte Melismatik; Noten in „ars musica", Band III

Morley, Thomas: Sweet Nymph
sehr beliebtes SA-Stück ab der 6. Klasse; bereits recht großer Ambitus (c' – f'') und stimmlicher Anspruch; Klavierunterstützung in der Regel nötig; Noten in: „ars musica", Band III

Morley, Thomas: Though Philomela lost her Love
höchst vitaler SSA-Satz; auch hier: Klavierunterlegung sinnvoll; bereits recht hohe stimmliche Anforderungen, Ambitus bis g''; möglich ab Ende der 6. Klasse bis in den Stimmwechsel hinein (s. Kommentar im DVD-Teil); Noten in: „ars musica", Band III

Vivaldi, Antonio: Laudamus Te
eigentlich anpruchsvolles Sopranduett, aber auch chorisch gute Koloraturschule ab Klasse 6; in der Stimmwechselphase einfache Generalbassstimme für die Männer zufügbar; Einzelausgabe mit Klavierbegleitung bei Boosey & Hawkes erschienen

Durante, Francesco: Pleni sunt coeli
dreistimmiger Fugenansatz; von der Unterstufe sehr geschätzt; Ambitus von c' bis g''; eigentlich a cappella, stilistisch passende Instrumentalbegleitung liegt nahe; Unterstimme kann auch von Männerstimme oktaviert mitgeführt werden; Noten in: „ars musica", Band III

Friderici, Daniel: Cantate Domino
SSA-Satz, vor allem in den hohen Stimmen hohe melismatische Anforderungen, Ambitus bis e'' und g''; in der 6. und 7. Klasse recht beliebt, Notenbild in „ars musica" Band III

Brahms, Johannes: Morgen muss ich fort von hier
typisch Brahms'scher Frauenchorsatz, prädestiniert für Mittel- und Oberstufe; Strophenlied mit weitem melodischen Bogen und romantischer Stilistik; veröffentlicht bei F. C. Peters

Casals, Pablo: Canço a la Verge
schlichter, aber spannungsvoller SA-Satz; Marienlied mit Unisono-Refrain, der auch Männerstimmen gut zulässt; Sprache: Katalanisch; verlegt bei Tetra Continuo Music Group

Praetorius, Michael: Allein Gott in der Höh sei Ehr
SA-Transposition eines gemischtstimmigen Satzes von Praetorius; stimmlich anspruchsvoll, musikalische Originalität gewinnt aber die Schüler; instrumental unterlegbar; Beispiel für ähnlich lohnende Vorlagen in der Gesamtausgabe; Notenbild im DVD-Leseteil

Schein, Johann Hermann: Danket dem Herren
SSAA-Satz; akkordisches Strophenlied, möglich sind variierende Besetzungen der Einzelstimmen; auch hier: Unterstimme in Männerlage oktavierbar, auch teilweise; ingesamt weiter Diskantambitus von f bis f''; Noten im Schülerheft, S. 38

Lasso, Orlando di: Agimus tibi gratias
Diskantmotette, SSA-Satz mit Ambitus d' - e''; auch in der Unterstufe machbar, musikalische Faktur weist aber auf Mittel- und Oberstufe; Noten in: „ars musica", Band V

Mendelssohn-Bartholdy, Felix: Hebe deine Augen auf
Engelsterzett aus dem „Elias", machbar in der Unter- oder Oberstufe, mit colla parte Intrumentalstimmen oder gelegentlich auch a cappella; weitere erprobte Praxisideen aus Mendelssohns Vokalwerk im DVD-Leseteil

Bestor, Kurt: Prayer of the Children (arr. A. S. Klouse)
SSAA, A-cappella-Frauenchorstück von zwingender musikalischer Intensität; hoher stimmlicher Anspruch; in leistungsstarker Oberstufe lohnend und beliebt; zum – aktuellen – Inhalt Ergänzendes im DVD-Teil; verlegt bei Warner Brothers Publications in Miami

Campion, Thomas: Come cheerful Day

SAB-Satz mit madrigalesken Zügen; Begleitungsvorschlag: Laute oder Gitarre, möglich auch Tasteninstrument; echte Stimmendifferenzierung (Sopran: d' - f'', Alt: g - a', Bass: G - c'); passt in die frühe Mittelstufe, tiefe Basstöne auch oktavierbar; bei Andreu Marc Music Publications erhältlich.

Weelkes, Thomas: Late in my rash Accounting

SAB-Madrigal, mit oktaviertem Bass auch als Diskantsatz möglich; recht virtuoser Anspruch an die Singstimmen; enthalten in der Reihe „Invitation to Madrigals“ bei Galaxy Music Corporation; Informationen hierzu auch im DVD-Leseteil

Jones, Robert: Farewell dear Love

SATB, gleicher Sammlung entnommen; Spiel mit musikalischen, affektiven und singetechnischen Gegensätzen auf stimmlich recht hohem Niveau; nicht vor Klasse 9 zu empfehlen, dann aber lohnend

Arbeau, Toinot: Belle, qui tiens ma vie

SATB, Pavanen-Schreittanz mit Tambourin-Rhythmus; einfache, aber doch sensible Faktur mit engem Stimmambitus; ab Klasse 8 recht beliebt; statt Klavierunterlegung stilistisch angemessener, falls nötig: Laute, Gitarre oder Cembalo; Noten in: „ars musica“, Band IV

Kopylow, Alexander: Heavenly Light (arr. P. J. Wilhousky)

SATB; romantischer, auch an russisch-orthodoxen Liturgiegesang erinnernder Satz mit weiten Spannungsbögen und beeindruckender musikalischer Intensität; frühestens ab 10. Klasse machbar; recht hohe Tenorlage; verlegt bei Carl Fischer, New York

anonymus: Alta trinità

sehr beliebter SATB-Kantionalsatz mit wieder hochliegendem Tenor (bis g''), übrige Stimmlagen moderat; Schlichtheit des Satzes bietet Musiziervarianten an (s. DVD-Teil); Noten im Schülerheft, S. 62

Schütz, Heinrich: Der Mensch hat nichts so eigen

SATB, a cappella, aber auch instrumental unterlegbar, mit verändertem Text; auch in der Mittelstufe beliebter Satz; Noten in „ars musica“, Band IV

Bartók, Bela: Vier slowakische Volkslieder

SATB mit Klavier, etwa ab Klasse 10 sinnvoll; hohe Anforderungen an Singetechnik, Sprache und Gehör; erschienen bei Boosey & Hawkes

Händel, Georg Friedrich: Halleluja

SATB mit Orchester- bzw. Klaviersatz; „Messias“-Oratoriensatz mit hohen Anforderungen, das Stück motiviert die Schüler aber enorm; sinnvoll etwa ab Klasse 10; Vorsicht vor stimmlicher Überbeanspruchung!; s. hierzu auch DVD-Kommentar

Mendelssohn-Bartholdy, Felix: Wer bis an das Ende beharrt

SATB, Überschaubarer oratorischer Satz aus dem „Elias“, für Klasse 9 und älter; beim Carus Verlag als Einzelausgabe mit Klavier- (Orgel-)reduktion

Stanford, Charles Williers: Jubilate

gut lern- und singbare Motette zwischen unisono und SSATB mit Orgel; machbar ab Klasse 9; Hinweise zur Faktur im DVD-Leseteil; erschienen bei Novello

Brahms, Johannes: In stiller Nacht

romantisches Strophenlied aus den „Deutschen Volksliedern“, SATB a cappella; machbar in guten Mittel- und Oberstufenklassen mit stabiler Tenorbesetzung; trotz der Schlichtheit des Satzes hoher Anspruch an Singetechnik und Gehör; erschienen bei Peters

Monteverdi, Claudio: Lasciate mi morire
SSATB-Madrigal aus „Lamento d" Arianna"; oberstufenspezifisches Stück; Noten in „ars musica", Band IV; Recherchetipp: Frühe Madrigalbücher Monteverdis

Bach, J. S.: Sicut locutus
SSATB, mit Generalbassunterlegung; ab Klasse 10 gutes Beispiel für polyphonen Ensemblegesang; bei den Schülern sehr beliebt; als Einzelstück mit verändertem Text in: „ars musica", Band IV

Eröd, Ivan: Viva la musica
SATB, äußerst wirksames Stück für die Oberstufe, singetechnisch und rhythmisch anspruchsvoll; gutes Beispiel für singbare Kompositionen der Gegenwart; zu Faktur und Charakter s. DVD-Leseteil; Noten im Schülerheft, S. 63

Aguiar, Ernani: Salmo 150
SATB, a cappella, frühestens sinnvoll in Klasse 9, ggf. noch mit Klavierstützung; mit seiner Ostinatorhythmik und modalen Motivik äußerst wirkungsvoll und bei den Schülern sehr beliebt; erschienen bei earthsongs, USA

The Irish Blessing (arr. J. E. Bacak)
SATB-Satz, a cappella, Klavierunterlegung gut möglich; irischer Wegsegen mit angefügtem „Amen" in weitschwingend ruhiger Chorliedmelodik; moderate Anforderungen, deshalb gut machbar ab Klasse 9 und bei den Schülern beliebt; erschienen bei Jenson Publications, USA

Welsh Lullaby (arr. K. L. Scott):
sehr beliebter, getragener SATB-Satz mit gelegentlichen Stimmteilungen; a cappella, aber ggf. auch gut begleitbar; weite Melodiebögen fordern Singespannung und gute Intonation, sinnvoll etwa in Klasse 10; zur Faktur Hinweise im DVD-Leseteil, erhältlich bei Gentry Publications, USA

Rutter, John: God be in my Head und A Clare Benediction
Beispiele für die Eingängigkeit und Beliebtheit auch weiterer Rutter-Sätze; teils a cappella, aber auch instrumental unterlegbar; gut machbar etwa ab Klasse 8 - 9; erschienen als Sammlung bei Hinshaw Music Inc.

4. „Wann kommt was?"

4.1 In der Unterrichtsstunde

Wenn der Unterricht in den Singklassen langfristig gelingen soll, fordert er in der konkreten Unterrichtsstunde Respekt vor den Schülern, ihren Singstimmen und ihrem Lernvermögen, aber auch ein stringentes Lernprogramm und Vorgehen. In unserer Unterrichtspraxis hat sich ein typischer Stundenverlauf mit diesen vier Phasen herausgebildet:

Schritt	Zeit	Inhalt, Thema
1	ca. 10 min	Annäherung an die Stimme und ihre Entfaltung
2	ca. 10 min	Arbeit mit solmisierten Übungspatterns
3	ca. 10 min	evtl. Gehörbildung evtl. Begriffsbildung
4	ca. 15 min	Arbeit am Stück, gelegentlich auch mit Hörbeispielen

Diese Phasen können ineinander übergehen, je nach Situation können unterschiedliche Aspekte stärker in den Mittelpunkt oder Hintergrund treten. Wichtig ist der Bezug der Phasen untereinander. In jeder Stunde lebt unser Unterricht von der Dynamik der konkreten Unterrichts- oder besser: Musiziersituation. Davon etwas zu standardisieren, muss für die Einzelstunde unscharf bleiben. Unbeschadet des stringenten Lernprogramms im Ganzen tun wir gut daran, jederzeit auf die konkrete Situation und ihre Bedingungen zu reagieren.

4.2 In den einzelnen Jahrgängen

Was für die Einzelstunde gilt, gilt erst recht für eine übergreifende Zeitdisposition. Junge Menschen sind nicht einheitlich programmierbare Adressaten und musikalische Vorerfahrung ist in der Regel kein Kriterium für Klassenzusammensetzungen in unserem Schulsystem. Wie jede Stunde ist jede neue Klasse eine neue und unverwechselbare Herausforderung.

Wenn hier dennoch eine vereinheitlichende Zeitleiste folgt, ist sie Resultat eines oft von Kolleginnen und Kollegen geäußerten Wunsches und bedarf einiger Erläuterungen. Der Sinn der Zeitschiene liegt nicht in der Standardisierung, weder bei den – ohnehin möglichst vorsichtig angegebenen – Zeitkontingenten noch in ihrer inhaltlichen Detailfolge. Vielmehr will sie einen Überblick über die stetig relevanten Querbezüge zwischen Praxis und Theorie, Solmisation und Stimmbildung, Singen und Hören, Stimmzustand und Literaturwahl geben. Sie will aber auch die Gesetzmäßigkeiten eines musikpädagogischen Lernprogrammes herauszeichnen, das letztlich von der Entwicklung der musikalischen Kernkompetenz Singen ausgeht. Diese Übersicht fordert zu stetig zyklischem Fortschreiten heraus, aufs Unterrichtsganze bildet sich hier ab, was wir schon für den einzelnen Lernvorgang als Regelkreis oder Lernloop benannt hatten.

Die Zeitraumangaben sind ungefähre Erfahrungswerte aus zwei- bis dreistündigem Wochenunterricht bis Klasse 7 und Zweistündigkeit ab Klasse 8. Nach unserer Erfahrung sind mit diesem Zeitkontingent etwa die angegebenen Inhalte ernsthaft und mit dauerhaftem Lernerfolg bewältigbar, Maßstab aber sind in jeder konkreten Situation von Neuem die Schüler. Am flexibelsten handhabbar ist die Arbeit an den Stücken, aber auch die Einführung weitergehender musiktheoretischer Themen wie Modi oder Kadenzerweiterungen. Wer in der Zeitschiene die benannten Querbezüge und Entwicklungslinien erkennt, findet sinnvolle Auslassungsmöglichkeiten und Anknüpfungspunkte. Innerhalb unseres stringent vorgezeichneten Lernkontinuums darf – nein, muss – es dann die Lerngruppe sein, die mit ihrem Lernverhalten oder ihren Wünschen unsere noch offene Frage nach dem „Wann" und „Was" beantwortet.

Die Lesart der Schiene ist: Neues kommt hinzu, ersetzt aber nicht das Vorige. Was punktuell benannt ist, ist nicht einmaliges Thema, sondern ab dem Zeitpunkt seiner Einführung Übungs- und Trainingsmaterial. Dies gilt insbesondere für die solmisierten Übungspatterns, selbstverständlich für die Übungsformen und -aspekte der Stimmbildung, aber auch für die Begriffe hinter den klanglichen Phänomenen.

Nicht alle in unserem Unterricht relevanten Aspekte und Themen sind in die Zeitschiene aufgenommen. Zunächst konzentriert sie sich auf den tonalen Lernbereich. Rhythmische Arbeit geschieht in unserem Unterricht gleichsam in Moduleinheiten und möglichst oft mit Bezug auf konkrete Anforderungen im Stück. Ausgespart ist aber auch der gesamte Komplex des methodischen Handelns, die Zeitschiene setzt das „Was" und „Wann" zueinander in Bezug, sagt aber nichts aus über das „Wie":

Einzelsingen, Intonationshilfen, Improvisationsgestaltung, musikalisches Gedächtnistraining, Arbeitsweisen am Stück, Einbezug des Klaviers und vieles mehr steht als Methodenrepertoire und situative Handlungsentscheidung hinter der Sachebene der kargen Stichwortliste.

Von der anfänglichen Kleinschrittigkeit aus öffnet sich die Zeitschiene allmählich, ihre Angaben werden allgemeiner und umfassender, ihre Zeitangaben unschärfer. Klassen- bzw. Jahrgangsgrenzen treten hinter der relevanteren Zäsurmarke des Stimmwechsels zurück, am Ende bleibt die Schiene offen. Innerhalb des schulischen Musikunterrichts entstehen zunehmend Gestaltungsfreiräume und spätestens in der zweiten Hälfte der Mittelstufe liegt es am Miteinander von Lehrendem und Lerngruppe, wie die angelegten Fertigkeiten, Fähigkeiten und Kenntnisse in diese Gestaltungsräume eingebracht und weiterentwickelt werden. Dies immerhin zeigt uns unsere Erfahrung bis an die Grenze der Kursstufe und darüber hinaus: Wenn das angelegt ist, worauf Singklasse bis in die frühe Mittelstufe zielte, garantieren Aufgeschlossenheit und Kompetenz der Schüler weiterhin einen motivierten, konstruktiven und bildenden Unterricht mit hohem Anteil an musikalischer Entfaltung für alle.

Zeit (ca. in Monaten)	Solmisierte Übungen	Stimmbildnerische Aspekte und Übungen	Erreichter Umfang (ca.)	Theorie, Gehörbildung	Stücke
Einstiegsklasse (Stufe 5)					
1	Dreitonraum ab *do* Fünftonraum ab *do* Dur-Leiter Intervall-Leiter Dreiklangspattern Terzpattern	Liegeton Stimme und ihr Klang Atemspannung Intonation Gruppe – Soli Klangorte im Körper für Klinger und Vokale Farbe, Helligkeit des Klangs Legato Resonanzräume	Ausgangston *d* *c'–g'* *c'–c''* *h'–d''* Ausweitung bis *e''*	Bewusstwerden des Tongedächtnisses Dur Intervalle Solmisationssilben Drei- und Viertonfiguren	einstimmige Stücke, einfache Kanons
4	ganze Übung in Dur Abstiegsformel *do – ti – la*	Körperimpulse Zwerchfellaktivität staccato-Übungen Klang und Gestik Übungen auf Vokalisen	Ambitus weitet sich aus: abwärts bis *a* oder *g*, aufwärts bis *a''* oder *h''*	Namen der Stammtonintervalle ab *do* Intervalle als Singeaufgabe mit gegebenem *do* erste Leseübungen und Diktate	
6	Leiter von *la* bis *la* Intervall-Leiter ab *la* Dreiklangspattern in Moll ganze Übung in Moll	Warm-ups, Singesituationen erste Übungen zur Mehrstimmigkeit	Ausweitung bis in die dreigestrichene Oktave hinein	Moll natürliches, harmonisches, melodisches Moll	Stücke über solmisierten Patterns stimmlich anspruchsvolle Kanons
9	Tonleitern von: *re – re* *mi – mi* *fa – fa* *so – so*	dynamische Bogenspannung, Liegetöne, Artikulation Intonationsübungen Clusterbildungen Koloraturübungen	*g* oder *gis* bis *e'''* und darüber	Diktate ab *la* Modi	Gregorianik

IV. Um den curricularen Kern herum

Zeit (ca. in Monaten)	Solmisierte Übungen	Stimmbildnerische Aspekte und Übungen	Erreichter Umfang (ca.)	Theorie, Gehörbildung	Stücke
Klasse 6					
1	Wiederholung der Tongestalten	allmähliche Rundung der Kinderstimmen funktionale Einbindung der Körpermitte		Intervalle mit Namenszusätzen	erste „echte" Zweistimmigkeit, auch modal und in Moll
3	Dreiklang über *do* und Umkehrungen als Übungspattern	Improvisationsübungen		Notenlesen in Dur und Moll, Diktate auch in Moll Akkorde und ihre Umkehrungen	erste A-cappella-Versuche mit Repertoire-Stücken
	Dreiklänge über *do*, *fa* und *so* als gebrochenes Kadenzpattern			Stufenbegriff	
5	vierstimmige Kadenz, *fa* im *so-ti-re*-Akkord Blues-Schema	Improvisationsversuche zum Blues	Tiefe nimmt um etwa einen Ton zu die leichte Höhe verschwindet	Kadenzbegriff D-Septakkord erste Stimmführungsregeln	erste dreistimmige Stücke
7	Vergleich *do–re–mi–fa* und *so–la–ti–do*			Identität der Tetrachorde Ableitung der Dur-Leitern mit 1 Vorzeichen	Spiritual-Arrangements anspruchsvolle Zweistimmigkeit, ggf. a cappella
9	Wiederholung der Modi Tonfolge *(fa)–do–so–re–la–mi–ti–fi* Kadenz über *la*	Sextakkordkette als Intonationsübung „Pachelbel"-Übung zweistimmig Patterns und Loops im Diskantsatz	Jungenstimmen verlieren etwas Höhe und Glanz	Hörvergleich: Dur–lydisch, Dur–mixolydisch Ableitungen bis 2 Vorzeichen Kreuzhälfte des Quintenzirkels Mollkadenz	Drei- und ggf. Vierstimmigkeit

Zeit (ca. in Monaten)	Solmisierte Übungen	Stimmbildnerische Aspekte und Übungen	Erreichter Umfang (ca.)	Theorie, Gehörbildung	Stücke
Klasse 7 und 8 bis nach dem Stimmwechsel					
1	Kadenz über *do* mit eingefügtem Akkord über *la* Solmisation wird auch Vorstellungs- und Lesehilfe bei der Arbeit an Stücken	Ausgleich der schwindenden Leichtigkeit der Mädchenstimme durch bewusstere Unterstützung durch den Körper und seine Spannung Jungen übertragen gelernte Singefunktionen auf ihr neues Register	erste Jungenstimmen reichen nur noch in die zweigestrichene Oktave hinein Sprechstimme der Jungen bricht, Singstimme folgt langsam	Trugschluss Ableitung der linken Quintenzirkelhälfte Lese- und Diktatübungen in den gängigen Dur- und Molltonarten stilkundliche Reflexionen zu den Stücken	Oktavierung der Unterstimmen für die ersten Männerstimmen, Zusatz geeigneter Männerstimmen zu bekannten Diskantsätzen
6	Übungen im Stammtonraum, auch unterer Registerbereich	Stimmbildung darf die Stimmen nicht überfordern	Jungenstimme vorübergehend im Register zwischen *f* und *f'*	Singeübung wird Leseübung zur Einführung des Bassschlüssels	
9 bis hinein in Klasse 8	Übertragung der mehrstimmigen Patterns in den gemischten Satz übereinandergelegte Stammtonleitern ab *do*, *mi* und *so*	Sextakkordkette in dreistimmig gemischter Gestalt „Pachelbel”-Übung mit unterlegter Bassequenz Blues-Schema im gemischten Satz Improvisationsübungen mit basstypischen Patterns Patterns und Loops im gemischten Satz	Knabenstimme weitet sich nach unten, erreicht allmählich die Grenze zur großen Oktave	Notation mit Schlüsselwechsel Leseübung und Diktate im Bassschlüssel Haupt- und Nebenstufenunterscheidung, 7. Stufe wird als verkürzter D-Septakkord deutbar	erste dreistimmige Stücke mit Männerstimme

V. Zum Weiterlesen, Weitersuchen und Vertiefen

Zeit (ca. in Monaten)	Solmisierte Übungen	Stimmbildnerische Aspekte und Übungen	Erreichter Umfang (ca.)	Theorie, Gehörbildung	Stücke
Ab Klasse 8 nach dem Stimmwechsel					
1	Kadenz mit eingefügtem D-Septnonenakkord Sequenzformen *do–re–do*-Kanon ggf. bis zur Vielstimmigkeit	zu den Warm-ups treten "Stimmicals" hinzu bewusste Integration der Einzelstimmen in den Gesamtklang Klangformung, Intonation gemeinsamer energetischer Fluss	Männerstimmen nehmen nach unten zu Stimmen beginnen, sich nach Lagen auszudifferenzieren	harmonische Grundzüge des vierstimmigen Satzes musik- und epochengeschichtliche Aspekte, stilistische Betrachtungen	drei- und vierstimmige Stücke
Klasse 9 und später	solmisierte Stammtoncluster, Sekundkanons mit Tonleiterverläufen solmisierte, stimmversetzte Fortschreitungen im diatonischen Raum	solmisierte Tongestalten werden auf Vokalise oder neutrale Silbe übertragen Improvisationen mit Sprache und Stimme, gesungenem Ton und Cluster etc. Vokalausgleich, Stimmsitz und -farbe, Resonanz, Atem- und Körperspannung, Impuls und Lockerung, Intonation, weiches Ausloten der Grenzlagen	Frauenstimmen finden verzögert zu ihrem Singeorgan, die neue Lage liegt meist zwischen *f* und *b''* umsichtiges stimmbildnerisches Übekontinuum	zwei- oder dreistimmige Kontrapunktik	Stückwahl richtet sich nun nach Besetzung, Entwicklungsstand der Klasse und thematischen Bedingungen kleinere Zyklen polyfone A-cappella-Literatur romantisches Chorlied

V. Zum Weiterlesen, Weitersuchen und Vertiefen

Theoretisches

Athos, E. Alexandra, 2007: *Dichotomy and perceptual distortions in absolute pitch ability*, San Francisco

Bastian, Hans-Günther, 1999: *Musik be-greifen*, Mainz

Bastian, Hans-Günther, 2000: *Musik(erziehung) und ihre Wirkung*, Mainz

Beyer, Esther, 1994: *Musikalische und sprachliche Entwicklung in der frühen Kindheit*, Hamburg

Deutsch, Diana, 2002: *The Puzzle of Absolute Pitch. Current directions of Psychological Science*, 11, 200 - 204

Goleman, Daniel, [13]2000: *Emotionale Intelligenz*, dt. Übers., München

Gordon, Edwin E, 1997: *Learning Sequences in Music. A Music Learning Theory*, Chicago

Gruhn, Wilfried, 1998, [2]2005: *Der Musikverstand*, Hildesheim

Gruhn, Wilfried, 2003: *Lernziel Musik*, Hildesheim

Heise, Walter, 1986: *Musikunterricht im 19. Jahrhundert – Ideen und Realitäten*, in: Schmidt, Hans-Christian (Hg.): *Geschichte der Musikpädagogik*, Kassel

Jacoby, Heinrich, 1984, [2]1995: *Jenseits von „Musikalisch“ und „Unmusikalisch“*, hg. von Sophie Ludwig, Hamburg

Jank, Werner, 2005, [2]2007: *Musikdidaktik*, Berlin

Jourdain, Robert, [2]2001: *Das wohltemperierte Gehirn – Wie Musik im Kopf entsteht und wirkt* (dt. Übers.), Heidelberg, Berlin

Mayer, Conrad, 1980: *Die Kodály-Methode im deutschen Musikunterricht*, Freiburg

Spitzer, Manfred, 2002: *Musik im Kopf. Hören, Musizieren, Verstehen und Erleben im neuronalen Netzwerk*, Stuttgart

Vester, Frederic, [23]1996: *Denken, Lernen, Vergessen*, München

Vitouch, Oliver, 2005: *Absolutes Gehör*; in: Stoffer, Th. H. / Oerter, R.: Allgemeine Musikpsychologie, Göttingen

Wagenschein, Martin, [7]1982: *Verstehen lehren. Genetisch – sokratisch – exemplarisch*, München

Zu Stimme und Stimmbildung

Chilla, Karl Peter, 2003: *Handbuch der Kinderchorleitung*, Mainz

Faltin, Renate, 2004: *Singen lernen? Aber logisch! Von der Technik des klassischen Gesanges*, Augsburg

Faulstich, Gerhard, 1999, [5]2006: *Singen lehren – Singen lernen, Grundlagen für die Praxis des Gesangsunterrichtes*, Augsburg

Grunenberg, Manfred / Heygster, Malte, 1998: *Handbuch der Relativen Solmisation*, Mainz

Heizmann, Klaus / Carrington, Simon, 2003: *200 Einsing-Übungen für Chöre und Solisten*, Mainz

Hofbauer, Kurt, 1978: *Praxis der chorischen Stimmbildung*, Mainz

Horstmann, Sabine, [2]2005: *Chorische Stimmbildung*, Kassel

Husler, Fredrick / Rodd-Marling, Yvonne, [11]2003: *Singen. Die physische Natur des Stimmorganes*, Mainz 1965

Kasper, Hans-Josef, [2]2005: *Sängerschulung. Körper-, Atem- und Stimmübungen*, o. O.

Lohmann, Paul, 1969: *Stimmfehler – Stimmberatung*, Mainz

Mittenhuber, Sabine, 1998: *Stimmbildung im Chor*, Leipzig
Mohr, Andreas, 1997: *Handbuch der Kinderstimmbildung. Methodik und Überlegungen*, Mainz
Mohr, Andreas, 2004: *Praxis Kinderstimmbildung*, Mainz
Pachner, Rainer, 2001: *Vokalpädagogik. Theorie und Praxis des Singens mit Kindern und Jugendlichen*, Kassel
Ploog, Karin, 1999: *Voicecoaching*, Bonn
Reid, Cornelius, [3]2001: *Funktionale Stimmentwicklung. Grundlagen und praktische Übungen*, Mainz
Scheufele-Osenberg, Margot, 2005: *Die Atemschule*, Mainz
Witte, Gerd, 1963: *Grundriss einer chorischen Stimmbildung*, Kassel

Sammlungen von Singeliteratur

Dart, Thurston / Scott, David (Hg.), 1961ff.: *Invitation to Madrigals Book 1 - 7*, Galaxy Music Corporation, o. O.
Frey, Max / Kalmer, Stefan / Mettke, Bernd-Georg / Suttner Kurt (Hg.), 1998: *Chor aktuell junior*, Regensburg
Frey, Max / Mettke, Bernd-Georg / Suttner Kurt (Hg.), 1983: *Chor aktuell*, Regensburg
Führe, Uli, 1999: *Stimmicals 1*, Boppard
Führe, Uli, 2002: *Stimmicals 2*, Boppard
Gritton, Peter (Hg.), 1998: *Encores for Choirs. 24 Show-stopping Concert Pieces*, Oxford / New York
Ledger, Philip (Hg.), 1978: *The Oxford Book of English Madrigals*, London
Lipphardt, Walther, 1976: *Gesellige Zeit. Liederbuch für gemischten Chor* (2 Bde.), Kassel
Maierhofer, Lorenz (Hg.), 2000: *4 voices. Das Chorbuch für gemischte Stimmen*, Rum/Innsbruck, Esslingen
Maierhofer, Lorenz (Hg.), 1996/2005: *sing & swing*, Rum/Innsbruck, Esslingen
Russell, Robinson / Althouse, Jay, 2004: *Das große Buch der Chor Warm-ups*, Köln
Wolters, Gottfried (Hg.), 1965: *ars musica*, Band II: Chor im Anfang. Gemischte Stimmen, Wolfenbüttel / Zürich
Wolters, Gottfried (Hg.), 1971: *ars musica*, Band III: Chor im Anfang. Gleiche Stimmen, Wolfenbüttel / Zürich
Wolters, Gottfried (Hg.), 1965: *ars musica*, Band IV: Chorbuch für gemischte Stimmen, Wolfenbüttel / Zürich
Wolters, Gottfried (Hg.), 1967: *ars musica*, Band V: Chorbuch für gleiche Stimmen, Wolfenbüttel / Zürich